面向 21 世纪课程教材

"十二五"普通高等教育本

U0610116

公共事业管理概论

（第四版）

崔运武　著

中国教育出版传媒集团

高等教育出版社·北京

内容简介

　　本书分为两大部分共九章。 第一部分主要是公共事业管理的基本问题，较系统地论述了公共事业管理的模式、体制、组织、过程、技术与方法、费用及配置效率、绩效管理与评价。 第二部分对公共事业各部门的管理进行了概述，包括科技事务管理、教育事务管理、文化事务管理、卫生事务管理、体育事务管理和公用事业管理。

　　本书可供高等学校公共管理类专业本科生、硕士研究生和 MPA 等作为教材使用，也可作为各级政府管理人员、相关教学和科研人员的学习参考用书。

图书在版编目(C I P)数据

　　公共事业管理概论／崔运武著. --4 版. --北京：
高等教育出版社,2023.6（2025.4 重印）
　　ISBN 978-7-04-058577-3

　　Ⅰ.①公… Ⅱ.①崔… Ⅲ.①公共管理-概论-高等
学校-教材 Ⅳ.①D035

　　中国版本图书馆 CIP 数据核字（2022）第 063370 号

Gonggong Shiye Guanli Gailun

策划编辑	王 威	责任编辑	王 威	封面设计 赵 阳	版式设计	于 婕
责任绘图	邓 超	责任校对	刘俊艳 刘丽娴	责任印制 刁 毅		

出版发行	高等教育出版社	网　　址	http://www.hep.edu.cn	
社　　址	北京市西城区德外大街 4 号		http://www.hep.com.cn	
邮政编码	100120	网上订购	http://www.hepmall.com.cn	
印　　刷	中农印务有限公司		http://www.hepmall.com	
开　　本	787mm×1092mm　1/16		http://www.hepmall.cn	
印　　张	16.25	版　　次	2002 年 8 月第 1 版	
字　　数	300 千字		2023 年 6 月第 4 版	
购书热线	010-58581118	印　　次	2025 年 4 月第 5 次印刷	
咨询电话	400-810-0598	定　　价	48.00 元	

物 料 号　58577-00

第四版前言

本教材第一版出版于 2002 年。在 20 多年的岁月里尤其是中国特色社会主义进入新时代以来，基于中国特色社会主义市场经济体制的确立，伴随着中国特色社会主义市场经济体制改革的深入，随着国家治理体系与治理能力现代化的层层推进，新时代的中国，各领域改革成果不断涌现。社会治理领域，基于共建共治共享的社会治理制度，一个党委领导、政府负责、民主协商、社会协同、公众参与、法治保障和科技支撑的新格局已基本确立，社会管理和公共服务改革成绩斐然。

火热的改革，不仅呼唤和激励着人们投入改革实践，也要求人们对改革的现实和进一步的发展进行必要的总结与思考。2015 年第三版出版，作者在对原有的公共事业管理与公共服务关系认识的基础上，提出了公共事业管理即具有中国特色的公共服务管理的观点。近年来，随着以公共服务均等化为标志的公共服务改革的深入，随着事业单位管理体制改革的不断探索，作者更坚定了公共事业管理是具有中国特色的公共服务管理的认识。形成这一认识的理由概言如下：

第一，事业单位从出现到目前的组织职能和性质定位，以及活动的范围与方式，决定了事业单位提供的产品本质上是公共服务，而且，这一公共服务通过"事业"定位和定性，通过事业单位管理体制建构和运行规范，表达的是中国共产党和人民政府站在社会本位上对公众需求的回应，对社会公共利益的尊重与维护。公共事业是一种目的和手段完全统一的真正的社会公共服务。

第二，当下我国社会管理与公共服务改革中，根据现实条件和需求，一是事业单位仍然是公共服务提供的主体，且是公共服务组织中规模最大、专业水平最高、人员素质整体最好的主体；二是当前我国公共服务的提供，基于中国特色社会主义市场经济的基础和发展需求，既构建了党委领导、政府负责、社会协同多元主体的公共服务提供主体系统，更积极探索了公共服务提供方式的变革，即公共管理的社会化和公共服务的市场化，呈现了一个既符合当代世界公共服务改革基本趋势,又符合中国特色社会主义市场经济运行要求的公共服务供给的发展现状,中国的公共事业管理是既代表当代世界公共服务先进水平,又具有中国特色的公共服务管理。

依此,本次修订的主要工作有:

1. 基于认识的深化,对教材的基本观点、内容和表达进行调整

即根据"公共事业管理是具有中国特色的公共服务管理"的观点,对全教材内容安排和表述进行了必要的调整。如目前第二章"公共服务管理模式与体制"中,即从公共服务管理模式的历史发展来阐述,以强调公共事业管理就是公共服务管理,是体现中国特色的公共服务管理。

又如,本教材的第一版到第三版,在对公共事业管理进行分类阐述时,从标题到内容用的是"科技管理""教育管理""文化管理"和"体育管理"等。对此,一些同志提出如教育中有教育事业、教育产业,文化中有文化事业和文化产业等,公共事业管理应该管不营利的"事业",而不应涉及营利的"产业"。虽然教材中基于这些产品的外部性特点等,说明了从公共事业管理的要求必须涉及,且政府应该介入相应的产品市场,但总体上说服力还是不足。在本版教材中,基于作者对"事业""事业单位""公共事业管理""中国特色公共服务管理"等的理解,通过调整表述,如将原来的"教育管理"调整为"教育事务管理""文化管理"调整为"文化事务管理"等,并在具体的内容安排和阐述上进行了修改,力图使对相关问题的探索和分析更有说服力。

2. 基于中国特色社会主义公共管理理论的发展和知识的普及,进行相应的内容调整

从学科角度看,本教材对应的公共事业管理属于公共管理的一个基本构成,也是公共管理的具体领域。因此,本教材第一版撰写和出版之际,基于当时国内对当前世界公共管理变革和理论发展认识,及基于中国特色社会主义公共管理理论还有极大的探索空间的实际情况,尤其基于母体学科和专业等理论专著和教材出版较为薄弱的情况,不仅将一些属于公共管理基本问题和要求的内容等做专章阐述,而且在诸多问题的阐述中,也先从公共管理的宏观角度进行分析。

目前,随着中国特色社会主义市场经济体制改革的深入,随着中国特色社会主义公共管理理论的发展,以及相关学科知识的普及,本教材的修订可以在这一发展基础上,更有针对性地从公共事业管理的角度展开。

一本优秀的教材,一定是体系全面而科学,内容结构严密合理,表达深入浅出且规范简洁。同时,既讲述清楚学科专业的基本知识,又能将读者带到学科前沿,介绍绝大多数同行

认可的新的观点与理论。这些要求对作者而言,无疑是一个永无止境的努力过程。因此,本次修订肯定还存在诸多的不足,也有很多遗憾。就此,希望使用本教材的广大师生,以及相关从业者提出批评和建议,以有利于下一次的修订。

崔运武

2022 年 8 月 5 日于昆明

第一版前言

在我国,公共事业管理专业是随着建立社会主义市场经济改革的深入,尤其是为适应政府经济管理和社会管理改革的需要,以管理对象为依据而设立的一个应用性专业,也是目前我国高等学校社会科学类中新兴的发展较快的热门专业。

任何一个专业都应有自己明确的专业规范,以及在此基础上形成的以专业课程体系体现的专业平台。明确公共事业管理专业的基本规范,并在此基础上对公共事业管理的整个理论体系及学科的基本框架进行建构和概述,在教材方面的基本表现形式即应为《公共事业管理概论》。2000年,作者获准主持国家"新世纪高等教育教学改革工程"项目"综合大学公共事业管理专业建设和人才培养模式研究",根据对专业基本规范意义的认识和对公共事业管理专业现状的思考,作者首先将公共事业及公共事业管理基本内涵的研究作为整个项目的重点和突破口,进行了必需的理论探索。此后,作者又获准主持云南省"省院省校合作重点学科建设"项目"行政管理重点学科建设",主持云南大学重点专业建设项目"公共事业管理专业建设"等课题,使这一研究持续地从不同角度引向深入,形成了自己对公共事业管理专业基本规范的认识,发表了一系列相关论文。正是在这一基础上,结合自己进行"公共事业管理概论"课堂教学的实际情况,开始进行了《公共事业管理概论》教材的撰写。2002年年初,本书申请"普通高等教育'十五'国家级规划教材"获得批准立项。

本教材的内容分为有逻辑联系的六个部分。

第一部分:对公共事业和公共事业管理基本概念的界定,即本书的第一章"导论"。主要从公共事务理论、公共产品理论尤其是准公共产品理论出发,明确公共事业管理的对象、范围和主体,即明确管什么、谁来管的问题。这是整个公共事业管理的基础和逻辑起点,既说明了公共事业管理的管理者和管理对象及其基本属性和特点,也从根本上决定了整个管理的目标和方向,从而决定了管理中方式方法的选择及管理过程的构成。

第二部分:对公共事业管理环境的分析,即本书的第二章"公共事业管理的环境"。任何一个国家或社会的公共事业管理都具有公共性或公益性,也带有一定的政治性和阶级性。其管理的公共性的水平即提供公共产品和服务的数量和质量,而政治性和阶级性的具体内涵,则是由各自的政治、经济及文化要素即管理主体所处的具体环境所决定的。因此,公共事业管理环境是公共事业管理活动本身的一个极为重要的构成要素,它决定着特定的公共事业管理主客体的具体性质、管理的具体目标和方向,也决定着管理方式和管理方法的具体实施。

第三部分:对公共事业管理主体及相关的基本问题的进一步分析,即本书的第三章"公共事业管理的主体系统"、第四章"公共事业管理的原则、目标和职能"、第五章"公共事业管理的层次和方法"。在公共事业管理的基本性质、范围及环境确定后,公共事业管理主体在整个管理中占有关键的地位,因为一方面对公共事业管理基本性质和方向、具体环境对公共事业管理的要求能否认识及认识的程度,在一定条件下主要取决于管理主体,另一方面一定环境中公共事业管理具体目标的确定、管理体制的构建、方式方法的选取和资源的配置等,也是由管理主体确定的。因此,必须对公共事业管理主体及相关的基本问题进行进一步的较系统的分析。

第四部分:对公共事业管理过程的分析,即本书的第六章"公共事业管理部门战略管理"、第七章"公共事业管理的一般过程"、第八章"公共事业管理费用及配置效率分析"和第九章"公共事业管理的责任与伦理"。如果说前三个部分一定程度上是对公共事业管理结构作静态分析的话,那么,第四部分则是在明确了公共事业管理的基本性质和要求、主体及相关的基本问题的基础上,侧重于对公共事业管理进行动态分析。这一部分主要从公共事业管理的战略、资金、人员职责入手,围绕对象的日常性管理及项目管理来阐述公共事业管理的过程。

第五部分:对公共事业管理绩效评估的分析,即本书的第十章"公共事业的绩效管理与外部评价"。作为一个特定的公共管理领域,一个独立的学科体系,公共事业管理对管理结果有自己的评价标准和体系。对公共事业管理绩效评估的分析,既是一个完整的公共事业管理过程的重要一环,也是公共事业管理概论体系的必要部分。

第六部分:阐述公共事业分类管理概貌,即本书的第十一章和第十二章。这一部分是在公共事业管理静态和动态分析的基础上,对公共事业管理有代表性的部门,即科学事业管理、教育事业管理、文化事业管理、卫生事业管理、体育事业管理和城市公用事业管理,侧重从公共政策的角度,进行了宏观的概述。这既反映不同类别的公共事业管理的特点,也结合具体管理部门或行业展示了公共事业管理的基本过程和规律。

本书是以建构公共事业及公共事业管理的基本内涵作为逻辑起点的,为此,作者运用了公共经济学中的公共事务理论、公共产品理论尤其是准公共产品理论展开分析,相当程度上,以此作为了公共事业管理专业的重要理论基础,从而论证了自己关于公共事业及公共事业管理的基本观点,展开了对公共事业管理各个方面的分析。在进一步的阐述过程中,由于目前国内还没有关于公共事业管理的系统研究,更没有直接相关的理论著作和教材,因而在整个分析中主要依据公共事业管理的母体学科——公共管理的理论和最新研究成果,以及相关学科的理论,结合自己关于公共事业管理基本概念和关于公共事业管理过程等认识的基本看法进行。书中引用的有关学者的观点和理论,已尽可能按学术研究的基本规范和要求,进行了说明,在此,再一次对相关学者表示感谢。

作　者

2002 年 5 月于昆明

目　　录

第一章 导论:公共事业管理的基本问题

公共事业管理是中国特色社会主义的公共服务管理,是中国特色社会主义公共管理的一个基本领域。本章从阐述认识和把握公共事业管理必备的若干基本概念出发,结合我国传统的事业产生发展,以及当代事业单位管理体制的改革发展,界定我国的公共事业及公共事业管理,分析公共事业管理的基本内容、属性、特征,以及公共事业管理的基本原则,指出公共事业管理与其他相关管理的区别和联系,阐明当前学习研究公共事业管理的价值。

第一节 理解公共事业管理的基本概念

公共事业管理,是在当代中国特色社会主义市场经济体制建设和完善过程中,通过提供公共服务以处理相应的公共事务和满足公众需求的过程,即中国特色社会主义的公共服务管理过程。因此,要认识和把握公共事业管理,首先必须认识和理解以下基本概念。

一、公共事务

(一)公共事务的概念

事务泛指人类生活中客观存在的一切活动和所遇到的一切社会现象。事务与需求和问题密切相关。利益是人类活动的出发点,当人有了对利益的追求即有了对客观事物的需求后,或者由于满足这一需求的客观条件不足而形成矛盾,或者在利益的驱动下开展了满足需求的活动,从而就有了客观存在的活动或者客观存在的社会现象,即形成了人类社会的事务。这就是说,有了需求并产生问题后,也形成了事务。而且,在人类社会中,由于任何事务的形成与解决,都有一定的目的,并受到一定资源与行动条件的限制,而正是这些目的和限制因素使人类事务具有利益属性,也使得人类社会的事务本质上是一种社会事务。

相应地,公共需求的产生和公共问题的出现必然在客观上导致公共事务的产生,或者说必然表现为社会公共事务。因此,所谓社会公共事务,是指涉及社会公众整体的生活质量和共同利益的那些社会事务,具体言之,在一个社会中,公共事务对整个经济和社会的发展,以及全体社会成员基本生活来说,是必不可少的。

由此,作为公共需求和公共问题发展必然结果和表现形式的公共事务,无疑也是社会分工的产物,是在私人事务的基础上集中了社会中公众共同关注的事务而形成的,因而,公共事务与私人事务虽存在排斥性,但更多的是互补性。公共事务的范围广泛,从国防、行政、治安等国家事务到法律、艺术、教育、科学等都在其中。公共事务的范围随着社会和经济的发展不断变动。

从理论上看,公共事务这一概念的产生及其相关问题的阐述,是目前人们更为系统地从理论上对公共需求和公共问题的把握,它主要通过对公共事务概念的界定、对其特征的描述和类别的划分等,实际上从一个具有操作性的层面,给出了界定公共需求和公共问题所依据的标准,以及如何解决公共问题以满足公共需求等。

（二）公共事务的类别与层次

1. 公共事务的类别

作为涉及社会公众整体的生活质量和共同利益的社会事务即公共事务,其活动过程和结果涉及了人类社会生活的政治、经济和社会等诸多方面。因此在一个社会中,公共事务可以分为政治事务、经济事务和社会事务三个类别。

所谓政治事务,即社会公共层面上的政治事务,主要涉及国家主权、领土完整、政权稳固、社会安定、民族利益和国家利益等各项事务,具体表现为外交工作、国防工作、公安工作、国家安全工作、司法行政工作等。

所谓经济事务,即社会公共层面上的与整个经济运行直接有关的事务,主要包括宏观调控和微观经济管理两个方面的事务。宏观调控是通过制定和执行国民经济中长期规划,制定和实施财政、金融和产业政策,弥补市场经济的局限、协调宏观经济与微观经济,以引导整个国民经济健康、持续、快速地发展。微观经济管理主要以三种方式对经济活动的微观层面进行管理。一是引导经济活动,即通过制定行业发展规划和政策及投资、分配、资源与人力开发利用,以及技术改造等经济政策,引导企业行为,推动产业结构的调整与优化,保证产业内部各行业的综合平衡与协调发展。二是创造良好的外部环境,即制定并监督执行经济法规,规范市场的准入规则和行为规则,规范市场主体行为和运行秩序,加强市场监督,消除分割、封锁市场的行政性壁垒,营造公平竞争的市场环境;培育与发展市场中介组织,健全服务中介体系,使会计师事务所、律师事务所、公证处、资产评估事务所、咨询公司等社会中介机构的行为做到客观公正。三是通过适宜的方式,优化国有经济布局,发挥其战略支撑作用。

所谓社会事务,即在社会公共事务层面非政治、非经济的事务,也就是通常的狭义的社会事务。狭义的社会事务,主要包括教育、科学、文化、卫生、体育、民政、社会保障、环境保护等。我国传统的事业主要就是指这一狭义的社会事务。

2. 公共事务的层次

从一定的组织(主要是公共组织或公共部门)对社会公共事务管理的角度看,社会公共事务通常也分为三个层面:第一个层面是大概念,即公共部门管理的所有事务都属于社会公共事务,内容包括上述涉及社会公共利益或整体利益层面的政治事务、经济事务和狭义社会事务;第二个层面是中概念,即除经济事务外,公共部门管理的其他事务,主要是社会公共政治事务和狭义社会事务;第三个层面是小概念,即除经济、政治事务外,公共部门管理的其他事务都属于社会公共事务,也就是狭义的社会事务。

另外,从社会事务涉及社会成员的范围来说,还可以分为公益性的社会事务和互益性的社会事务。前者指涉及一个国家或社会的所有成员的公共事务,后者则指涉及社会中部分成员的公共事务,即只是在一个社会中特定范围内的公共事务。

二、公共产品

(一)公共产品的概念与特征

作为一种解释现实的理论,公共产品与公共事务所描述的对象是一致的,但其研究和阐述问题的角度不同。公共产品主要是通过产品概念和范畴对社会中不同属性的产品进行把握,明确公共事务的边界,给出了一个特定的处理公共事务的工具。

1. 公共产品的概念

公共产品也称为公共商品、公共物品或公共品,它是人类文明发展的产物。在理论上,率先对公共产品作出严格定义的是美国经济学家萨缪尔森。他在1954年发表的《公共支出的纯理论》中提出,纯粹的公共产品是指这样的产品或劳务,即每个人对该产品或劳务的消费不会导致其他人对该产品或劳务消费的减少。

所谓公共产品,是指那些按照私人市场的观点来看待的公共事务,是与私人产品相对应、用于满足社会公共消费需求的物品或劳务。什么是公共消费需求呢?就是我们上面所说的公共需求。进一步看,实际上人的活动具有双重性,即个体性和社会性。前者是指作为个体的人,需求一定的产品来满足其私人需求,如衣、食、住、行等,而后者则是指作为社会的人,他的生存依赖于社会环境,如国防、治安、城市道路、卫生等,这是人们生活中不能缺少的。这种与每个人的利益密切相关，但每个人又不能享受其消费独占权的，且作为一定社会所共有的保证居民基本生活的需求就是公共需求。

一般来说，根据满足需求的不同，把产品分为两类：一类是私人产品，即满足私人需求或私人消费需求的产品，另一类是公共产品，即用于满足公共需求的产品。在一个社会中，公共产品的范围十分广泛，如政治、法律、国防、治安、政府行政管理、大中型水利设施、城市规划、公共道路、环境保护和治理、环境卫生、天气预报、科学研究，以及广播、电视、教育、电讯等，乃至抗旱、防洪等，都属于公共产品的范畴。公共产品直接或间接地为企业的生产和个人家庭生活提供服务，是社会总产品中重要的不可缺少的部分，而且，随着社会的发展和经济的发展，社会公共产品总体上呈扩大的趋势。

2. 公共产品的特征

那么，如何判断一个产品是不是公共产品？或者说公共产品不同于私人产品的特点是什么？在现代社会，作为人类劳动的结果，公共产品与私人产品的区别主要是消费方式不同。

美国学者萨缪尔森在系统研究了公共产品的特征后，于1945年提出了被各国学者基本认同的确认公共产品的两个标准，即非排他性和非竞争性。

第一，非排他性。非排他性是与排他性相对应的。排他性是指排斥他人消费的可能性，如你在使用一件产品时别人就不能使用，或当你能完全拥有一件产品时，其他人就不能拥有。一般来说，凡是企业和个人家庭能完整地购买其消费权的产品，都具有消费上的排他性。这种产品是私人产品。公共产品的非排他性也称为消费上的非排斥性，是指一个人在消费这类产品时，无法排除其他人同时消费这类产品，而且，即使你不愿意消费这一产品，你也没有办法排斥。如走在一条公路上时，你无法排除其他人也走这条公路，虽然你不喜欢公路上路灯的光照，但只要你走上这条有路灯的公路，就必须受到照射。

非排他性还有一层含义，是指虽然有些产品在技术上可以排斥其他人消费，但这样做是不经济的，或者是与公众的共同利益相违背的，因而是不被允许的。比如，你可以在公路上设置路障来限制其他人通行，但如此会付出两个方面的成本：一是需要建设路障并派人进行日常管理，即增加了管理成本；二是使本来可以走这条马路的人不再能走这条路，带来了效率的损失，这也是一种成本。因而在马路上设置路障在技术上虽然是可行的，但实际是不经济的。同样以马路为例，虽然私人可以出资建设，但由此可能带来的高额收费会影响公众的利益，因而或者由政府投资建设，或者必须将此作为公共产品进行必要的政府管理。

公共产品的非排他性主要与其劳务产品属性有关，但根本原因是其收益的外溢性，即它具有外部收益。比如,在一些国家,普通教育是每个适龄公民都可以享用的公共产品,普通教育对个人来说提高了文化程度和素质,但这一结果对整个社会和国家都具有重要的价值,即这一教育产品具有了外溢性。又如电灯,如果放在家里,就只能为家里的人提供光亮,但如果安放在马路上,则可以为所有经过的人提供光亮,在这里,电灯本身没有发生变化,仅仅是人们使用的方式不同,就有了不同的收益。

由于非排他性使一个产品既不能被个人所排斥,也不能为个人所拒绝,具有极大的外部收益,是一种人人都有权使用、人人都获益的产品,因此,非排他性使产品具备了公共性的特征,是衡量一个产品是不是公共产品的重要特征之一。非排他性决定了公共产品不适合由个人和家庭或者企业经营,而只能由政府或其他非政府的公共组织经营和管理。

第二,非竞争性。非竞争性是相对于私人产品所具有的竞争性来说的。这里的竞争性是指消费上的竞争性,公共产品的非竞争性的基本含义有二:一是边际生产成本为零。这里所说的边际生产成本,是指增加一个消费者对供给者带来的边际成本,而非微观经济学中分析的产量增加导致的边际成本。公共产品的边际生产成本为零,通常指增加一个公共消费者,公共产品供给者并不增加成本。典型的例子是海上灯塔,海上灯塔是较典型的公共产品,通常增加一艘船经过并得到指引并不需要增加任何生产成本。一般来说,边际生产成本是否为零是判断某一产品是否具有竞争性的重要标准。二是边际拥挤成本为零,即在公共产品的消费中,每个消费者的消费都不影响其他消费者的消费数量和质量,也就是说,这种产品不但是共同消费的,而且也不存在消费中的拥挤现象。

一般认为,公共产品具有非竞争性,其原因是公共产品的消费具有可分割性,即它可以分割成很多单元,每个公共产品的消费者消费的仅仅是其中的某一单元,不是消费整个产品,因而它不会同其他消费者的利益相冲突。因此,有的人也将可分割性作为公共产品的一个特征。

总之,公共产品的非排他性和非竞争性是其基本特征,同时,也使其在生产和消费上与私人产品有明显的不同。首先,公共产品必须具有相当的规模才能被公众同时消费,因而其成本是很高的,但又因为它可以同时为许多人享用,所以每个享用者所分摊的费用并不一定很高。这也就决定了在现代社会中,公共产品的费用最好由所有居民共同分担。这种共同分担的基本形式就是通过税收,以公共支出予以保证。其次,公共产品的非排他性,决定了它不仅可以让许多人同时消费,还可以反复消费,因而其效率远远高于私人产品,这也就决定了公共产品不可能由营利机构来经营管理,而只能由政府或非营利的组织来负责。最后,由于公共产品的非排他性,就有可能出现"免费搭车"的现象,即不管是否付费都可以获得消费利益,使得一些人认为既然不付费可以获得利益,而付费也未必能获得更多利益,从而尽可能地逃避付费。因此,公共产品的生产费用的筹措通常需要采用税收的方式强制地分摊。

必须注意的是,萨缪尔森关于公共产品特点的概括虽然得到了很大的认同,长期以来被用于公共产品的判别,但事实上,这一概括也一直被人们质疑。

其一,认为萨缪尔森所阐述的公共产品的两个特征,是对公共产品自然特征的描述性概括,其潜在的结论是这两个特征是天然决定的,因而一种产品的公共产品性质也是天然决定的,是不以人的意志为转移的或无法改变的。但是,现实中各种产品的经济性质却是不断变化的,而且在许多情况下受制于人的作用,例如,在古代,无论是在中国还是在西方,教育都是私人产品,而随着工业革命的开展,义务教育产生,教育开始具有公共产品的性质,而随着社会经济的发展,当代的义务教育年限都在增加,等等,就是产品的经济属性随着客观环境条件的改变而在发生转化。

其二,认为萨缪尔森对公共产品两个特征的概括是高度抽象的,只适用于对假设的纯公共产品,即同时具有完整的非排他性和非竞争性的产品的分析,而不适用现实中的公共产品的分析。因为现实中多数的公共产品实际上很难同时完整地具有这两个特征,通常,很多公共产品的消费在一定的条件下是存在一定的排他性或竞争性的。

目前,人们对公共产品特征的概括总结仍然不统一,但认为公共产品经济属性的获得即决定一个产品是公共产品还是私人产品,主要来源于后天的制度安排,则越来越成为人们的共识。具体言之,公共产品与私人产品的区别主要不在于生产方式或资金来源,而主要在于消费方式的不同,之所以如此,实际上主要源于不同的产权制度的安排。因此,公共产品的特征主要体现在它与私人产品差别上,而公共产品和私人产品的差别就是在产品交易或分配过程中的差别。公共产品是公共消费的,任何特定范围内的成员都可以无偿地获得特定的产品的消费。而一种产品作为私人产品,则要通过购买或付费的方式来实现消费者的排他性消费。因此,私人产品是通过市场交换,从其提供者转移到其消费者手中,因而有交易成本;而公共产品是由公共部门直接提供给公众消费的,从其提供者转移到消费者手中的过程不存在市场交易,交易成本为零。这些认识对准确地把握公共产品的生产和提供方式,从而确立新的公共管理的模式和方式极为重要。

(二)准公共产品及其特点与分类

1. 准公共产品的基本内涵

具有非排他性和非竞争性的产品是公共产品,但在现实中同时具备这两个特征或者这两个特征表现得很鲜明的产品是很少的。针对此,美国学者布坎南在《俱乐部的经济理论》

一文中明确指出,根据萨缪尔森的定义所导出的公共产品是"纯公共产品",而完全由市场来决定的产品是"纯私人产品"。现实世界中,大量存在的是介于公共产品和私人产品之间的一种商品,被称作准公共产品和混合商品。这样,布坎南在萨缪尔森提出公共产品概念及两个标准的基础上,以纯公共产品与非纯公共产品,即准公共产品概念,以及建立以"内部俱乐部理论"为基础的布坎南模型,提出了准公共产品理论。

准公共产品理论总体上属于公共产品理论范畴,而所谓准公共产品,指具备非排他性和非竞争性两个特点中的一个,另一个不具备或不完全具备,或者虽然两个特点都不完全具备但却具有较大的外部收益的产品。准公共产品是介于纯公共产品和私人产品之间的公共产品,它构成了纯公共产品与私人产品之间广阔的中间地带,或者说,在一个社会中,准公共产品从数量上占多数。从公共管理组织提供公共服务角度看,准公共产品由于其属于公共产品的范畴,因而进入了公共服务的范畴,使得提供的公共服务通常除国防、行政和法律等,大部分属于准公共产品,而且,也因此具有了提供这一类公共服务的应有方式。

2. 准公共产品的特点

(1)非排他性和非竞争性特点的不充分性。非排他性和非竞争性是公共产品的基本标准,其不充分性主要表现为以下情况:一是某些产品只符合其中的一个标准;二是虽然两个标准并非完全符合,但又并非完全具有私人产品的特性,即具有完全的排他性和竞争性。准公共产品的这一特点,使其兼有纯公共产品和私人产品的性质,但从总体上说,在公共性和私人性之间,其还是偏重公共性,因而才被称为准公共产品。

形成准公共产品这一特点的主要原因在于,准公共产品是一个历史的范畴,它是历史发展到一定阶段的产物,即社会的发展程度和变化使一部分本应是公共的物品,只能满足部分成员的需求,或者是某些具有私人产品特征的物品,由于关系社会公众的基本生活质量和共同利益,需要在其生产方式或管理上以偏于公共产品的方式进行,从而具有公共产品的性质。

(2)外部性。外部性是指一个人或一群人的行为对第三者的福利的影响。外部性是准公共产品的又一重要特点。虽然外部性并非准公共产品独有,如纯公共产品甚至一些私人产品也具有,但准公共产品普遍具有外部性,因而这是它的一个鲜明特点。

准公共产品的外部性这里主要指正外部性,即外部收益。外部收益是准公共产品的普遍现象。例如,交通的发展不仅使那些乘车的人节约时间,获得了内部收益,同时也改变了人们的时空观念,使整个社会获得了收益,这就是外部收益。再如,科学技术的发展,使运用这一技术的人获得了收益,同时也使没有直接使用这一技术的人在观念上发生了变化,并且将这一技术应用于不同产品的生产,使产品变得便宜,或者使产品的功能增加。这就是科学技术的外部收益。准公共产品的这种外部性也称为溢出效应。准公共产品的外部收益有两种表现形式。

一是生产的正外部性，即生产的社会成本小于私人成本。它表现为生产成本的下降。如一个人提供了技术的研究费用，由于这种技术不仅有利于企业，也为社会增加了新技术，因而有利于社会，而且，由于它能复制，使以后的生产者节省了研制费用，因而出现了社会成本低于私人成本。如果将技术完全按照市场方式供给，则会产生消费不足的问题。

二是消费的正外部性，即消费的社会收益大于私人收益。它表现为社会对该产品的需求下降。如在教育消费中，如果教育产品的生产成本全部由私人负担，那么家长就会以自己的效用来判断其效用。但在现实社会中，社会对于教育的估价往往超过个人的估价。因此，通常会产生消费不足的问题，公共组织如政府必须以一定的方式对这些重要的准公共产品予以管理。

3. 准公共产品的分类

按照公共产品的两个基本特点及其在准公共产品中的表现，可以将准公共产品分为以下三类。

（1）具有非排他性且非竞争性不充分的准公共产品。这里的竞争性弱于私人产品。教育就是这类准公共产品的典型例子：随着社会经济的发展和人们教育意识的加强，具有非排他性的教育逐步成为社会福利，但由于教育本身具有一定的消费竞争性，且在一定的社会历史阶段任何一个政府也难以将教育作为纯公共产品，因而一方面要以巨大的公共财政保证义务教育的实施；另一方面也允许在义务教育阶段以上的某些领域中进行竞争。

（2）具有非竞争性且非排他性不充分的准公共产品。这里的消费排他性弱于私人产品。道路是这类准公共产品的典型例子：由于其具有非竞争性，因而最适宜的方式是由非营利组织进行管理，而由于具有一定的消费排他性，也就具有采取收费的方式进行管理的可能。

（3）非排他性和非竞争性都不充分的准公共产品。这类准公共产品虽然非排他性和非竞争性都不充分，但又不完全同于具有排他性和竞争性特点的私人产品，或者说具有一定的排他性和竞争性，但总体上又偏于公共产品，例如文化、艺术、医疗、体育等。在一定程度上，这类产品与属于私人产品的俱乐部产品比较接近。值得注意的是，准公共产品总体属于公共产品的范畴，因而它与俱乐部产品还是有明显不同的，这主要表现在：第一，俱乐部产品的受益人是相对固定的，而这类准公共产品的受益人一般不固定，即其外部性是向社会发散的；第二，俱乐部产品虽然具有溢出效应，但其溢出范围通常限于少数利益相关的受益人，而这类准公共产品的溢出范围则较大。实际上在现代社会中,在纯公共产品和纯私人产品之间是一个由准公共产品及俱乐部产品构成的巨大的空间,认识这一区别具有十分重要的意义,因为一般来说,俱乐部产品相对于其成员来说是一个利益共同体,可以通过共同费用分摊实现收益内在化,而准公共产品由于受益人不固定,难以做到收益内在化。所以,俱乐部产品适宜私人经营,而准公共产品则更适宜作为一种大众的事业,由公共组织进行相应的管理。

(三)公共产品的分类

具有非排他性和非竞争性的产品是公共产品,但在现实中,并非所有的公共性的产品都同时具备这两个特征,或者这两个特征表现得很鲜明,即现实中还存在着大量的准公共产品。如果再结合私人产品的分类进行分析,就可以获得对公共产品更为全面也更具操作性的认识。

公共产品一般可以分为纯公共产品和准公共产品。纯公共产品是指完全具备非排他性和非竞争性特点的产品,如国防、政府行政管理、基础科学研究、社会科学研究、立法、环境保护等。准公共产品是介于纯公共产品和私人产品之间的公共产品。

私人产品是与公共产品相对应的一大类产品。私人产品按其性质也可以分成纯私人产品和俱乐部产品。纯私人产品是指完全具有排他性和竞争性特点的产品,由于这类产品只适宜市场供给,所以也称为市场产品。俱乐部产品是指虽然具有私人产品的基本特点,但并不十分明显,且在一定程度上具有准公共产品的特征,其受益范围较小或有特定的规定,如通常的一些会员制的运动俱乐部、读书社、行业协会等。

这样,如果从社会总产品的角度看,社会产品可以分为纯公共产品、准公共产品、俱乐部产品和纯私人产品(通常称为商品),如图1-1所示。

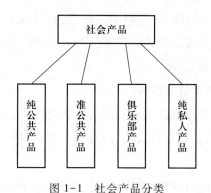

图1-1 社会产品分类

此外，还可以按受益范围将公共产品划分为全国性公共产品和地方性公共产品，也称作公益性产品和互益性产品。前者指全国居民都受益的公共事务，如国防、外交等。后者指一定地区或社区居民受益的公共事务，如地方性行政管理、执法、道路、环卫、治安等。地方性公共产品按照受益的范围，还可以进一步划分。一般来说，地方性公共产品由地方性的公共组织提供，但具有溢出效应。通常，全国性的公共产品大多属于纯公共产品，而地方性公共产品则以准公共产品为主，有些实际上已属于俱乐部产品。

在认识公共产品时必须注意以下几点：第一，私有制国家也有公共产品，公有制国家也有私人产品，因此，公共产品和私人产品的划分不是由社会制度决定的，与社会制度无必然联系；第二，在不同社会中，由于受社会制度和社会发展程度的影响和制约，公共产品的范围存在着客观的差别，例如，森林、土地、矿产资源等在私有制国家完全可以成为私人产品，公共性并不确定，而在公有制国家则成为公共产品，具有较强的公共性，往往是法律予以明确规定的。

三、公共服务

公共服务是一个与公共产品密切相关的概念，它从另一个特定的角度，提供了处置某些公共事务以满足公共需求的分析工具。

（一）公共服务的概念

服务，通常指提供活动，以满足他人某种需求的一种操作活动。这一类活动通常是通过一定的物质载体、提供无形产品的过程，具有生产过程与消费过程同一的特点，如餐饮服务、金融服务，等等。从满足需求的范围和主体的角度看，公共服务是指政府或非营利组织等公共部门以及部分私营组织为满足社会公共需求、维护公共利益、依法进行公共物品的生产与供给的行为。

公共服务与一般私人服务相比，具有明确的特点：公共服务不以营利为目的，首先并始终关注的是公共利益；而且，其服务的对象或顾客群体是比较模糊的；同时，公共服务的具体内涵和提供方式具有历史性和区域性。

（二）广义公共服务与狭义公共服务

对公共服务的理解有广义和狭义之分。广义的公共服务，基本上与公共产品所指的内容相同，即指政府或相关部门针对公共需求，处理公共事务的一切活动，包括提供有形产品和无形产品即服务。

狭义的公共服务，是在对公共产品或广义的公共服务的理解的基础上，基于是否满足公众的直接需求，以及侧重是否提供非物质形态的产品来进一步界定的。第一，公民作为个体的人,有衣食住行、生存、生产、生活、发展和娱乐的需求。这些需求可以称作公民的直接需求。狭义的公共服务满足公民生活、生存与发展的某种直接需求,能使公民受益或享受。譬如,教育是公民及其子女所需求的,他们可以从受教育中得到某种满足,并有助于他们的人生发展,如果教育过程中使用了公共资源,那么就属于公共教育服务。第二,狭义的公共服务通常是指通过建立一定的设施,提供满足公众基本需求的非物质形态的产品,如科学、教育、文化、卫生、体育,等等。

本书在分析公共事业与公共事业管理过程中所说的公共服务,主要是狭义的公共服务。

第二节　公共事业及其属性

在当代中国,公共事业与传统的事业及其管理体制的改革发展息息相关:在实践中,它是基于传统的事业及其活动领域与方式,并在建立和完善中国特色社会主义市场经济体制改革逐步深入过程中,随着社会公共需求不断增长所促成的事业内涵扩大和公共性的凸现的基本公共服务领域;在理论上,它是在我国社会主义市场经济和管理体制下,针对社会性的公共需求,解决相应的公共问题的有中国特色的公共服务概念与活动体系。

一、我国传统的公共事业及其转型

对一个社会来说,狭义的或社会性的公共事务是与公众日常生活密切联系在一起的,因而对这一类事务的管理方式对一个社会的存在和发展来说是基础性的。由于社会经济发展程度和历史文化传统不同,不同的国家对这一类事务的管理方式也就各有不同。

在我国,自中华人民共和国成立以来,在特定的历史条件下,对这一类社会的基本公共服务,是由政府建立相应的事业单位管理体制来生产和提供特定的产品——事业产品来完成的。因此,虽然整个事业活动具有必不可少的公共性和公益性,但同时具有更为突出的政治性,从而在相当长的历史时期中,整个事业活动首先是以政治需求为核心,对公众主体的需求反映并不充分。改革开放以来,尤其是社会主义市场经济体制改革的展开,使得这一在计划经济体制下所形成的"事业"及其管理体制与社会主义市场经济体制的不适应日益突出。随着国际国内形势的变化所促成的社会管理与公共服务的重要性日益凸显,事业活动不得不在原有的领域内,围绕着不断增长的公共需求,构建与社会主义市场经济体制相适应的活动范围与方式,从而促成了传统的公共事业向新型的公共事业的转型。

（一）我国传统"事业"的形成及其基本含义

1. 我国"事业"与事业单位管理体制的形成

事业及事业单位和事业单位管理体制,是中华人民共和国成立后,在特定历史条件下所形成的特定的公共服务及其运行体制。

具体言之,中华人民共和国成立后,一方面,整个社会政治热情高涨,公众对教育、文化、科技、卫生等产品的需求空前提高,同时,为了真正使公众获得发展,国家也需要尽快提高广大民众的教育文化水平,改善民众的身体素质和生活条件,因而必须将科教文卫体等作为社会的公共事务,在短时间内发展起新中国的科教文卫体等事业。

另一方面,中华人民共和国成立伊始,社会的稳定与发展面临极严峻的挑战,近一个世纪饱受战争创伤、发展程度极为低下又濒临崩溃的国民经济、帝国主义国家严密的经济封锁,以及战争的威胁和侵略。这样,在特殊的历史条件下,为了更有效地集中有限的资源,改善人民的生活,巩固和发展新生的政权,一个必需的选择就是通过公有化改革,迅速确立起高度集中的管理体制,由政府直接配置社会资源,直接组织和管理经济活动和社会活动。因此,随着计划经济体制的确立,作为计划经济管理体制的一个重要组成部分,我国即把科、教、文、卫、体等社会事务和活动视为政府必须负责的事业,成立了由政府投资并主办的事业单位,以此作为提供相应公共服务的基本机构,并逐步形成了政府通过高度计划对特定社会事务进行直接管理的体制——事业单位管理体制。

2. 事业、事业单位与事业单位管理体制的基本内涵

从事业单位及其管理体制形成的简单概述中可以看出,"事业"在我国是一个有特定内容的概念,而且,由于事业单位活动所涉及的是广大群众对于科、教、文、卫、体等产品的基本需求,因而事业、事业单位和事业单位管理体制也是广泛使用概念。

事业是指人们所从事的,具有一定目标、规模和系统的对社会发展有影响的经常活动,是没有生产性收入,由国家经费开支,不进行经济核算的社会活动,如教育事业、文化事业、科学事业、卫生事业、公用事业等。这一界定反映出,事业是我国特有的与全体人民整体利益有关的,以满足公众关于科、教、文、卫、体等特定公共需求为基本活动内容的社会活动,在本质上属于社会公共事务的范畴,涉及的主要是通常所说的非政治、非经济的公共事务,即狭义的社会公共事务,从处理公共事务、解决公共问题以满足公共需求的角度看,事业所涉及的是特定的社会公共服务。

对计划经济管理体制下所形成的事业单位,一般认为它不具有行政职能,也不以营利为目的,而是为了满足社会的公共需求,保证和改善社会公众的基本生活,在国家的领导下,主

要利用国家财政拨款,从事教育、科技、文化、卫生、体育等活动的实体性社会组织,一个特定的公共服务机构。就事业单位所提供的产品的性质来看,事业活动具有服务性、公益性。

相应的,事业单位管理体制,指的是国家或政府通过财政支持建立事业单位,通过全面负责事业单位的运行,向社会提供一定形式的事业产品以满足公众需求的公共服务运行管理体制。其运行机制和管理方式具有政府投资、政府主办、政府管理的基本特点,一定程度上体现为政府事业。事业单位管理体制反映的是一定条件下我国处理社会公共事务的发展水平。

(二)改革开放以来我国事业的变化及转型

随着建立社会主义市场经济体制改革的深入,公共需求在数量上日益增长,在质量上日益提高,反映在社会公共事务上则日趋繁杂,公众主体性也日益增强。这一切,使得传统的事业单位活动所涉及的范围明显扩大,事业产品提供主体和提供方式不能不发生相应的变化,从而在科、教、文、卫、体等领域内,社会公共服务的目标、内容和方式客观上发生了变革,传统的相当程度上政治性极强的事业开始向新型的社会事业转型,与社会主义市场经济相一致的新型社会公共事业逐步形成。

1. 经济政治和社会管理改革的深入,促成了"事业"内涵的变化

第一,"政企分开""政社分开"和"企社分开"改革促进了社会公共事务增加。在建立社会主义市场经济体制改革逐步深入的过程中,随着在重新认识和正确规范政府与企业、政府与社会、企业与社会关系基础上的"政企分开""政社分开"和"企社分开"改革的展开,随着对传统的以分房制度、医疗制度和保险制度等为基本内容的传统福利制度的改革的深入,以往单位所承担的社会职能逐步剥离,计划经济体制下的"单位人"逐步向市场经济下的"社会人"转变,单位福利开始转为市场经济下的社会保障,成为社会公共事务。同时,随着社区建设的展开,为基层社区提供基本的公共设施和公共服务相当程度上也成为一项社会公共事务。

第二,科学技术的发展对社会公众的生活产生了日益技术化的影响。随着科学技术的发展而形成的社会公众的生活日益技术化,除了传统的邮政、电话等外,以现代数字通信为核心的无线通信、互联网等已成为社会公众日常生活的一个重要部分,从而在信息资源共享有效地拓展人们经济和社会活动空间的同时,也使"信息服务"和"信息管理"成为社会的公共事务,必须由公共部门从宏观上进行统筹管理。

第三,社会经济的发展使公众需求的质量不断提高并日益多元化。随着社会主义市场经济体制改革的深入,人民群众在生活条件、文化层次逐步提高的基础上,自主意识、利益保

护意识、政治参与意识及能力都在不断增强。反映在社会公共事务方面，广大群众从自己所在社区的环境卫生、治安、绿化等，以及社区的医疗等服务，到整个社会的教育、科技、文化、卫生、社会保障事业发展，再到环境保护与可持续发展等，越来越关注和关心，对公共产品和公共服务质量的要求日益提高，个性化也日益增强。

2. 事业活动的公共性日益凸显

随着改革的深入，事业活动的基本特点也发生了变化，以往首先体现出的政治性、计划性开始淡化，公共性开始显现。这一变化较为充分地反映在以下方面。

（1）事业活动目标的公共性。传统的事业活动涉及的主要是与公众基本生活和利益相关的社会事务，如教育、科技、文化、卫生等，活动也体现着一定的公益性，但是，由于特定历史条件下公众需求的相对单一和不高、满足公共需求条件的限制，以及特定的政治需求等，事业活动相当程度上并没有以具体的公众需求为起点，而首先是从政治管理的需求出发，通过财政支撑予以统一计划实施的。

改革开放以来尤其随着建立社会主义市场经济体制改革的展开，事业活动必须以公共需求为出发点，以维护和增进公共利益为归宿成为事业活动最基本的要求。因为，一方面，随着公众需求的丰富和多元化，以及公众自主意识、利益保护意识、政治参与意识及能力的不断增强，作为提供特定公共服务的事业活动必须以公众为本，以解决公共问题满足公共需求为起点，而且在整个活动过程中必须体现出平等、正义、公平、民主等公共伦理价值，正逐步成为社会的共识和事业活动的基本要求。另一方面，虽然市场经济作为一种以市场机制为基础，对有限资源合理进行配置的手段，是十分有效的，但其在满足社会公共需求方面尤其是在传统的事业活动领域内的不足也同样十分明显，例如，市场不能有效地解决涉及社会基本利益和公众需求的基础的科技、文化、教育、公共卫生等问题，市场不能解决好诸如路灯、城市卫生等公用设施问题，市场不能自发地控制人口，并统筹经济与人口、资源和环境的协调发展，等等。所以，随着我国社会主义市场经济体制的初步建立和逐步完善，事业活动必须从公众的基本需求出发，以当代所要求的方式保证事业活动作为一种基本的社会公共服务，从而弥补市场机制的不足，维护和增进公共利益，促进市场的发展和社会进步，就成为事业活动的基本要求。

（2）事业活动承担主体的公共性。社会主义市场经济体制对事业活动必须具有公共性的根本要求，决定了活动于事业领域中的组织不能以营利为目标，而必须以维护和增进公共利益为组织第一要义。这已成为当前中国事业活动对组织的基本要求，也是一个基本的现实。无疑，这种组织就是公共组织。当然，我们在后面相关部分将分析，在当代公共管理社会化和市场化的影响和要求下，为了最大限度地整合社会资源以满足公众不断的需求，一些企业可以而且应该进入事业活动领域，但必须在政府管制和有关法律法规的规定下进行活动，在平衡效率与公平、效率与民主、效率与质量等方面发挥着重要作用，以保证公众的基本利益和生活需求为前提，从而，这些进入事业活动领域的组织也在一定的程度上必须具有公共性。因此，今天事业活动的承担主体在活动中具有公共性是一个基本的要求。

（3）事业活动手段与方式的公共性。随着社会主义市场经济体制的初步建立，基于计划经济体制所建立的政府、市场和社会的关系开始以市场经济的要求为准绳逐步变革，其中一个重要的调整就是对公权力与私权力各自活动的领域有了明确的区分。对公共权力而言，市场经济条件下最根本的要求就是其形成与运行必须具有合法性并受到公众的监督。这是公共权力公共性的本质体现。总体上看，活动于事业领域的主要组织——公共组织，其运行所依据的就是公共权力，因此，涉足于事业活动的组织，不仅其组织的产生、设立与废止及其活动都必须是法定的，具有合法性，而且他们的行为的方式和结果都必须合法，要承担相应的责任。如对政府而言，事业活动的公共性和公共权力的公共性，要求对以往就由政府统管的科、教、文、卫等事业，必须从社会主义市场经济条件下对公共事务管理的要求进行管理，并将人口、资源和环保等涉及全社会公共利益的事务纳入社会管理范畴，同时，对直接关系到公众利益的公共交通、水、电等产品的生产企业，即传统的公用事业，也必须在宏观上将其作为社会公共事务，由公共部门根据公共权力运行的要求，从维护和增进公共利益出发，选取相应的方式进行统筹管理。

总之，随着改革的深入，传统事业领域内社会公共事务大量增加，"事业"公共性开始凸显，与社会主义市场经济体制相适应的解决特定公共需求的要求和相应的活动目标、主体及方式的出现，公共事业的框架和基本内涵得以确立，传统"事业"向公共事业转型。

二、公共事业的基本内涵和特征

根据对公共需求、公共问题、公共事务和公共服务的认识，以及传统事业的基本内涵和基本性质，结合当前我国传统事业的转型所展现的事业活动的价值取向和要求，可以得出我国公共事业的基本内涵，并归纳出其基本特征。

（一）公共事业的基本内涵

所谓公共事业，是随着我国社会主义市场经济体制的建立和事业单位管理体制改革而正在形成发展的社会全体公众的事业，是面向社会，以满足社会公共需求为基本目标，直接或间接为国民经济提供服务或创造条件，关系到社会全体公众基本生活质量和共同利益，并且不以营利为目的的公共服务活动。简言之,是当代中国特定的公共服务。

从产品的角度看,公共事业是一个生产和提供公共事业产品以满足公众需求的相关行业部门的活动。就其涉及的范围和基本特性而言,公共事业属于狭义社会公共事务的范畴;而从传统事业的基本内涵来看,公共事业涉及的具体内容或活动,主要是教育、科学、文化、卫生、体育,由通信、邮电、铁路和公共交通、水、电等组成的公用事业,以及社会保障等[①]。

对公共事业基本内涵的理解,还必须注意的是从社会产品的角度看,处理公共事务就是生产并向公众提供特定的产品或提供特定的服务。任何一种社会产品的生产和提供都是一个投入和产出的过程,是一个价值创造,并通过一定方式(其中,可以有传统的非市场的方式,也可以有特定市场的方式)分配并消费而最终实现价值的过程。因此,公共事业不再是传统的"非经济"事务,而是与经济或市场有着天然的联系。确定公共事业内涵的基本标准不是"非核算"或与经济无关,也不是看它是否由非企业和非私人家庭操作,而是看这一产品的提供是否与公众的基本日常生活相连,是否首先满足公共需求与维护和发展公共利益。

（二）公共事业的基本特征

公共事业作为一种满足特定公共需求的社会活动,具有以下的基本特征:

1. 公共性

公共性是公共事业最主要和本质的特征。如上所述,公共事业的公共性如果从活动的本身和过程看,主要体现在它的活动的目标、承担主体和活动的手段方式上。就活动目标而言,公共性体现在公共事业涉及的是在一定的经济条件下与社会全体公众基本生活质量和共同利益有关的、市场不会做或者不能完全交由市场做的事务,为此,满足社会公共需求,维护和增加公共利益,为整个社会的安全和发展创造条件,是活动的出发点和归宿,而且,其活动的结果涉及社会的方方面面,影响社会的整体运行目标和进程;就活动承担主体而言,其公共性体现在活动于这一领域或行业中的组织,主体是以非营利为目标的公共组织,如政府、准政府组织、非政府组织等,以及被纳入公共管理社会化和市场化管理框架,以政府管制为前提而进入这一领域活动的其他组织;就活动的手段方式而言,公共性主要体现在其活动得以展开所依据的是公共权力,由此,其活动的方式方法必须遵循社会对公共权力运行的要求,并具体而完整地贯穿整个活动过程中。

[①] 从公共服务的基本内涵看,公共事业还应该包括社会保障活动,即基本医疗卫生服务、社会养老服务等,但从目前我国本科教育的专业划分来说,社会保障专业是一个与公共事业管理专业相平行的属于公共管理类的专业。作为公共事业管理基本专业教材,本教材在下面的分类管理概述中,就不再涉及社会保障领域,特此说明。

如果从公共事业活动结果所涉及的对象来看,由于活动结果的享有者是一个国家、社会或一个地区的全体社会成员,因而公共性表现为公众性;由于服务内容涉及一个国家、社会或一个地区的共同需求,因而这一国家全体公民或这一地区全体成员都可以享受解决这一共同需求所带来的利益,因而公共性表现为公用性;由于服务的目标是维护和增进公共利益,一个国家的全体公民或一个地区的全体成员都可以获得这种利益,因而公共性表现为公益性。

2. 非营利性

非营利性可以说是公共事业公共性一个更为具体的表现。由于公共事业活动的基本目标是满足公众的基于基本生活的物质和精神需求,因而事业产品的生产和提供涉及的是基本的社会服务。从社会发展的角度看,这些基本的社会服务是保证一个社会安全稳定和发展的基本条件,是社会必须用社会的积累为获得这些基本条件支付的成本。因此,在一般情况下,事业产品的生产和提供是以公共财政为主要基础的,事业产品具有非营利性,社会公众可以无偿地享受这一产品。虽然在现代社会,有时为了弥补公共事业的经费不足,或者为了平衡在享受公共事业所提供的服务方面实际存在的差异,也会采用收费的办法,但是,特定的管理政策决定了这种收费绝不以营利为目的,因而总体上具有非营利性。随着现代社会公众需求的扩大,有偿享受一定的公共服务正成为一个发展趋势。

必须指出的是,在现代社会中,企业也可以承担公共事业产品的生产,但由于有相应的政策法规的限制和必需的财政补贴,因而这些企业要在保证社会效益的前提下,并在规定的利润空间里进行相关事业产品的生产和提供。因此,这些涉及公共事业的企业的活动首先不是由市场自由决定的,活动在总体上体现为非营利性,或者说,在现代社会,进入公共事业领域活动的企业的营利是在一定限制下的特定的营利。

总体上看,由于公共事业公共性的基本要求,决定了公共事业活动的承担主体的首要目标是满足公众的基本需求,是维护和增进公共利益,基于必要的资金来源保证,事业产品的提供是非营利的。在公平与效率不能兼顾的情况下,必须首先保证公平。

3. 规模性

由于公共事业活动的目的是满足公共需求,其产品涉及的范围广,因而必须具有一定的规模才能满足一个国家或地区公众的普遍需求;而建立一个公共服务体系需要大量的投入,且往往大部分属于经常性支出,加之公共事业的有些内容通常需要达到一定的规模才能提供相应的服务,如公路、港口、机场、铁路等均如此,同时,这些基础设施也具有投资大、建设周期长、资金回收慢的特点。所以,现代公共事业普遍具有规模性的特点。这也就要求充分考虑公共需求的涉及范围,在需求所及的范围内打破条块分割,通盘规范,统筹安排,以最适宜的规模向公众提供最多最好的公共事业产品。

4. 服务性

当代中国的公共事业,基于传统的事业单位的活动和整个事业单位管理体制来说,主要是通过建立一定的基础设施,如学校、医院、科研机构等,通过提供以非物质的服务为基本内容的活动来满足公共需求的,具有生产过程与消费过程同一的特点,所提供的产品大多具有非物质形态,即大多以提供服务作为其基本的产品,因此,相当程度上是一种狭义的公共服务,具有鲜明的服务性特征。

三、公共事业产品性质分析

公共事务理论给出了公共事业内涵和活动的基本范围及其基本性质,但一方面,由于公共事务与私人事务并非对立而更多的是互补,且公共事务与私人事务之间是逐步过渡的,中间有巨大的中间地带;另一方面,公共事务的处理或解决通常是以一定的产品形式来表现和实现的,而这需要更为具体的具有操作性的标准来对公共事业进行界定和划分。因此,要全面地把握公共事业的基本性质和特点,进而准确地认识公共事业管理,还必须从当代公共产品理论尤其是其中的准公共产品理论进行分析。

公共事业活动提供的主要是科学技术产品、教育产品、文化产品、卫生产品、体育产品,基于公共设施的建设提供的属于城市公用性质的水、电、气、公共交通等产品,以及邮电、通信等产品。在社会产品的视野里,公共事业产品总体上带有公共性,属于公共产品的范畴,但是,进一步分析可以发现,事业产品是一个由纯公共产品和准公共产品组成的混合体,大致可以分为以下两类。

(一) 属于纯公共产品性质的公共事业产品

这类产品主要有气象、基础科学研究、农业技术研究和推广、大型水利设施、社会科学研究等。从数量上看,它们在整个公共事业产品中仅占少数,但却是十分重要的。如基础科学研究所要解决的是人类共同面临的难题,在研究过程中,需要长期的、连续的资金投入,由于其研究的最终产品是得出相关的科学理论和方法,因而虽然这一科学的理论和方法必然会在不同程度上对整个经济进步和社会发展产生影响甚至是巨大的影响,但这种基础科学研究的成果可以应用于哪些方面、在什么时间产生何种影响,却是应用科学研究部门的任务,且是较难准确预料的。也就是说,基础科学研究对研究者来说,虽然具有明确而巨大的外部收益,但却很难确定其内部收益,因而个人或企业很难独立承担,通常只能由政府拨款支持。

另外,现代公共产品更主要的是制度规定的结果,因此,一定经济社会发展条件下公众必须享有的,也是经济社会进一步发展对公众基本素质不断提升所需要的基本公共服务,也属于纯公共产品的范畴,如义务教育、基本医疗卫生、基本养老服务,等等。

所以,公共事业的部分产品是纯公共产品,这些产品对满足基本公共需求,促进国民经济和社会发展具有十分重要的意义。一般来说,区别公共事业产品中纯公共产品与准公共产品的界线,不是外部性而是内部收益。内部收益难以确定的基本上属于纯公共产品的范围,必须由政府通过必要的方式,如直接投资等方式直接负责,免费向公众提供。

（二）属于准公共产品的公共事业产品

在现代社会,基于经济社会的发展而出现的公众对公共服务数量、质量和个性化要求,以及一些服务对个人和社会发展的意义和价值,还有相当部分的服务产品,甚至具有明显市场性的产品也带有准公共产品的性质,属于公共事业的产品的范畴,如基本公共服务之外的不少教育、医疗卫生、体育等产品,如动植物检疫、出版、广播、影视等。这些公共事业产品虽然同属准公共产品的范畴,但其外部性是不同的,需要从公共事业产品的角度来综合考虑其生产和提供。

如何界定公共事业产品的排他性、竞争性和外部性三者之间的关系？这是一个困难的问题,但也是把握各类具体的公共事业产品基本性质的重要问题。世界银行在《1994年世界发展报告》中,对基础设施服务进行过较为广泛的调查,并整理出图1-2。

竞争性	排他性			非排他性
私人产品				公共财产
电信	城市公交	矿物燃料发电厂		地下水城市道路
	乡村卫生设施（现场处理）			
地方电力输送	铁路、机场、港口服务高压输电铁路、机场、港口设施	管道水供给系统地表水灌溉系统垃圾填埋		
城市间高速公路（收费公路）				农村道路街道清扫交通信号控制
俱乐部产品				纯公共产品
非竞争性	低 外部性 高			

图1-2 基础设施的外部性

在图 1-2 中,处在左上方和右下方的分别是私人产品和纯公共产品。从左到右,产品的排他性是逐渐降低的,同时,外部性逐渐提高。从上到下,产品的竞争性逐渐减弱。可以看出,最接近私人产品的是电信、地方电力输送、城市间高速公路等,而最接近纯公共产品的是农村道路、街道清扫、交通信号控制等准公共产品。据此可以看出,准公共产品的外部性主要由非排他性程度决定的,非排他性越强的产品,其外部收益就越高,相应地,内部收益就越低。

总之,公共事业产品总体上是介于纯公共产品与私人产品之间的中间产品,即准公共产品,处于纯公共产品与私人产品之间的广阔地带。公共事业产品总体上属于准公共产品这一基本特点,以及各类公共事业产品的公共性程度,即具体表现为外部性的大小的不同,决定了在进行公共事业管理时,必须对不同的公共事业产品的生产和提供给予不同的财政供给政策,如果以一种政策统一对待公共事业,既不符合公共事业产品基本性质,也是不切实际的。

第三节 公共事业管理及其特征和原则

公共事业是社会事业,是当代中国特色社会主义市场经济条件下的公共服务,因此,从管理学的角度看,公共事业管理就是对这一公共服务过程的组织、计划、协调和控制。

一、公共事业管理界定

公共事业管理作为现代管理的一个重要领域,由特定的管理主体、管理客体、管理目的、管理职能和方法以及管理环境等要素构成。管理主体,即由谁来管理;管理客体,即管理的对象或管理什么;管理目的,即为何进行管理;所谓管理的职能和方法,即如何进行管理;管理环境,即达到管理目的的宏观条件。在这五个要素中,管理客体即公共事业的基本属性,决定着管理的目的和管理主体,相应的也就决定了管理的方式。因此,在对公共事业管理作出具体的界定之前,在对公共事业已有的分析基础上,有必要对公共事业管理中的组织,以及其运行的资源——公共权力进行概要的分析。

(一) 公共事业管理中的基本组织与权力

1. 公共组织

现代社会是一个高度组织化的社会,人们只能通过组织才能参与社会公共生活。因此,以准公共产品的生产和提供为其基本活动的公共事业活动实际上就是一个组织过程,组织是公共事业活动最基本的要素。从公共事业所具有的公共性的本质特征,以及人类社会公共服务提供的历史发展看,到目前为止,公共组织是公共事业活动中最基本的组织。

（1）公共组织的概念。在社会中,如果从组织的目的是服务于个人或私人,还是服务于公共利益出发,可以将现实生活中的组织分为两大类别,即公共的组织和私人的组织。前者的组织目标是增进公共利益而不是为组织营利,其行为会对其他组织或个人产生直接影响;而后者的组织目标通常是通过营利服务于个人或私人利益,其行为不会直接地或明显地影响其他组织或个人。

所谓公共组织,是指不以营利为目的,而是致力于协调社会公共利益关系,服务社会大众,以提高公共利益为宗旨的组织。显然,公共组织是以追求社会公共利益为其价值取向而建立的特定的社会组织,公共性是其本质,这就决定了公共组织是社会公共事务的管理主体,即公共管理的主体,而作为公共管理重要组成部分的公共事业管理,其基本管理主体也必然是公共组织。

（2）公共组织的类型。在实际中,由于划分的标准和侧重点不同,学界对公共组织的划分和表述都是不相同的①。以公共组织是否拥有公共权力、拥有公共权力的大小及其权力的类别来进行划分,公共组织主要可以分为政府组织、非政府组织和准政府组织。

政府组织通常有广义和狭义之分。广义的政府组织包括立法、司法和行政机关,而狭义政府组织指行政机关,即通常所说的狭义的政府。社会公共事务在任何社会中都是极为重要的存在,政府组织在管理中占有极为重要的、不可替代的地位。政府组织是对社会公共事务管理最主要的组织,就其地位和作用来说,也是公共组织中的主体部分。

非营利组织,即非营利的以增进社会公共利益为组织目标,且是非官方的,即组织本身并不具有行政权力的公共组织。与政府组织相较,非营利组织的最大特点是非强制性和服务性。在市场经济条件下,非营利组织数量多,而且承担着极为重要的社会公共事务管理任务,占有极为重要的地位。因为在现代公共事务尤其是在狭义的社会事务的管理中,管理的

---

① 目前为学术界对非官方的、非营利的,并主要从事社会公益工作的组织,由于划分的角度和侧重点不同,存在着不同的表述和称呼。如有的将社会上所有的组织分为政府组织与非政府组织两大类,然后再将非政府组织分为营利与非营利组织两大类,非营利机构通常称为 NPO(Non-profit Organizations),主要强调的是非政府的、不营利并致力于社会公益的组织;有的按是否营利和是否以增进社会公益为组织目标,将社会组织分为公共组织和私人组织,然后再按是否具有行政权将公共组织分为政府和非政府组织,其中的非政府组织称作 NGO。我们认为,公共组织一个最基本的特点就是非营利和以增进公共利益为组织目标,是否依靠行使公共权力来达到组织目标更能体现公共组织体系中的不同类型,故本书依此进行划分。

一个基本要求就是必须按社会的规律来管理社会,因而在管理的基层,管理往往意味着经营和服务,而非营利组织由于自身的性质特点,常常能比政府组织更具效率。非营利组织通常包括非营利的院校、医院、研究所、基金会、文化和科学技术团体、各种咨询服务机构等。

准行政组织或准政府组织。准行政组织是介于政府组织和非营利组织之间的一种过渡型公共组织,即非营利的以增进公共利益为组织目标,但通过授权等行使一定的行政权力或通过所具有的公共权威,其对公共事务的管理具有一定强制性的公共组织。在市场经济条件下,政府管理的基本范畴是社会公共事务,超出这一范围以行政权力直接管理市场,则可能导致社会资源的巨大浪费,即出现"政府失灵"。但在利益多元化的市场乃至利益多元化的公共事务领域的具体领域,仅靠柔性手段是难以达到管理目标的,因此,必须通过对一些公共组织进行行政权力授权,或通过当事人对契约的遵守或对公共组织权威的服从,以一定的强制性对当事人进行管理。现实中,我国目前的一些事业单位和一些有一定行政权力的团体如残联等,以及各种经济仲裁委员会、消费者权益保障委员会等都属于此类。

2. 公共事业管理中的基本权力

组织过程就是权力使用过程,即组织依据特定的权力,以一定方式作用并影响管理对象的过程。在公共事业活动中,公共组织是凭借公共权力来进行公共事业产品的生产和提供的。公共权力是公共组织实施公共事业管理的基础。

公共权力从何而来?在现代社会,公共权力是通过特定的民主程序产生的,即在代议制民主制度下,公民通过选举代表参与对包括公共事业在内的整个社会公共事务的管理,从而转让权力形成公共权力。因此,这一通过民主制度所形成的公共权力具有合法性,能获得公众普遍的认可和服从。相应的,这一公共权力的大小即权力作用范围的宽窄及力度的大小,也是通过民主制度确定的,即现代民主社会一般都是通过宪法形式及相关法律来规范公共权力的作用范围和力度。就此来说,现代社会的公共权力本质上仍然是源于社会的共同需求,而形式上则是因法而产生,是一种法定权力。

公共权力在公共事业管理中通常是按一定的环节所构成的完整的过程运行的,这一过程包括了公共权力的形成、分配和控制。如公共权力的分配分为初次分配和再分配,决定分配权力大小的基本因素,是对公共事务管理的层次和范围。正是有了这一公共权力,静态的公共组织结构得以运转,公共组织的管理方式得以作用于管理客体并最终实现组织目标。

(二) 公共事业管理的内涵

管理是一种普遍的社会活动。如果把管理活动分为主体、客体、目的、方法和环境五个基本要素,并根据各要素在实际管理活动中的作用和地位,以及它们之间的内在逻辑关系,我们可以把管理定义为在一定环境中,管理主体为了达到一定目的,运用一定的职能和手段,对管理客体加以调节控制的过程。据此,我们可以给公共事业管理做出如下定义:

所谓公共事业管理,指在当代中国,在一定的环境中,作为公共事业管理基本主体的以政府为核心的公共组织,凭借公共权力,为满足社会公共需求,促进社会整体利益的协调发展,采取一定的方式对公共事业活动进行调节和控制的过程,是一个具有中国特色的公共服务管理过程。

从公共事务的角度看,这一协调和控制就是处理关系到社会全体公众整体的生活质量和共同利益的特定的社会公共事务;从公共产品的角度看,就是一定的主体对关系到社会全体公众整体生活质量和共同利益的由纯公共产品和准公共产品构成、并以准公共产品为主的产品的生产和提供的控制和协调。

理解公共事业管理这一定义,还必须注意以下方面:

第一,现代公共事业管理的层次性。现代公共事业活动是一个以生产和提供公共事业产品来处理公共事务,解决公共问题以满足特定公共需求的过程。由于公共事业产品所包含的,有纯公共产品与准公共产品、全国性公共产品和地方性公共产品,或公益性公共产品和互益性公共产品的区别,因而承担组织的大小和活动层次与范围是不同的,相应的,由于涉及公共产品的生产和提供的层次和范围不同,承担主体的公共权力配置也是有层次的。这种层次性具体表现为中央政府、地方政府、非政府组织等组织在管理过程中负有不同责任。

第二,现代公共事业管理的主体多样性。公共事业公共性的基本特征,决定了现代公共事业管理的主体首先是公共组织且核心是政府,同时,还包括非政府组织和准政府组织,如目前我国通常所说的非政府组织(NGO)或非营利组织(NPO)等,以及相当程度上具有准行政性事业单位等。此外,如下面相关章节中关于现代公共事业管理模式中所要分析的,随着现代公共事业管理的社会化和市场化,涉足公共事业领域并承担具体的公共事业产品的生产和提供的组织通常还有企业组织,从而构成的现代的公共部门[①]。这也从另一侧面反映了公共事业管理层次性的丰富。

第三,现代公共事业管理中的"管理"丰富性。我国传统的事业管理,虽然最终也是一个

[①] 公共部门是指被国家授予公共权力,并以社会的公共利益为组织目标,管理各项社会公共事务,向全体社会成员提供法定服务的组织。通常,公共部门包括政府与公共企业。所谓公共企业,是指在公共管理的规范下涉足公共服务领域、参与公共产品生产和提供的企业。

处理公共事务、满足公共需求的过程,但在特定的计划经济体制和传统政治文化的影响下,作为管理唯一主体的政府,更多强调和体现的是政治需求和政治权力,是一种对事业单位的管制,而事业单位更多考虑的是对行政命令的执行及组织的内部管理。而在当代的公共事业管理中,一方面,从公共事业的根本目标是满足人民日益增长的美好生活需要出发,更多强调的是如何生产和提供更多更好的公共事业产品,更多地注意外部环境的变化尤其是公共需求的变化及其条件,注意根据外部条件和需求的确定来进行内部的组织管理,因而体现为整个管理的理念从管制向服务的转变;另一方面与管理的层次相对应,管理的内容上也有监管、实施和服务的区别。

二、公共事业管理的基本特征

(一)公共事业管理具有公共性

公共事业管理作为一项管理活动,最鲜明的特点首先就是具有公共性。这一公共性可以从两个方面来认识:

第一,体现在管理目标上,即公共事业管理的目标,是满足公众特定的公共需求,维护和提高公众的基本生活质量,保证社会的稳定和发展。因此,在整个管理活动中,服从于这一目标,公共事业管理的出发点是公众特定的需求,管理活动的实施是运用公共权力整合社会资源,弥补市场机制的不足,为社会提供必需的公共产品,为社会的全面进步奠定基础,提供动力。

第二,体现在管理的手段和过程中,即公共事业管理凭借的是公共权力,因而管理的手段和方式都必须按照公共权力运行的公共性的要求进行,这不仅体现在对管理者角色的定位及相应手段的选取上,同时在现代社会,还必须强调公众的参与性,这种参与一方面表现为公众对公共事业管理决策过程的了解与影响,并通过法律法规对公共事业管理行为的约束,以及通过各种渠道对公共事业管理进行监督,也表现为在生产和提供公共事业产品方面,公众通过一定的非政府组织对一定层次和内容的公共事业进行管理。

(二)公共事业管理具有强制性

管理都带有强制性,但相比较而言,公共事业管理的强制性总体上较其他非公共性的管理更为突出。公共事业管理的强制性根本上在于其运行所凭借的是公共权力。如上所述,强制性是公共权力的最基本的表现形式,这是人类社会文明进化的结果,更是在利益多元的社会中,公共权力实现对社会公共事务进行有效控制的必要条件。就公共事业领域而言,由于公共事业本身具有的公共性和外部性,自由竞争的法则难以保证公共事业产品的生产和提供,更难以保证公共事业产品对公共利益的维护和促进。因此,必须由公共组织尤其是政府代表公众的利益,弥补市场机制的不足,对公共事业进行统筹管理,同时,为了保证这一统筹得以进行,政府必然凭借公共权力的权威,从公众的需求和社会发展的要求出发,通过大量的立法、管制、政策以及规章制度等,强制规定诸如义务教育及其年限、公共卫生的基本条件、公用设施的基本规模、城市公用事业的价格等,相应强制规定进入这一领域活动的各类组织的条件,以及活动必须遵守的规则及其范围,等等。这一切,充分体现出公共事业管理的强制性。

当然,公共事业管理具有强制性,并不意味着公共事业管理者可以随心所欲地滥用公共权力。依法进行管理,是现代公共事业管理的基本要求,也是公共事业管理强制性能发挥出应有效力的基本前提。

(三)公共事业管理具有非营利性

是否以营利为目的,是区分私营组织与公共组织的重要标志,也是区分市场行为与公共部门行为的最根本的标准。公共事业的基本特点决定了其管理主体必须是公共组织,而公共组织代表公共权力,从事社会公共事业管理的时候,就必须从组织的基本目标和公共事业活动的基本特性出发,以非营利作为依归。进一步言之,就是政府在制定公共事业管理的政策时,不能考虑从管理的结果中获得经济收益,尤其是不能考虑从中获得政府自身的经济收益。作为一项统筹管理为公众提供基本生活质量保证和促进社会进步发展事业的活动,政府在制定相关管理政策和规定,以及实施管理的过程中,必须考虑的是通过管理带来多大的社会效益。

当然,说公共事业管理必须考虑社会效益,并不意味着政府不能考虑在整个管理过程中的人力、物力和财力的投入,即要计算成本,考虑公共财政的支出额度。恰恰相反,为了在一定的物力和财力下给公众提供更多更好的公共事业产品,政府必须充分考虑投入与产出。社会效益是以经济效益作为基础的。

(四)公共事业管理具有服务性

充分认识公共权力的主体、从满足公共需求出发进行相应的管理,服务于公众,从而使公益与私利均获得发展,这是当代公共事务管理的基本发展趋势,也是对管理者的基本要求。就公共事业管理而言,由于公共事业活动涉及的是关系人民日常生活及基本发展需求的社会性事务,直接面对公众,从产品的特点看,多是非物质服务形式,如科学、教育、文化、邮政、电信、交通、市政、气象、医疗卫生等,需要创造更多更好的条件使服务得以顺利进行,因此,公共事业管理具有明显的服务性。因为从根本上说,虽然在管理过程中,如公共事业中的价格管制、质量检查、法律监督、经济手段等的运用，都是不可或缺的，但公共事业管理的目的在于统筹协调好公共事业活动，公共部门行使公共权力的目的是为公众提供最多最好的公共事业产品，首先满足公众日常基本的社会生活需求，所进行的管理活动本质上都是为公众服务的。因此，现代公共事业管理必然要求整个管理中体现出强烈的服务意识，以服务公众作为基本的绩效指标，同时，在推动公共事业管理社会化过程中，将管理由单向度的监管转向多方位的服务，积极建立完善的公共基础设施，改革管理体制，增加服务项目，提高服务水平，一方面直接为公众提供更多更好的公共事业产品，另一方面为具体的公共事业产品的生产和提供者，创造良好条件，使其更好地为公众服务。

三、公共事业管理的基本原则

在管理过程中，原则是在一定的时代和具体的社会环境中，管理主体对管理本质的认识及其反映，是管理主体必须遵循的行为准则。公共事业管理的基本原则即公共事业管理主体活动的基本准则，它影响着公共事业管理主体如何决定公共事业管理的目标，也制约着公共事业管理组织职能的发挥和管理方式的选择，以及如何处理管理过程中出现的种种矛盾等。

公共事业管理的基本原则由公共事业管理的基本属性所决定，或者说它是公共事业管理本质属性对管理过程的基本要求。公共事业管理的目的是促进社会整体利益和协调发展，公共性是其本质的特征。公共事业管理的基本原则，就是要根据管理过程的基本特点以及整个公共事业管理过程和技术的最新发展趋势，围绕公共性的基本要求从不同的侧面规范和引导管理主体的行为，达到最终目的。公共事业管理的基本原则主要有以下几条。

（一）公众为本原则

所谓以公众为本，就是公共事业管理必须以全体社会公众的共同利益为本。这是公共事业管理公共性这一本质特征最集中的反映，也是贯穿公共事业管理全过程的基本要求。这一基本原则有如下要求。

一是必须以维护和提高公众利益为管理的出发点和归宿。从管理过程看，公共事业管理通常是针对特定的社会问题确立管理的目标展开管理的。在社会中，由社会成员所提出的问题是很多的，在这些问题中，哪些反映的是个别成员的要求，哪些是社会多数成员提出的问题，或者哪些虽然是个别成员所提出但却反映了较为普遍的要求，哪些虽然是一定数量的社会成员提出但却没有反映出社会的共同要求，等等，这就需要管理主体以公众利益的基本要求为准绳，来认真分析和辨别，使真正需要解决的社会问题进入公共事业管理的范畴，并以维护和提高公共利益为目的,来确立管理目标并展开管理。这一规定主要涉及公共事业管理中的社会问题的提出和管理目标确定。

二是必须以公众的特点和需求水平为依据进行管理。公共事业管理目标确定后,公共事业管理还必须靠一定的管理措施、手段和设施等将管理主体与对象联结起来,使被管理者发挥能动作用并积极参与到管理过程中来,从而实现管理目标。在这一过程中,被管理者即公众能否发挥出其主观能动性,相当程度上就与管理措施、手段等是否适应公众的特点和需求密切相关。

三是必须以维护和提高公众的利益为基本要求激励管理者的积极性。作为公共事业管理主体的组织和机构,其实际的运行和效能的发挥,必须依靠管理人员来完成,管理效果的取得首先跟管理人员的工作效能有关。管理人员的工作效能既与其本身的知识水平和能力有关,也与其价值取向等所决定的工作态度有关。从激励管理人员工作积极性的手段来看,既有物质的也有精神的,而让管理人员尤其是从事具体管理工作的一线人员明确公共事业管理的基本价值,将所从事的工作与提高和维护公众利益相连,必将极大地促进其积极性的发挥。

(二)服务原则

公共事业管理就其内容而言,主要是围绕社会中大量存在的问题,通过提供公共事业产品,以提高公众生活质量,增进社会共同利益。虽然对一些内容或事项要以强制管制的方式进行管理,如对公用设施的价格管理、对环境资源的管理等,但本质上仍然是在为社会公众进行服务。可以说,公共事业管理中虽然在形式上存在管制和服务,但在其本质上是非管制的,立足点是在服务上,其根本目的是为社会提供服务。这是公共事业管理发展中最重要的特征。我们认为,公共组织承担着管制管理与服务管理两大任务,但其立足点还是在服务上。

进一步言之,公共事业管理必须遵循服务原则,究其原因,一是现代公共事业管理是市场经济条件下的管理,而市场经济的核心在于尊重行为主体基本权利尤其是自利权利,通过提供一定的环境或条件,让行为主体合乎规范的自利行为在实现自身利益的同时增进整个社会利益,因而公共事业管理主体必须顺应管理对象的意志和愿望来实施职能行为,为他们愿望的满足提供必要的条件;二是公共事业管理内容的社会性要求管理的方式方法合乎社会事务本身的规律,要求提供条件充分发挥社会权力的作用,让社会自我管理和自我服务,达到国家与社会的良性互动。

这一服务原则主要制约和影响公共事业管理的基本理念和态度,在实际管理过程中有如下规定。

第一，在宏观层面，公共事业管理主体必须清楚地认识到现代公共事业管理本质上是服务而非管制，服务是公共事业管理的内核和基础，因此，宏观公共事业管理最主要的是通过制定相关的政策和法规等，为社会或公众提供的公共产品和服务创造良好的条件。相应地，政策和规章的制定要集中在大力增强公共事业管理机构的公共服务职能，发展和完善有关的公共设施方面。

第二，公共事业管理中存在着管制的形式，但在根本上管制是服从于服务的，即管制是为了公众的基本生活质量和根本利益。因此，履行带有管制职能的公共事业管理机构在管理过程中必须树立管理就是服务的理念，将通过必要的措施将这一理念落实到管理过程中，即不是从管理主体的角度考虑如何管制被管理者，而是站在社会与民众的立场，要求公共事业管理的主体，特别是政府如何为公众服务。

第三，基层公共事业管理机构面向社会，为公众提供优质的公共产品和服务是其最基本的职能，因而在这里，"管理就是服务"有最明确的体现，也是最基本的要求。这一原则要求基层公共事业管理机构要以提供更好的公共事业产品为目标，采取一切措施，提升公共事业产品的质量、水平和可及性，增强公共服务对公众需求的回应力。

（三）社会效益优先原则

公共事业管理是通过提供优质足量的公共事业产品来保证公众的基本生活质量、促进社会公共利益的发展的，优质足量涉及效率，而保证公众的基本生活质量和促进社会公共利益则涉及公平即社会效益。就此而论，公共事业管理是在特定公共领域中有效地增进与公平地分配社会公共利益，效率与公平是公共事业管理中必须认真考虑的两个基本目标。

效率强调的是公共事业管理过程中的投入要素与实际产出之间的关系，公平则强调公共事业管理的实际结果与公共事业管理的本质和最终目的的关系。一般来说，在公共事业管理过程中必须坚持效率与公平两者并重，且两者之间也是内在地联系在一起的。因为，提高效率是为了有更多更好的公共事业产品，而要真正保证公平并有高质量的公平只有以提高效率为基础。但在现实中，往往会出现两者矛盾和冲突的情况，甚至只能首先顾及其一。由于增进公共利益最终还是为了分配给社会的每一个成员，且公共事业管理本质上是一种涉及社会公众基本生活质量的管理，是以政府为核心的公共组织的管理，而在现代市场经济条件下，政府的政策机制以及非政府组织的基本职责主要解决公平问题。所以，在公共事业管理中，必须以社会效益为先，解决公平问题。

社会效益优先涉及公共事业管理中的管理战略以及结果的评价等，主要有以下规定。

一是在结果管理与过程管理相统一的基础上,重视结果管理。从管理过程的角度看,公共事业管理的基本内容是对社会问题的管理,一般包含三项内容,即问题提出中的管理、问题解决的过程管理和问题解决的结果管理。其中,过程管理更多地强调效率,而结果管理更多地突出公平。社会效益优先,就要求在管理过程中不仅要围绕如何实现这个目标去协调资源管理,关注管理过程,而且必须考虑目标确定的合理性以及实际分配的公平性管理,也就是必须重视结果管理,更多地突出公平。

二是在内部管理与外部管理相结合的基础上,重视外部管理。公共事业管理面向社会,解决关系到社会公众基本生活的公共问题。显然,强调公共利益、重视结果管理、突出公平等使整个公共事业管理必须围绕公共组织对外实施管理而展开。企业管理理论主要研究企业内部问题,而在传统的政府管理研究中,围绕提高"行政效率",通常把注意力放在政府的内部管理上。当然,为了实现公共事业管理的目标,加强公共组织内部的管理是必要的,在一定程度上也应该先行,但是,加强内部管理的最终归宿还是更好地进行外部管理,即对社会公共事业的管理。正因为如此,现代公共事业管理的一个重要特点,就是强调以外部管理为目标的战略管理。

三是必须在对公共事业管理的评价中,将社会效益作为绩效评估标准的最重要的内容。公共事业管理具有自己的绩效评价标准,即公平与效率的统一并重在公平,具体的评估指标通常包括行为的合法性、公众舆论好坏、减少各种冲突的程度、公共项目的实施与效果、公共产品的数量及其消耗程度,等等。这是公共事业管理中社会效益优先在评价中的具体要求和体现。

(四)法治原则

当代的公共事业管理是市场经济条件下对公共事务的管理,或说是市场经济条件下公共事业产品的生产和提供,而市场经济是法治经济,因而现代市场经济条件下的公共事业管理也必然是依法进行的管理。如,公共事业管理主体中最基本也是最为重要的主体是政府,从整个国家法律体系来讲,公共事业管理机关受立法机关和司法机关的法律监督。立法机关制定各种法律作为行政机关行政行为的依据,司法机关通过行使司法审判权来监督行政机关的活动。政府组织必须依法设立,在法律规定的范围内活动,所行使的权力不能超过法律授权的范围;行政行为必须依法和依照相应的行政程序进行,否则就是违法。行政机关及其工作人员具有做出行政决定的自由裁量权,但自由裁量权的行使有一个制约,即不能超过法律的界限和规定,等等。

第四节　公共事业管理与其他相关管理的关系

从学科来看,公共事业管理属于现代管理学的范畴,是公共管理的重要组成部分和分支学科,它与公共管理、行政管理和企业管理既有联系,又有区别。充分认识公共事业管理与这些相关管理的关系,既划清各自的边界,又把握它们的联系,这对学习和研究公共事业管理是十分重要的。

一、公共事业管理与公共管理

公共事业管理与公共管理既有联系,又有区别,二者之间的关系可以从以下方面认识。

(一)公共事业管理与公共管理的联系

二者的联系在于,如上所述,公共管理与公共事业管理是整体与部分的关系,即公共事业管理是公共管理的重要组成部分和分支学科。公共管理是对整个公共事务的管理,而公共事业管理是对狭义的社会公共事务的管理,二者是整体与部分的关系。因此,从管理的目标看,两者都致力于协调社会公共利益关系,服务社会大众,提高公共利益;从管理主体来看,两者的管理基本主体都是社会公共组织;从管理的对象看,二者都是以公共事务作为管理对象;而从社会产品的角度看,二者都是通过提供纯公共产品和准公共产品来满足公共需求,解决公共问题。总之,公共管理包含公共事业管理。

(二)公共事业管理与公共管理的区别

第一,从管理对象来看,二者有宽窄之分,即公共管理的范围是广义的或一般的公共事务,即包括涉及社会整体利益的政治事务、经济事务和社会事务,公共管理就是由政务管理、经济管理和公共事业管理组成的。在现实中,政治类的公共事务管理表现为国防、国家安全等,经济类的公共事务表现为宏观经济调控、市场监管等,社会类的公共事务则表现为科学、教育、文化、卫生等领域中的诸多事务。而公共事业管理的对象是社会公共事务,即上述的最后一类事务。

这里,有必要对经济管理及其与公共事业管理的内涵进行分析。传统的观点认为,从政府管理的角度看,市场经济条件下政府的经济管理包括政府对市场的宏观调控和管理,以及对国有企业的管理。所谓政府对市场的宏观调控,主要是在市场经济条件下,政府运用经济手段、法律手段和必要的行政手段,对社会供求总量及其构成等主要经济行动实施调节和控制,使总供给与总需求趋于平衡,实现生产力的平稳健康发展。所谓政府对市场的管理,主要是政府制定行业规划和行业政策,进行行业管理;引导行业产品结构的调整;维护行业平等竞争秩序,维护市场秩序等。所谓政府对国有企业的管理,就是政府以一定的手段监督管理国有企业,实现国有资产的保值增值。

但从市场经济的基本要求和政府的基本性质看,我们认为将市场经济条件下政府经济管理中的国有企业管理纳入公共事业管理更为科学,也更有利于对国有企业的管理。因为,从政府作为社会公共组织的基本属性来说,政府运行的出发点和最终目标是增进社会公共利益,政府没有营利的目的。因此,将国有企业纳入公共事业管理的范畴,就意味着从公共事业管理的角度来对市场经济条件下政府的角色进行定位,即属于政府直接经营或管理的企业,只能是与社会公众整体生活质量和利益直接相关的企业,其结果必然是政府要退出与此无关的行业或领域,并加强对某些行业或领域的经营和管理。这样,一方面,有利于政府"不与民争利",避免在一些敏感的市场性极强的行业中既当裁判员又当运动员之尴尬,提高政府宏观调控和市场监管的效能;另一方面,有利于从公共事业的基本属性和公共事业管理的基本要求出发,管理好应该纳入公共事业范畴的国有企业,发展好这些国有企业并充分发挥它们在公共事业中的核心作用,增进社会公共利益。

第二,相应地,从公共组织的核心——政府职能的角度看,公共管理与政府的政务管理职能、宏观调控职能、经济管理职能和社会公共事务管理职能相连,而公共事业管理的范围从狭义的社会公共事务来看,主要与政府的社会管理职能相关。

第三,从管理的手段来看,公共事业管理是狭义社会事务和从管理狭义社会事务的角度对某些经济事务进行管理,因此,虽然管理中是刚性手段(如行政手段、法律手段、经济手段等)和柔性手段(说服、公共规范、榜样、价值导向等)并用,但在具体管理环节则是柔性手段占主导地位,或说在实际的管理中偏重于柔性手段。而公共管理由于还包括政务管理和经济管理,因而刚性手段和柔性手段都被广泛使用。

二、公共事业管理与行政管理

行政管理,是指国家行政机关依法直接管理国家事务和社会事务的活动。这是通常所说的狭义行政管理的概念,由于通常所说的行政机关就是政府,因而行政管理在一定程度上也就是政府管理。应该说,所谓的学科,就是人们从一个特定的角度并根据一定的规范对客观事物或现象进行分析研究所得出的对对象活动因果关系乃至规律的把握、说明和表达,往往针对同一个客观事物,可以从不同的角度形成不同的学科。可以说,行政管理和公共事业管理一定程度上就是针对同一客观事物——社会公共事务,从不同的角度出发形成的两个密切相关的学科。因为,从学科形成的角度看,我们认为,无论是公共管理还是作为其部分的公共事业管理,都是以管理对象即社会公共事务作为逻辑起点来构建的,而目前对行政管理学科,人们更多的是以管理主体即行政组织或政府作为逻辑起点来构建和划分学科的。正因为存在这种不同的划分标准,使得公共事业管理与行政管理两个极为相近的学科之间的关系变得很复杂。从目前人们的认识来看,一般认为二者既有联系又有区别,但在什么地方有联系,区别又在哪里? 则是不统一的,有争议的,也是认识比较模糊的。

(一)公共事业管理与行政管理的联系

第一,管理目的是同一的。虽然行政管理与公共事业管理的具体目标不一定完全相同,但作为以公共组织为基本的组织载体对社会公共事务的管理,二者的最终目标却是完全同一的,即维护社会秩序、维持和增进社会公共利益。

第二,在管理范围上有联系。公共事业管理的基本内容是对特定的公共事务即狭义的社会公共事务的管理;而从行政管理来看,作为管理唯一主体的政府,其存在的基本前提和基本的职能,就是管理社会公共事务,特别是在市场经济条件下,政府职能必须严格限定于公共事务领域。因此,二者在特定公共事务管理上是重合的,具体来说,在诸如科学、教育、文化、卫生等领域内的纯公共事务和准公共事务,都是行政管理和公共事业管理涉及的对象。而如果从政府管理手段和内容的组合来看,行政管理可以划分为工商行政、税务行政、财务行政(公共财政)、审计行政等,应该说,这些行政管理都是在一定范围内针对一定对象而进行的管理,脱离了特定管理范围和对象的行政管理是不可思议的,也是不存在的。显然,作为公共事业基本内涵的特定的社会公共事务,正是上述各种行政管理活动的一个重要领域。就此而论,管理公共事业是行政管理的一个重要部分,是政府通过社会管理职能的实施实现国家意志的一种活动。

第三,在管理主体上有联系。行政管理的主体是政府组织,而公共事业管理的主体是公共组织,公共组织主要可以分为政府组织、非政府组织和准政府组织等。其中,政府组织居于公共组织的核心地位,决定着整个公共事业管理的基本方向。因此,虽然行政管理的主体与公共事业管理的主体并不完全一致,但却是有密切联系的。

(二)公共事业管理与行政管理的区别

公共事业管理与行政管理学科的逻辑起点不同,因而二者的管理体系的区别是很明显的。

其一,管理的对象和范围的区别。公共事业管理的对象是特定的社会公共事务,而行政管理的对象则是广义的社会公共事务,包括政治事务、经济事务和社会事务。如果从政府职能的角度看,公共事业管理体现的是政府的社会管理职能,而行政管理则包括政府的政务管理职能、经济管理职能和社会管理职能。相应的,如果将行政管理视为政府管理的话,那么行政管理则包括政治管理、经济管理和社会管理。所以,行政管理的范围要大于公共事业管理的范围。

其二,管理主体的区别。行政管理的主体是国家行政机关或政府部门,而公共事业管理的主体是整个的社会公共组织,而且,根据管理层次和内容的不同,从公共事业产品生产和提供的角度看,公共组织中的政府组织、准政府组织、非政府组织乃至某些特定的企业都是公共事业管理领域内承担一定任务的管理的主体。

其三,管理方法和手段的区别。通常,尤其是从传统的观点看,行政管理主要依靠直接的行政管理手段,进行监督、检查等,而公共事业管理不仅具有行政管理手段,而且随着管理层次的不同,还有法律手段、经济手段,尤其是柔性手段在公共事业管理中占有十分重要的地位,从而使得整个公共事业管理中管理与服务融为一体且具有强烈的服务性,体现出整个管理的社会化和服务化趋势。所以,一般意义上说,行政管理的手段较单一,而公共事业管理的手段较丰富。

三、公共事业管理与企业管理

如果将作为公共事业管理母体学科的公共管理视为一种对公共事务治理的方式的话,那么,无论是整个公共管理,还是政府的行政管理,与传统的政府对公共事务管理的一个显著不同,就是在注意保证公共管理的目标取向的伦理价值,即保证管理的出发点和归宿是维护和增进公共利益的同时,注意公平与效率的关系,积极寻找在当代社会条件下,以效率为基础保证公平的途径,从而更多地从经济学的途径来研究公共管理或政府管理问题,在理论上突破传统行政管理的学科界限,把当代经济学、管理学(组织与管理理论)、政策分析等相关知识和方法融合到研究中,而在实际中,更为注重公共组织与组织外部的关系,将私营部门的战略管理及过程管理的技术引入公共管理的实际过程中,以更好地实现公共组织目标。作为公共管理重要部门的公共事业管理的发展也正是如此。另外,当代的私营部门在生产过程中也较以往更为注重公众形象,并从特定的目的出发,一定程度上注意到了公共效益即社会效益问题。这一切,显示出当代公共事业管理与企业管理走得更近了,具有密切的联系。

但是,公共事业管理与企业管理毕竟是社会中两个根本性质不同的组织,针对不同的对象所进行的管理,因而二者之间的区别是相当明显的,也是清晰的,具体如下。

（一）管理目的不同

公共事业管理的目的是提高人们的生活质量,增进公共利益,其目的是公益性的。公共事业管理主要通过给特定社区的人们提供非营利性的产品或服务来实现组织目标。私营部门即一般的企业管理的目标是营利,其主要方式是通过提高生产和销售产品或服务的效率,来达到营利的目的。但必须注意的是,正如前面已阐述的,在当代社会,人们享受公共产品或服务并不是完全免费的,即可能要进行一定的成本补偿,因此,不可以从享用产品或服务时是否交费来推断公共事业管理机构的管理目的。实际上,公共事业管理与企业管理在目的上的区别,并不在于所提供的服务或产品是不是免费的,而在于其有偿背后的动机是什么,是公共服务还是营利。衡量是营利还是公共服务的基本标准是收取的费用,在补偿成本后,是用于扩大公共服务还是作为利润。所以,不交费和交成本补偿费的是公共服务,其管理也就是公共事业管理,而营利的则是私人服务或市场服务,其管理是工商管理或企业管理。

（二）管理所依托的权力不同

如前所述,公共事业管理中的权力是公共权力,这一权力是基于公共事务的政治权力、经济权力和社会权力的综合。就公共事业管理来说,主要是社会权力和一定的经济权力的综合,在权力主体上主要表现为行政权、社团权。而企业管理中所依托和运行的权力则主要是私有权中的财产所有权。

（三）管理的性质不同

从传统的管理划分来看,公共事业管理的对象是特定的社会公共事务,即以狭义的社会事务为主的公共事务,以增进社会公共利益为目标进行统筹管理的,因此,公共事业管理总体上是一种社会管理。而企业管理以营利为目标,实施过程在经济领域,因而本质上是一种经济管理。不仅如此,由于公共事业管理关系社会全体公众利益,也关系到整个社会的稳定大局,因而其管理过程和后果在相当程度上带有政治性。

正因为两种管理的根本性质不同,所以两种管理具体运作方式也不同。公共事业管理机构和管理人员常常对政治因素十分敏感,并受政治因素影响最直接。而企业管理主要在经济领域进行,主要按照市场机制的要求去管理。经济因素是企业管理的主要影响因素。

（四）管理的物质基础不同

公共事业管理与企业管理在管理目的上的不同,决定了两种不同性质的组织或机构在维持生存方面存在差异。公共事业管理既然是非营利性的,则公共事业管理组织生存不靠出售产品或服务来维持,主要依赖于立法机构授权和公共财政支撑,即管理所需求的各种物质资源主要来自税收,其耗费的资源也是公共的。因此,公共事业管理的决策要反映公众或立法部门的意愿,公共事业管理的经费预算属于公共财政支出,不能任意由公共管理人员支配,而必须公共化,接受纳税人的监督。

这里必须说明的是,在当代,公共事业中的公用事业行业及邮政、通信和铁路等,存在两种经营方式:一种是政府以公共财政为基础直接投资和经营,另一种是政府委托私营部门经营,如美国称为公共企业,但政府在进行价格管制时必须予以一定的政府补贴。显然,无论是哪一种经营方式,都是以公共财政作为物质基础的。

在企业管理中,由于企业管理以营利为目的,企业的生存则完全依赖于是否有营利。因此,企业管理的决策基本上取决于市场需求,所需求的各种物质资源主要来自投资回报,来自所获取的利润,管理中的耗费也属于企业的"内部事务"。相应地,经费预算也主要根据利润状况而定。企业是自主的,其管理所需的物质资源也是自主的,不需要公开化。

(五)管理的限制因素不同

公共事业管理的主体是公共组织,作为特定社会公共事务管理的主体,公共组织(特别是政府)的活动如公共预算的编制、公共项目的制定、公共资源的使用,以及各种公共事务的日常管理等,都必须在宪法和法律的规范下进行,这与私营组织对法律遵从的要求有比较明显的不同。一般来说,私营组织也必须根据法律的要求进行活动,如价格法、反不正当竞争法、反垄断法等,但其活动的出发点是利润而不是法律,法律在其活动中仅仅是一种外部因素。

(六)对管理人员的管理要求不同

公共事业管理中的相当一部分人员属于政府部门,是国家公务人员,另一部分则是专业人员。由于从事的是特定社会公共事务的管理,公共事业管理人员首先必须遵循公共伦理和公共管理规范,同时,国家公务员更必须遵照国家关于公务员管理的有关规定。从当今的发展趋势来看,公共事业管理人员有职业化、终身化的趋向。在企业管理中,管理人员当然必须遵循公共伦理道德,但一般更主要的是根据其处理特定的具体事务能力而聘用,能力本身起决定作用。

(七)绩效评估标准不同

作为对特定公共事务的管理,公共事业管理的绩效评估标准是公平与效率的统一并重在公平,具体的评估指标通常是行为的合法性、公众舆论好坏、减少各种冲突的程度、公共项目的实施与效果、公共产品的数量及其消耗程度,等等。在当代企业管理中,虽然也要求经

35

济效益和社会效益统一,但对企业管理而言,由于其生存的基本要求,经济效益是首要的指标。企业管理具体的评估指标主要是销售额、净收益率、资本的净收益以及生产规模的扩大程度、市场占有率的提高等。这些也是代表企业管理水平、效果以及管理人员绩效的标志。因此可以说,在绩效评估上,公共事业管理首先看社会效益,而企业管理则强调经济效益。

☑ 本章小结

1. 公共事业是一个极具中国特色的公共服务概念。从根本上看,公共事业与公共需求、公共问题和公共事务密不可分,同时其涉及范围又与我国传统的事业内涵和范围有关。因此,当代中国的公共事业是面向社会,以满足社会公共需求为基本目标,直接或间接为国民经济提供服务或创造条件,关系到社会全体公众基本生活质量和共同利益的公共服务。从社会产品的角度看,公共事业是涉及以准公共产品为主并包括纯公共产品乃至某些俱乐部产品的活动。

2. 公共事业管理是中国特色社会主义公共服务管理,是以一定的方式对公共事业活动进行调节和控制的过程。从公共事务的角度看,这一协调和控制就是处理关系到社会全体公众整体的生活质量和共同利益的特定的社会公共事务;从公共产品的角度看,这一协调和控制就是对关系到社会全体公众整体生活质量和共同利益的由纯公共产品和准公共产品构成,并以准公共产品为主的公共服务管理。公共事业管理的基本主体是社会公共组织,管理的权威和影响力来自社会公共权力,管理的目标是增进社会公共利益。公共事业管理本质上突出的特征是公共性或公益性。

3. 公共事业管理与公共管理之间是整体与部分的关系。公共事业管理与行政管理之间在内容和管理主体等方面有交叉,原因是前者是从管理对象和范围进行学科建构的,而后者则是从管理主体入手形成学科的。由于公共事业管理与企业管理在管理主体、对象和目标上有本质的不同,因而两者的区别十分明显。

☑ 概念和术语

公共事务　公共产品　准公共产品　公共服务　公共事业　公益性公共产品
互益性公共产品　事业　事业单位　事业单位管理体制　公共组织　行政组织
非营利组织或非政府组织　准政府组织　公共权力　公共事业管理　公共管理

行政管理　企业管理

 复习思考题

1. 公共产品和公共服务二者有什么关系？

2. 我国传统的事业单位管理体制的基本内涵是什么？

3. 社会公共事务的基本内涵和特征是什么？如何对其进行类别划分？

4. 当代中国公共事业发展的基本趋势是什么？

5. 准公共产品的基本特点是什么？其可以如何划分？

6. 公共事业产品的基本属性及其分类是什么？

7. 公共事业的基本属性和特点是什么？

8. 现代公共权力是如何形成的？

9. 现代公共组织的基本特点是什么？

10. 公共事业管理的基本属性和特点是什么？

11. 公共事业管理与公共管理、行政管理、企业管理有什么联系与区别？

12. 当前学习和研究公共事业管理有什么意义？

 即测即评

请扫描右侧二维码，进行即测即评。

第二章　公共服务管理的模式与体制

公共服务管理是在一定的环境中,由一定的管理主体(或主体系统)承担并通过相应的方式予以完成的。这一主体的构成方式及相应的活动方式,就是公共服务管理模式。公共事业管理是中国特色社会主义的公共服务管理,因而公共事业管理模式是当代中国的公共服务管理模式,是当代世界公共服务管理模式的重要构成,是具有中国特色社会主义的公共服务模式表达。

当代世界范围,一个以政府为核心的多元主体合作、层次清晰的公共服务体制已基本形成。据此,本章从一般公共服务管理模式的相关问题入手,对公共服务管理模式进行阐述。

第一节　公共服务管理模式(上)

公共服务管理模式是在多种因素的影响和制约下产生,并随着社会经济的发展变化而演变的,其实质就是在一定的条件下,公共服务管理过程中政府与市场、政府与社会的关系状况及相应的管理主体构成与运行方式。

一、公共服务管理模式的基本内涵

模式一词在《现代汉语词典》中的解释是:某种事物的标准形式或使人可以照着做的标准样式。而在《英汉大词典》中,"model"一词的解释是模型、原型、样式、模范、典型、榜样及款式等。目前,模式一词在社会生活中得到了极为广泛的应用,如思维模式、管理模式、经济模式、西方模式、东方模式等。

综合上述,我们可以对模式做出如下界定:所谓模式,就是构成一个事物的因素及其各因素之间的关系,以及在这一关系下各因素的活动方式,它是既有的,能对现实做出规定并产生影响。

从社会产品的角度看,公共服务管理的中心问题,就是如何生产并向公众提供公共产品。进一步看,这一中心问题在管理过程中,涉及谁来承担产品的生产和提供,生产者和提供者是一元的还是多元的,生产者和提供者是否可以分离,它们之间的关系如何? 它们是如何分工并行使各自的权责的? 对这些问题的回答及其规定,就构成公共服务管理模式。换言之,公共服务管理模式,就是在公共服务供给过程中,承担服务提供主体构成及其相互关系的组合方式。

二、公共服务管理模式的历史演变

历史发展显示,从近代到当代,从古典自由市场经济到现代市场经济,包括公共服务管理在内的整个公共事务管理,经历了保护模式到干预模式再到市场模式的历史演变。西方国家对公共事务尤其是对狭义的社会公共事务管理的变化,比较典型地反映了这一历史过程。

(一)公共服务管理的保护模式

公共服务管理的保护模式又称公共服务管理的保守模式,是古典自由主义经济时期出现的公共服务管理模式。这一模式的基本特点是政府对社会公共事务进行统筹,但其职能是有限的,有限的公共服务基本上由社会自行提供,市场介入也是有限的。

具体言之,在西方自由经济时期,各主要市场经济国家普遍崇尚亚当·斯密的"管得最少的政府是最好的政府"的主张,政府实行自由放任政策,基本上不对国民经济和社会生活进行干预。在公共事务领域,政府的职能被严格定位于以下三个方面:第一,保卫国家安全,使其不受外来侵略;第二,防范个人和企业在追求自身利益时出现损害社会的行为;第三,保护私人财产不受侵犯和市场机制免受破坏。因此,虽然政府出面提供某些私人无力提供或不愿提供的公共产品,如桥梁、道路、运河、港湾等,像在美国,为了维护政府的合法性和回应社会的公共需要,在独立之初就出面资助教育事业,规定州和地方政府有责任举办教育,必须预先划拨土地供发展教育之用,等等,但总体上,政府的公共服务管理职能是有限的。加之在社会层面,由于不少西方国家传统的国家与社会的二元格局,因而互益性的公共事务通常也由社区自行解决。

这样,政府在社会公共事务管理中有限职能的定位,市场或私人很少参与社会公共产品的提供,数量有限的社区公共服务基本由社区自行解决,构成了古典自由经济时期公共服务管理模式的基本内涵。在这种模式中,由于政府对社会事务和具体的经济事务的不干预,政府的个人和国家财富的"守夜人"角色定位,成了这一公共服务管理模式的主要象征,因而从政府角色定位来看待的公共服务管理模式,被形象地称为公共服务管理保护模式或保守模式。

(二) 公共服务管理的干预模式

公共服务管理的干预模式又称官僚模式、科层模式,是一种政府依靠庞大的官僚组织对社会生活进行全面干预并垄断公共服务的模式或方式。在这种模式下,市场对公共服务的提供是间接的,社会的力量的参与是极为有限的。在世界范围内,这一模式形成于20世纪30年代以后,在60年代前后达到高峰,至80年代后开始成为改革的对象,逐步被新的管理模式取代。导致公共服务管理的干预模式形成的直接动因是解决第一次世界经济危机所伴随的社会危机,而其成为现实则来自全面干预经济和社会运行的罗斯福新政。

具体言之,20世纪30年代以放任和自由为基本特征的传统政府管理方式已难以解决深刻的经济危机和相应的社会危机,因而,以罗斯福为首的新政派从凯恩斯的经济学说出发,强调政府的作用与力量,认为必须通过政府这只"看得见的手",将实际上并不存在的经济运行中的"自然均衡"改变成政府干预下的"移动均衡"。

以此为原则,罗斯福政府在推行两个"百日新政"的过程中,通过建立一系列政府管制机构,如证券交易委员会、联邦通信委员会、联邦存款委员会、劳资关系委员会和民用航空委员会等,以及颁行诸如紧急银行法案、节约法案、啤酒法案、农业法案、失业救济法案、工业复兴法案、以工代赈法案、社会保障法案等一系列法案,"管制而不是公有制或国有化,反托拉斯而不是集中和合理化,分散控制而不是计划……",建立了一个几乎涉及人们生活的方方面面,但又将管理职能集中在公共事务上,既管理经济又不控制经济机构的"管制资本主义"模式,力图将资本主义从其自身的弊病中拯救出来。[①] 第二次世界大战后,这一政府全面管制、积极干预社会经济生活、直接生产和提供公共产品的模式,被其他国家仿效。

在政府全面干预经济和社会生活这一模式的确立和实施过程中,公共服务是最主要的领域。如美国,以往较少主动关注社会福利,一般认为社会救济和社会保障只是地方政府和慈善机构的事情,但正是在解决上述经济危机的过程中,从观念到行动都发生了根本性的变化。罗斯福新政除了实行大量经济方面的管制和调控外,就是全面介入社会生活领域,大力发展公共服务,如所颁行的失业救济法案、以工代赈法案、社会保障法案等一系列法案,就直接对社会救济和保障等进行管理,同时,开始更为主动直接投资建设和管理公共基础设施,

---

① [美]丹尼尔·耶金,约瑟夫·斯坦尼斯罗.制高点——重建现代世界的政府与市场之争.段宏,等,译.北京:外文出版社,2000:77.

并向社会的各个方面扩张,形成了所谓的福利国家,即政府为年老、病死、无依无靠、伤残以及失业者提供保障;为老年人和低收入人群提供医疗照顾;为小学、中学、大学教育提供经费支持;为公路、水路、铁路和空中运输提供管理经费;提供警察和消防设施;提供卫生设施和污水处理;为医学、科学和技术研究提供经费;维护公园和娱乐活动;为低收入人群提供住房和适当的食物;制定职业训练和劳动力安排规划;净化空气和水;重建中心城市;保持充分就业和稳定的货币供应等。而在欧洲大陆的其他国家,以往就有政府更为主动关注社会福利的传统,如瑞典政府就积极推行福利国家政策,逐步实行所谓"从摇篮到墓地"的庞大社会福利计划,而在第二次世界大战后,由于凯恩斯主义的影响和美国的示范作用,各国政府更在社会保障和其他公共服务方面全面介入,政府管理不仅包括提供更多的基础设施和公共设施,而且还包括为教育和医疗卫生提供广泛的支持。如此,公共服务管理的干预模式走向高峰。

(三) 公共服务管理的市场模式

公共服务管理的市场模式是一种在政府的主导下,多元主体参与公共服务提供的模式。这一模式的基本特点是政府、市场和社会共同负责公共服务的提供,政府不再垄断公共服务的供给过程,市场和社会对公共服务提供的参与是直接而非间接的。这一模式形成于 20 世纪 80 年代以后,是对公共服务管理干预模式改革的产物。

进入 20 世纪后半叶,由于客观环境的大幅度变化,公共服务管理的干预模式与客观环境要求的不适应的矛盾日益突出。

其一,从政府组织自身看,干预模式下的政府组织构建,严格的层级节制关系导致了政府组织日益刻板僵化与动作迟缓,使政府难以灵活主动地应对瞬息万变的信息社会、竞争活跃的市场经济和利益多元的公众期望;由于职能部门化和政府在提供公共产品时只计产出不计投入,使得政府机构林立、政府部门膨胀,财政不堪重负,政府陷入了"精简—膨胀—再精简—再膨胀"的怪圈,从而政府管理成本大幅度增加,政府机构之间协调困难,极大地降低了行政效率。这一切,大大影响了政府基本功能——公共事务管理功能的发挥。

其二,从政府与社会的关系看,干预模式下的政府由于垄断了公共服务的供给过程,这样,面对公众日益增长的公共消费需求,一方面是政府自身负担沉重,在公共服务过程中捉襟见肘,另一方面是使政府组织外的其他社会组织,特别是非营利组织全面萎缩,结果是难以满足社会对公共产品尤其是作为保证公共基本生活质量的公共服务需求,理想的福利国家出现了全面的危机。

因此,从 20 世纪 80 年代起,以英国的政府改革为起点,在逐步波及其他国家并最终形西方主要国家的这一改革的基本理论依据是公共选择理论和新公共管理理论。公共选择理论是西方 20 世纪 60 年代末形成的一种学术思潮,代表人物是美国著名经济学家布坎南。所谓公共选择,就是通过集体行动和政治过程来决定资源在公共领域的分配,是人们通过民主政治,将个人的私人选择转化为集体选择的一种过程或机制。从政府社会管理和公共服务改革的角度看,公共选择理论对政府公共事务管理改革最直接的促进,就是布坎南关于准公共产品概念的提出,并对公共产品生产和提供主体多元的必要性和合理性的论证。而新公共管理理论作为一种 20 世纪 70 年代中期以后公共管理领域里的一种思潮,在公共部门与私营部门之间在管理上并无本质的差别、私营部门管理在创新能力、经济、效率、质量、服务水平等各个方面具有优越性的观点基础上,提出要借用私营部门的管理模式来重塑政府,以解决政府由于职能扩张和机构膨胀而面临的财政、管理和信任危机。同时,新公共管理理论认为,公共组织可以分为政策型、服从型、服务提供型等,其中,只有政策型公共组织属于完全意义上的政府组织,其他类型公共组织则属于政府外组织,各自承担着不同的组织职能,活动于社会的不同层面,在公共产品的生产和提供中具有不同的地位。

如此,通过重新认识市场经济条件下的政府与市场、政府与社会的关系,从减轻财政负担,提高公共服务的效率,进而到提高公共服务质量以回应公众要求出发,强调政府社会管理的必要性和重要性,尤其是强化对科学、教育等的统筹管理,同时,在如何管理好公共事务上,提出了公共管理社会化的原则,并以公共管理的市场化作为实现社会化的核心。这样,在将政府的主要职责放在公共政策的制定和监督公共政策的执行的基础上,政府大规模地削减政府职能、精简政府机构、放松管制,一方面,是在包括公共服务产品生产和提供的整个公共领域,积极推行国有企业的私有化,使包括水、电、气、公共交通等的公用事业,以及铁路、航空等涉及公众基本需求的行业成为改革的重点;另一方面,支持和鼓励非营利组织的发展,通过成立政府执行机构、政府合同出租的方式,让这些组织在教育、科学、文化、卫生等领域承担起监督管理、直接生产和提供公共产品的责任,最终在对公共服务的投资、监管和产品的生产提供上形成了多元化,一定程度上减轻了财政负担,并提高了公共服务质量,回应了公众需求,逐步实现了从公共服务管理干预模式向市场模式的转变。

这一改革发展状况及其新的公共服务管理的市场模式构成,可通过从公共服务的投资、管理及非营利组织活动领域的扩大反映出来。在公共服务投资方面,以科技事业为例,据统计,1997 年美国全年研究与开发经费总投入为 2 057 亿美元,其中企业投入占 65%,政府投入占 30.5%,大学投入占 2.16%,非营利组织投入占 0.8%。英国在 1989 年至 1990 年总计

115.3亿英镑的国内研究与发展经费中,企业投入的占55.6%。以教育事业为例,西方主要发达国家政府基本上不包办中等以上的教育事业,虽然政府对中等以上的教育有财政拨款,但学生收费、社会捐赠、教育贷款等则是教育服务经费的主要来源。以卫生事业为例,允许私营医院、社会团体、非营利组织及其他各种非政府医疗卫生机构提供公共卫生服务,设立各种私人医疗卫生科学基金与福利基金,资助基础医学研究,救助贫困病人等。

在公共服务管理方面,以教育为例,如美国的高等教育管理分为官方和非官方管理两种:

其一,官方管理。官方对高等教育的管理由联邦政府、州和地方政府共同完成,其中,联邦政府主要通过立法、分配和发放联邦教育经费、开展教育研究,提供一个州不能独立承担的教育服务等方式履行,州则通过州议会制定州宪法中关于教育的基本原则、基本政策、教育目标、教育标准和教育评价等,对本州内的高等教育立法进行直接监督管理;而地方政府则根据州的教育立法对社区学院进行管理。

其二,非官方管理。非官方对高等教育的管理主要由半官方、民间的团体组织等主体构成,通过对高等教育实施监督、控制或影响来完成。根据这些组织的性质及其对高等教育产生影响的方式,可以分为外部集团和内部集团。外部集团主要有垄断财团、工会、商会、政党以及由家长或纳税人组织的地方团体等,其活动方式主要是直接或间接地影响教育行政、立法、决策,并从外部监督学校的运营。内部集团主要是高等教育内部的监督组织,目前全美有多个地区性的高等学校质量评估机构和美国教师联合会、全国教育协会、教育理事会等数十个全国性的教育和专业协会。这些组织在高等学校评估、关系协调、规章策略制定、谋求政府支持、促进交流合作等方面发挥着政府无法替代的积极作用。

在参与公共服务的非营利组织活动方面,目前,西方主要国家在政府积极支持非营利组织发展并制定了制度化的管理的基础上,非营利组织获得了迅猛的发展。这些组织作为独立的社会组织,广泛介入了公共生活领域,在公共服务和管理方面承担起了重要的作用。这些组织涉足的领域主要有文化娱乐、教育、科研、医疗卫生、社会服务、环境保护、慈善事业、国际救援等。这些组织的工作除上述的承担起部分对公共服务的监督职责外,更多的则直接承担起了公共服务的提供,弥补了市场与政府部门的不足,执行了市场不能完成的和政府部门不能有效完成的某些社会职能。这些组织作为现代市民社会最为重要的组织载体,或强化消费者监督,或弥补契约失灵,或直接生产和提供公共产品,在公共服务领域中的地位日益突出,正在促成政府、市场和社会良性互动的格局,即新的社会治理模式的形成。

三、公共服务管理模式的实质及其决定因素

公共服务管理模式从保护模式向干预模式再向市场模式的演变,从历史发展的侧面,展现出了这一模式的本质,同时也展现了这一模式之所以演变发展的决定因素。

（一）公共服务管理模式的实质

从公共服务管理模式的历史演变来看,一个国家对社会事务领域中公共产品的提供,或说公共服务的提供方式,是随着社会经济发展变化而发展变化的。从涉足这一过程的主体来看,目前,人类社会的所有组织类型,即公共组织和私营组织都涉足了这一领域。在历史发展的不同时期,从可能满足公共需要的条件出发,政府组织、准政府组织、非政府组织乃至私营组织(或私人),或者介入,或者不介入或不能介入,从而形成了公共服务管理的特定模式。在公共服务提升过程中,各类组织在介入公共服务领域后,都在一定的规范和要求下,从自己的组织特点出发,在公共服务的不同层面展开了各自所能承担的活动。

公共服务管理模式演变的历史反映出,从古到今,从近代到现代再到当代,公共服务管理领域内始终有政府的身影,而政府也始终是这一领域中最为重要的起决定意义的主体。从组织性质来看,无论是传统的自治社会,还是今天作为社会自治载体的非营利组织,反映的是社会的基本要求。而在今天,将政府与非营利组织联系起来,并在一定条件下也进入公共服务领域的市场组织,则反映着市场与公共服务的关系,本质上是政府与市场的关系。因此,涉足于公共服务领域活动的各类主体及其关系,如果从作为公共服务活动中起决定意义的政府来看,最主要的有两种关系,即政府与市场、政府与社会的基本关系。如公共服务管理的市场模式,就是一个政府、市场和社会共同负责公共服务产品的生产和提供,政府与市场和社会分权,政府与市场和社会共同参与公共服务管理过程的公共服务管理模式。在这一公共服务管理模式下,政府不再垄断公共服务的供给过程,市场和社会对公共服务产品的生产和提供的参与是直接的。

所以,公共服务管理模式在其本质上,是指在公共服务管理过程中存在或可供选择的政府与市场、政府与社会关系的处理方式,或说是政府与市场、政府与社会的分工方式。政府与社会、政府与市场关系的确定,也就从根本上决定了公共服务管理过程中各公共服务提供者的功能定位、参与程度和参与方法,由此构成了特定的公共服务管理体制。

（二）公共服务管理模式的决定因素

从公共服务管理模式演变和发展的进程看,社会环境对公共服务管理模式的影响,主要是通过以下因素及其相互作用而形成的。

一是公共需要。一定历史条件下公共服务管理模式的构建,其中心任务就是公共服务产品的提供,而关键则是明确应该进入的主体并规范相应的关系,形成一个能达到目标的公共服务提供的制度。虽然公共服务管理模式本质上是政府与社会和政府与市场的关系,即政府、社会组织和市场都是进入公共服务管理领域的可能主体,但谁应该或不应该进入,根本上决定于公共消费需要的程度。

公共需要对公共服务管理模式的决定,在公共服务管理模式的形成和演变中有非常清晰的反映。在早期,虽然公共服务管理的保护模式的形成在理论上得益于亚当·斯密的自由主义经济理论,相信"管得最少的政府是最好的政府",但根本上则是由这一时期社会经济发展有限、公共需要相对不够丰富和不够强烈所致,即公众对普遍的教育、科技、文化、卫生等需要相对有限,教育、科技、文化、卫生等在社会发展中的作用相对还不突出,国家统筹的要求并不明显,而现代化程度的相对不高的情况下对基础设施的需要,政府也足以应对。因而,对有限的公共需求的满足,或者交由社会自行解决,或者由能力有限的政府有限度地承担,从而构成了公共服务管理保护模式。

正因为如此,当公共需要随着社会经济的发展和民主化程度的提高而日益强烈时,政府就必然扩大和加强自身的社会管理职能,进而导致公共服务管理模式的变化,如美国在 19世纪后期政府开始对科技、教育和卫生等直接投资和管理。在此意义上,虽然 20 世纪 30 年代公共服务管理模式的转型直接源于对经济危机的解决,但之所以在解决经济危机时开始全面干预社会领域,也在于当时经济危机和社会危机是相伴而生的,而社会危机的产生则是现有的公共服务产品的供给难以满足公众的需要。同样,公共服务管理模式从干预模式向市场模式的转变,根本上也在于既有的公共服务产品的提供方式,即政府作为几乎是唯一的公共服务产品生产者和提供者的现实,难以满足在社会经济快速发展、科学技术飞速进步、民主化浪潮高涨条件下,尤其是公共需要个性化和多元化出现的条件下,公众对公共服务产品数量和质量要求的提高,因而不得不调整政府职能,最大限度地整合社会资源,形成新的公共服务产品供给制度以满足公众不断增长的普遍需求。

所以,一个社会的公共服务管理模式,是随着一定社会经济发展条件下公共消费需求的变化而变化的。公共需要是决定公共服务管理模式发展演变的根本因素。

二是主体意识。这里的主体意识,主要是指在一定条件下社会对公共服务管理相关问题的认识,其中的核心是一定的主体对公共服务管理相关问题的认识能力。公共服务领域内公共需要的产生,并不必然导致这一需要成为必须处理的公共性事务,然后以提供公共服务的方式予以解决。在这一过程中,除了一定社会经济发展条件的限制外,最为关键的就是主观对客观的认识,首先体现为政府对这一公共需要是否有意识,以及能否在准确地把握一定的客观条件基础上形成可行的公共服务目标,并对可以采取的管理方式有必要的认识。

实际上,这是主体的一种基于一定社会认识条件和经济发展条件基础上的,并立足于经验和专业知识的认识能力。其中,最为重要的就是政府对社会公共事务和公共服务的认识能力。如上所述,最为明显的是在公共服务管理市场模式的形成阶段,西方各主要国家正是在相当程度上注意到了公共需要的变化,在改革政府管理方式、提高公共服务质量、满足公共需要的目标下,通过公共选择理论和新公共管理理论与实践的互动,明确了公共服务产品生产和提供主体多元化的必要性和合理性,政府以外的组织进入公共服务产品领域的可能性,以及公共服务提供方式及其不同组合的多样性和丰富性,从而为公共服务管理模式的转化打下了一个坚实的理论基础。

三是政府能力。在一定的公共需要产生和管理主体对此有必要的认识基础上,公共服务管理模式的形成取决于涉足其中的主体的能力。在可能涉足公共服务管理领域的主体中,作为社会中最具权威性和强制性的组织,政府无疑具有决定性的地位。如果从社会产品的角度看,所谓政府能力,就是政府生产和提供公共产品的能力。政府能力是政府的各方面因素有机构成的结果,也是各因素相互作用的最终体现。从构成因素来看,政府能力既与政府自身的个性因素有关,如政府自身组织的完备有效性、效益意识的明确性、地位的牢固合法性、竞争力的持久有效性、形象的良好性等;又与其他非个性因素有关,如政府所处的环境、拥有的资源及资源的整合程度和方式等。正是在这两类因素的基础上,形成了政府进行公共产品生产和供给过程中的组织能力、管理能力等,从影响公共管理模式形成与发展的角度看,这是最为重要的能力。

政府在生产和提供公共产品中的组织能力和管理能力,主要取决于政府组织自身的发展程度,以及所拥有资源和资源的整合方式,即公共财政能力。从公共模式的演变来看,在早期阶段,除了公共需求及主体认知因素外,政府组织的前官僚制阶段及财政能力的不足正是主要制约因素。在第二个阶段,面对不断增长的公共需求,政府正是依靠基于德国学者马克斯·韦伯设计的"官僚模型"并针对工业化而建立的官僚制体制,即行政机构职能专门化、行政组织等级化、行政权力集中化、行政行为规范化及政府组织系统程式化,并凭借日益增强的政府财政能力,一定程度上以良好的组织形态和工作效率应对了公众日益增长的公共需求,成为促进了所谓的福利国家形成的"管理行政"模式的物质载体。在第三阶段,新公共服务管理模式的最终形成,也是与公共财政能力不足以独立应对公众需要而引入社会其他资源有关,与传统的政府组织、文官制度、行政程序、行政方法以及行政权力体制等所形成的管理体制不能适应新的需求,不得不进行改革,从而使政府自身的状况与功能得到改善的变革密切相关。

四是社会发展程度。这里主要是指作为社会组织载体的非营利组织等的发展程度。从公共服务管理模式的历史演变中可以看出,作为政府与社会关系中的社会主要代表者的非营利组织,作为公共服务管理模式中可能的参与主体,非营利组织的发展对整个公共服务管理模式的形成有着至关重要的作用。在早期阶段,发展程度有限的非营利组织承担着社会基层有限的公共服务管理职能。在干预阶段,政府对社会事务的全面负责和直接介入,而非营利组织的发展仍然有限。在市场化阶段,公共事务管理社会化的理念促进了非营利组织数量的快速增长和涉足领域的扩大,从而使新的公共服务管理模式成为可能。

第二节　公共服务管理模式(下)

将市场机制引入公共服务领域,是当代世界科学技术发展水平和民主发展程度在公共管理领域的反映,就此而论,公共服务管理的市场模式也就是当代的公共服务管理模式。与干预模式相比,市场模式最显著的特征就是市场对公共服务产品提供的介入。市场模式形成的关键,就是在打破政府对公共服务的垄断,并承认其他社会主体进入这一领域必要性和可能性的基础上,确立了各主体之间的关系及其活动的基本领域和活动规则,就是建立了新的公共服务的提供方式,形成了当代公共服务管理模式的基本特点。

一、公共服务管理市场模式机理形成的基础

从公共产品的生产和提供来看,形成公共服务管理市场模式机理的前提,是对政府垄断公共服务产品生产和提供的否定,对私人介入这一领域的必要与可能的肯定。

(一)私人参与公共产品生产和提供的必要

私人参与包括公共服务产品在内的整个公共产品生产和提供的必要,是因为在当代,政府全面干预和垄断这一领域已不可能。

20世纪70年代以来世界范围内普遍存在的"政府失败"。所谓"政府失败",是指相当长的历史时期中,由于认为公共产品的非排他性和非竞争性,难以避免"免费搭车"现象的产生,以及公共产品的生产一般具有规模大、投资高、周期长,私人不愿意或不能经营,因而逐步形成了公共产品的提供由政府单独负责的现实,但20世纪70年代以来,西方市场经济国

家相继出现了以低经济增长、通货膨胀、财政赤字和高失业率为特征的"滞胀"现象,而在公共产品领域,则表现为虽然政府机构日益庞大,财政支出日益增加,但由于生产方式单一、生产与供给缺乏竞争,使得资源配置和生产低效率,公共产品生产数量不足,品种和质量难以满足公众日益增长的需求。同时,相伴随的是政府的贪污腐败盛行。这样,政府不仅不能有效地解决公共事务,满足不断增长变化的公共需求,政府自身反而成了一大社会问题。这一切,昭示着以往政府全面干预、垄断公共产品生产和提供的福利国家出现了危机,相当程度上政府垄断公共产品供给的模式已难以维系。

政府全面垄断公共产品领域的不可能,在理论上就是对福利经济学家们关于政府制度及其成本、公共产品生产与提供过程的认识存在的偏差的批评。作为干预式公共管理模式基本理论支持之一的福利经济学认为,政府是一种制度外的变量,而作为一种外生变量是不存在交易成本的。同时,认为公共产品是关乎公众基本利益的维护和增长的基本产品,是保证社会安全和社会发展的基本产品,保持公共产品供给过程中的公平与公正是对公共产品最重要的要求,带有突出的政治性,因而福利经济学家们在现实中往往将公共产品的生产和提供作为一个不可分割的整体,把公共产品供给作为一个完全的政治过程,作为市场机制发挥作用的"永恒禁区"。

现实中普遍存在的"政府失败",促使人们对福利经济学的相关理论进行批判性反思,质疑政府作为公共产品唯一提供者的合理性。人们认为,实际上政府作为一种社会组织、一种制度安排、一种资源配置的手段,同样是整个社会制度内的变量,其自身的运行以及向公众提供公共产品时同样存在交易成本问题。由于福利经济学将政府不正确地作为一种制度外的变量,因而也就不可能对政府运行成本和向公众提供公共产品的成本提出明确的绩效要求,从而将政府作为公共产品生产和提供的唯一主体,导致了在一个没有竞争的领域中,在缺乏绩效评估的约束条件下,政府在公共产品供给过程中只计产出而不计投入,机构膨胀、成本扩大、效率低下。而且,还由于实际上政府官员也是理性的经济人,这样,在缺乏必要的制约和激励机制的条件下,难以避免特殊利益集团和个人的"寻租",以公共权力获取集团和个人利益,导致了腐败与低效同生。

这就是说,在福利经济学家们的理论导引下运行的政府,其作为公共产品的唯一供给者已失去了合理性,正如世界银行曾指出,在许多国家中,基础设施、社会服务和其他商品及服务由公共机构作为垄断性的提供者来提供不可能产生好的结果。所以,打破政府对公共产品生产和提供的垄断,通过引入私营部门参与公共产品的生产和提供,形成竞争机制,一方面提高政府的效率和资源的利用率,另一方面扩大公共产品供给的资源,总体上改善和提高公共产品的供给势在必行。

（二）关于私人提供公共产品的可能性

私人参与公共产品的生产和提供是否可能，换言之，从公共产品本身而言，是否可以从其自身的要求形成私人提供的机制？人们认为答案是肯定的。一批经济学家从不同的侧面对此进行了分析。

戈尔丁认为，在公共产品的消费上实际上存在着平等进入和选择性进入。平等进入是指公共产品可由任何人来消费，如一个国家规定的义务教育；选择性进入则是指消费者只有在满足一定的约束条件——如付费后，才可以进行消费，如一个国家义务教育阶段之外的教育。戈尔丁认为福利经济学忽视了在公共产品供给方式上的选择性进入，而从根本上说，绝大多数产品是不是公共产品并不由产品内在性质决定，而是由产品的提供方式或消费方式决定的，也就是由平等进入还是选择性进入决定的。作为公共产品而言，采取何种方式提供一个重要的依据就是排他性技术和个人偏好的多样化。如果公共产品不能通过市场手段被充分地提供给消费者，那是因为把不付费者排除在外的技术还没有产生，在经济上或者保证公平上不可行。很明显，这里的平等进入的产品是纯公共产品，而选择性进入的产品是准公共产品，因此，戈尔丁实际上是在区分纯公共产品和准公共产品的基础上，讨论了公共产品私人供给的可能性问题，其中为解决公共产品的"拥挤性"问题提出了发展可操作技术的方向。

针对公共产品必须由政府直接生产和提供的重要依据的关于"免费搭车"问题，人们也提出了不同的看法。持不同观点者认为，所谓公共产品中的免费搭车问题缺乏经验方面的科学根据，它忽视了现实中许多影响人们表明自己对公共产品需求的重要因素。例如，一个社区中的某一成员可能会因为免费搭车而在一定时间或某一件事上享受了超过他人的利益，但却会因此失去社区成员的信任而有损于自己的长期利益，从而对一个理性者来说，他免费搭车的动机会大大减少。因此，可以通过消费者订立契约，根据一致同意原则来提供公共产品，解决免费搭车问题。比如，一个地区要修建一条供该地区全体成员使用的公路，就可以在该社区成员一致同意原则下，订立契约，规定该公路可由某个成员或某个企业投资兴建，但使用者需向投资者付费，这种方法在实际中是可行的。

在论述私人部门参与公共产品生产和提供可能方面，从经验角度给出最著名论证的是科斯。科斯在其经典论文《经济学上的灯塔》中，对灯塔这一传统的只能作为政府提供的公共产品的典范，给出了相反的例证。他指出，实际上从 17 世纪开始，在英国，灯塔就一直由私人（先是私人，而后是私人组织性质的领港公会）提供的，而且不存在不充分供给的情况，政府的作用仅限于灯塔产权的确定与行使。所以他的结论是,通过一系列的制度安排,公共产品消费的外部性可以得到解决,其生产的成本能够得到补偿,因而私人生产和提供是必然的。

(三)私人参与公共产品生产和提供的条件

深入思考公共产品的基本属性和特征可以发现,实际上只有满足或存在以下条件,私人参与公共产品生产和提供才有可能。

一是纯公共产品领域私人一般不进入。纯公共产品的生产和提供通常具有规模大、成本高、投资回收周期长等特点。对这类产品的生产和提供,政府可以利用其规模经济和政治权威来较为经济地提供,而私人往往难以做到。相对而言,准公共产品生产和提供的规模和范围较小,通常是指地方公共产品或互益性公共产品,涉及的消费者数量有限,容易使消费者根据一致同意原则,订立契约,自主地通过市场方式来进行生产和提供,并能较好地反映公众的需求和偏好。由于消费者相对较少,因此达成契约的交易成本较小,有利于提高供给的效率。

二是在公共产品的消费上必须存在排他性技术,即戈尔丁提出的选择性进入方式。对进入公共产品的生产和提供领域的企业或私人而言,之所以可行的一个基点就是必须有可以接受的投资回报,因而有效地将"免费搭车者"排除在外,大幅度地降低提供产品的交易成本,从而激励私人提供这些产品。显然,纯公共产品由于具有明确的非排他性和非竞争性的特点,不存在"选择性进入的可能",很难在技术上排他,因而私人一般难以进入,而准公共产品由于其非排他性和非竞争性的不充分,或两者之中只具其一,使"选择性进入"成为可能。

三是必须有产品的产权制度安排。这是私人进入公共产品领域参与公共产品生产和提供最重要的制度安排。所谓产权,即一个社会所强制实施的选择一种经济品的使用的权利,或者说,一定意义上就是产品所有者对产品拥有的"充分所有权",即对该物品拥有一项独立完整的权利,他能够占有、使用、改变、馈赠、处理或阻止他人侵犯。其中,强制性是产权最突出的特点和最重要的要求。因为只有强制性的产权才能使所有者形成对产权的良好预期,从而产生足够的激励,行使产权,生产和提供产品。对公共产品领域而言,要使私人能够投资生产和提供,通过制度安排使其具有相应的产权显然是关键的。

四是可以将公共产品的生产和提供作为两个环节分开。由于生产规模及不能"选择性进入"等原因,决定了私人不能提供纯公共产品,但并不意味着私人不能涉足这一领域。由于大多数公共产品的属性不是自然形成而是制度安排,因而只要通过制度安排保证公共消费就可保证产品的公共属性。这样,对某些纯公共产品而言,只要把生产和提供区分开,通过制度安排保证提供上的公共性,私人同样可以涉足这一领域。如某些国防产品也可以由私人生产,但由政府进行采购。实际上,传统上强调公共产品必须由政府完全负责,一个重要的原因就是将公共产品的生产(投资)与提供(消费方式)完全等同起来。

可以说,正是依据上述理论探索,并在实践中与理论进行互动,西方的主要市场经济国家在重新认识政府与社会、政府与市场的基本关系的基础上,以新的公共产品理念为导引,以公共管理社会化和公共服务市场化为政府改革目标,通过放松管制,允许并鼓励私人进入公共产品的生产和提供领域,从而在相当程度上缓解了财政危机,提高了政府效率,同时,也扩大了公共产品供给的数量,提高了公共产品供给的质量。如英国政府对大型国有企业如英国航空、英国电信、英国石油,以及城市公用事业的改革;如美国在放松管制情况下进行的原有的被作为政府直接负责的公共产品领域的航空、能源、银行、电信、教育等供给向私人全面开发的改革,等等。

当然,随着世界范围内政府改革的深入及对公共产品认识的提高,人们已认识到,由于公共产品是满足公共需要的产品,是保证社会发展和社会安全的产品,因而既需要私人参与公共产品的生产与提供,但又必须通过相应的政府控制来保证和维护公共利益。政府管制在这里既体现为经济管制方面的私人提供准公共产品的价格控制等,又体现为社会管制方面的环境保护、公共产品质量等,对私人参与公共产品的生产和提供来说,放松经济性管制(如进入管制)是伴随着强化社会管制而出现的,因为没有政府和没有市场的经济都是"一个巴掌拍不响"的经济。总体上,私人参与公共产品的生产和提供是在政府一定的管制下进行的。这也是私人参与公共产品的生产和提供与私人进行市场商品生产和提供的不同,是私人参与公共产品生产和提供的又一个必要条件。

二、当代公共服务供给方式

在当代,人们正逐步形成这样的共识:绝大多数公共产品之所以成为公共产品,是以产权制度为核心的制度安排的结果,而从保证公共产品公共性的基本特点来看,在生产和提供两者中,更为重要的是供给方式的选择,即公共产品的提供方式较之生产方式对保证公共产品的公共性具有更为关键的作用。所谓公共产品的提供即公共产品的交换和消费,是公共产品通过交换进入社会消费的过程。任何产品只有通过消费才能体现出其价值,在这一点上公共产品毫不例外。目前,随着私人对公共产品生产与提供的参与,公共服务的提供有了公共提供、市场提供和混合提供三种基本方式。

1. 公共提供

公共提供是指公共产品由政府无偿地向消费者提供,以满足社会的公共消费的需要。对于消费者来说,他可以无条件地获得这些公共产品的消费权,而不需要付出任何代价或者报酬。属于公共提供的公共产品,主要是公共产品中的纯公共产品,如气象、基础科学研究、农业技术的研究和推广、大型水利设施、社会科学研究等。

采取公共供给的方式对这些公共产品进行供给,是由纯公共产品的供给规律决定的。我们知道,纯公共产品具有非排他性和非竞争性特点,这一特点决定了这类公共产品的提供既不可能收费,也没有必要收费。具体言之:

其一,这类公共服务的受益是社会公众,而不是具体地对某些人提供服务,即没有具体的受益者,因而无法收费。

其二,这类公共服务在增加消费者人数时并不增加政府开支,如在一个社会中,增加收听气象预报的人并不会增加气象预报的成本,因此,政府没有理由为新进入的消费这些产品的人进行收费。相反,从提高这些产品使用效率来看,不收费是最合理的选择。这也就是说,如果政府对这类产品进行收费,那是不明智的,因为会妨碍这些产品效率的提高。

其三,由于这类公共服务受益对象的不确定,因而即使政府要想对这些服务进行收费,在技术上也是十分困难的,同时,也会产生不公平的现象。

这类公共产品的生产和提供一般可以由政府机构进行,也可以由政府以外的非营利组织使用财政资金进行。

2. 市场提供

市场提供是指主要由市场提供生产公共产品单位的经费。在一般情况下,提供者将通过收费来收回成本,并有一定的利润。在这一情况下,公共服务的提供单位自负盈亏,实行企业化经营。通常,公共服务的市场提供可以按竞争的方式进行,但总体上这是在政府管制下的市场提供。

在现实中,采取市场提供的公共服务主要是其中的一些准公共产品,即具有一定外部收益且生产风险较大的产品,或者如果投资,由于行业的特性还容易发生垄断而引起资源效率下降的产品。这类具有准公共产品性质的产品,主要是属于公用事业范围的水、电、煤气、城市公共交通,以及电信、邮政、铁路运输等。实际上,这些产品相当程度上是一种特定的私人产品,通常,在一些国家是由政府所开办的企业即公共企业来生产的,因而又称为政府经营的市场产品。由于这类产品具有准公共产品的性质,因而必须由政府制定规则进行统筹管理。

从私人参与公共产品生产和提供来看,如果以私人为主体,这一市场提供方式可以有如下表现:

一是私人的完全提供。即公共服务的投资、生产以及提供完全由私人单独完成,私人向消费者收取费用。科斯所分析的灯塔、现代私人电视台的加密频道只有通过付费才可以观看等,就是很好的例证。

二是私人与社区的联合提供。即私人与社区通过有条件的联合来提供公共服务,私人通过与社区公众制定契约的方式得到社区可给予的一些优惠,如提供场地等,这样,私人就可以以较低的价格来提供社区公共服务,或者社区从私人那里购买一定量的产品,作为社区公共产品提供给社区成员进行消费等。

3. 混合提供

混合提供是指政府以成本价格为基础,通过政府补贴和向受益人收取一定费用的方式来提供公共服务。混合提供具有如下基本特点:① 以成本价格为基础,是一种非营利的提供方式;② 在构成成本的支出中,一部分向受益人收费,另一部分由政府补贴,其补贴比例是 1%～100%;③ 适用于有明确的受益人,且通过公共消费而获得一定利益的公共服务。

混合提供方式是提供公共产品的一个基本方式。属于这一方式提供的公共产品主要有教育、卫生、医疗、体育、文化等。政府通过补贴的方式提供这类公共产品。具体有以下两种方式:

第一,公共生产下的混合提供,即以"政府补贴,政府经营"的方式进行混合提供。经营这类产品的组织为国有企业。现阶段我国大多数事业单位采用这一方式。

第二,私人生产下的混合提供。即以"私人经营、政府采购"的方式进行混合提供。从政府的角度看,采用这一方式的目的主要是降低收费标准,维护公众的基本生活需求和利益,同时,也可以减少政府的投资。当然,在这种情况下,合理的政府管制措施是一个十分重要的因素。而从私人的角度看,则是在公共服务供给过程中,私人和政府形成某种联合,如政府对私人提供公共服务给予一定的补贴和优惠政策,如政府补贴私人治理沙漠等,如政府和私人签订合同,私人负责生产,政府进行采购后再提供给公众。在这种情况下,公共产品的生产和提供就分开了。

三、当代公共服务管理模式的基本特点

无论是从当代世界范围内的改革实践,还是从新的公共服务产品生产和提供方式组合运行机理来看,当代公共服务管理模式具有如下鲜明的特点:

（一）多元构成

在当代世界范围内，面对现实中不断增长的巨大的公共需求，基于当代科学技术和社会经济发展所提供的可能，为了走出政府独家承担社会公共服务难以满足公众需求的困境，随着对公共服务的供给方式以及公共服务作为一种产品的生产和提供方式认识的深化，通过现实中的一系列改革，最终打破政府对公共服务的垄断，政府以外的组织如非营利组织乃至企业等，开始广泛地以不同的方式参与到公共服务的生产和提供过程中，最终使得公共服务管理从政府独家垄断的干预模式，转变成了包括政府在内多种类型的社会组织合作的市场模式，形成了社会广泛参与、共同生产和提供公共服务产品的格局。

这一社会各类主体对公共服务管理的广泛参与，主要表现在对公共服务的投资方面，形成了公共服务管理多元投资的良好局面，在管理上出现了以分权化和社会化为标志的管理主体的多元化，在公共服务供给上，以非营利组织的迅猛发展为基础，社会各类主体广泛地参与到公共服务领域中。

（二）政府主导和统筹

同样明显的是，随着公共服务管理市场模式的形成，政府以外的社会组织广泛参与到公共服务管理中，市场模式下政府对公共服务管理垄断被打破时，政府在公共服务管理中的地位与作用并没有因此而降低。在相当程度上，公共服务管理市场模式的形成，正是政府为了加强社会管理职能所致。因为，从政府的产生和其合法性来看，一方面由于第二次世界大战结束尤其是 20 世纪下半叶后阶级矛盾和阶级对抗在多数国家相对缓和，西方各主要国家国内阶级统治职能有所减弱，另一方面是随着社会经济的发展和民主的进步，社会公共需求的扩大，使得处理社会公共事务、满足公共需求成为维护统治的更为直接的任务，因而不得不在公共服务领域内强化和扩张职能，加强对科学、教育、卫生等的管理。

第二次世界大战后，随着科学技术在社会经济发展和提升国家实力与竞争力中的作用日益突出，以及公众日常生活的日益技术化及其对科学技术的需求，以美国为首的西方各国政府敏锐地注意到了这一巨大的现实需求，从而纷纷从国家发展的角度，制定国家科技发展战略和规划，制定实施计划，大幅度增加科技投入并制定相关金融和人才政策等，加强对科技发展的统筹，这其中，有代表性的如美国政府提出"保持高精尖技术领域的优势"的科技发展战略，日本政府制定了"科学立国"的战略构想，提出以发展尖端技术为中心的知识密集型产业为主导，推进整个产业的工艺和制品的知识密集化，等等。如在教育领域，美国传统上虽然十分重视教育的作用，但在管理上是由各州政府自己安排管理的，近几十年来，随着国力竞争日益体现为人才竞争，并在一定程度上体现为教育竞争后，美国政府成立了联邦政府教育部以加强对教育的统筹和管理,并加大对教育的投入,另如英、法、日等国也都通过不同的方式,强化政府对教育的管理,通过不断的改革促进教育的发展。

当然,西方各国在新的发展条件下强化社会管理职能,如何走出政府独自承担、机构不断膨胀却效率低下且难以满足公众需求的困境成为基本问题,正是由于对公共产品认识的深化,从而找到了由政府在宏观上把握公共需求在数量和结构上的平衡,制定相关公共政策,一些重要产品由政府直接生产和提供的同时,通过制定和执行以保证公众基本利益的相关的法律和规则,最大限度地引入政府以外的组织,整合社会资源,扩大公共服务产品提供的路径,最终形成了公共服务管理的多元构成格局。在这一意义上,当代公共服务管理的市场模式,实际上是一个在政府统筹和主导下社会广泛参与的模式。这一模式以政府为核心,同时重视发挥非营利组织和其他组织乃至企业在公共服务投资和管理中的作用,努力满足不断增长的社会公共需求。

(三)以市场为基础

市场模式作为当代公共服务管理的基本模式,在其结构上是一个以政府为主导的多元主体构成。在这一基本构成中,包含政府与社会、政府与市场的基本关系。这一特定的多重关系不仅是结构多元的反映,而且在其运行中还表现为更为具体的政府统筹和规划、投资的多元化、管理的分权化和社会化,其中,社会化是其显著的标志。而这一切都是在以市场为基础之上的。

一般来说,作为个体的私人和企业,对利益的追求是其活动的正当而基本的出发点和归宿,因而,使其参与公共服务产品的生产和提供有必需的利润,是吸引其进入公共服务管理领域的基本条件,同时,对非营利组织来说,能够从自身对社会的服务中获取一定的收益,正是其能生存和发展的条件。如前所述,由于对公共性的理解在相当长的历史时期中是与政治或政府等同的,而传统上,由于私人和企业活动的基本性质,公共利益问题是不能在市场中得到解决的,因而必须由政府代表公众来解决,公共利益实现过程是一个非市场的选择过程,典型的说法是公共领域或政治领域,是市场经济的禁区。正是在这一理念下,形成了政府对公共服务产品生产和提供的独立承担以及垄断。但实际上,一方面,由于客观上在公共服务产品的生产和提供中存在由税率和公众需求构成的特定的市场,且政府依托公共财政生产和提供公共服务产品也是构成整个社会资金投入与商品价格的一个重要组成部分;另一方面,由于准公共产品理论的建立,对私人进入公共产品生产和提供领域必要性和可行性条件认识的深化,使得关于包括公共服务产品在内的整个公共产品政策,即公共政策的制定和执行分离成为可能。

前面的分析已表明,当代西方国家的改革的一个重要突破,就是将公共政策的制定和执行尽可能分离,承认其他组织在承担公共产品的生产和提供中获得利益的正当性,并将此作为非营利组织得以存在的一个基本前提,从而使私人和企业进入公共产品领域成为可能,并形成了非营利组织生存和发展的必要空间,如通过制定相应的公共服务产品的政策并形成政府管制,把能够进行经营性投资、开展市场竞争的领域,如出版发行、大众娱乐项目及职业体育活动、公用事业等,交给社会资本经营;把完全适合市场化经营的领域,交给私营企业;而另一些不适合市场化的公共服务领域如博物馆、图书馆等,也可引入效益、效率机制进行管理。从而,通过管理理念和管理职能输出方式市场化的改革,完善整个公共服务的管理。最终,以这一特定的市场为基础,实现了公共服务的社会化,构成了公共服务管理的市场模式,从而整合了社会资源进行公共服务产品的提供,相当程度上使政府改革走出了困境。所以,以市场为基础,公共产品和服务的市场化是当今公共服务管理的一个基本发展方向,当代公共服务管理模式的一个显著特征。实际上,当代公共服务管理模式被称作市场模式,正是对这一本质特征的形象说明。

(四)法治化与规范化

以政府为主导的社会广泛参与的多元公共服务管理模式的形成,在促进社会参与公共服务管理,整合了社会资源以满足公共需求的同时,也使得活动于公共服务领域内的主体及其相互关系日益丰富而复杂。因此,如何通过一定的规定确定各主体间的关系及其在公共服务产品生产和提供中的责任,保证公共服务管理过程和结果的公平与公正,就成为内含于公共服务管理干预模式的基本内容。而西方国家自近代以来,由于其特定的政治文化传统,逐步形成了社会治理上的法理政治,信奉通过法律、法规的制定和执行来实现对社会政治、经济和文化的管理,因而,随着对社会公共事务管理改革的展开和深入,公共服务管理中的法治化和规范化也日益成为新模式的鲜明特点。

所谓公共服务管理的法治化,就是通过建立健全法律法规体系,对公共服务实施管理。这一法治化既体现在大量的公共服务活动的立法上,也体现在对活动于公共服务领域内各主体地位、权限、管理内容和活动程序的具体规定上。在立法上,西方各主要国家都针对科、教、文、卫等各个领域颁布了较为全面的法律法规,如20世纪80年代以来,为了加快科技成果的转化,美国先后出台了一系列相关法律,如《小企业创新开发法》《联邦政府技术转让法》《综合贸易与竞争法》《国家竞争力技术转让法》等。可以说,正是通过制定和实施相关的法律法规,将新的历史条件下的公共服务管理纳入了法治化轨道,确立了不同的公共服务领域内各类主体地位和权限,以及活动的范围和责任等,同时,也减少了市场的负外部性,使参与公共服务活动的个人或组织能履行好必须承担的公共责任和社会义务,从而借助法律的权威性、强制性和稳定性,促进了公共服务的发展。

所谓公共服务管理的规范化,就是指公共服务管理部门在法律的基础上,通过研究制定一系列关于公共服务管理的规章、制度,以确保管理的科学性、合法性、公正性和可行性的活动。在这方面,西方各国借助于较为完善的行政组织体系和较高的组织水平,制定全面而成熟的关于公共服务管理的规章,明确不同的管理层级和不同的管理主体具体的行为的程序、标准、规范和责任,从而构成了一个全面的关于管理的规范体系,将公共服务管理的目标具体化并落实到具体的管理过程和环节上,将管理目标尽可能细化和量化,变得可操作,达到了十分详尽的程度,一定程度上保证了管理过程与目标的一致性。

第三节　当代公共服务管理的层次与体制

当代公共服务管理的基本模式是市场模式,并具有政府主导、多元参与和关系规范的特点,而由于当代绝大多数国家都是按一定标准将国土划分为若干区域并分层次进行管理的,且公共服务管理是政府社会管理的一个基本领域,因而与从中央到地方再到具体实施环节的管理体制相一致,基于市场模式的公共服务管理也就分为若干管理层级,涉足于其间的公共服务管理主体则按照各自在国家和社会中的地位具有自己的活动领域和任务。总体上看,当代公共服务管理可以分为宏观和微观两个基本层次。宏观公共服务管理和微观公共服务管理既有区别又有联系,共同构成了特定的公共服务管理体制。

一、宏观公共服务管理

宏观公共服务管理,是指涉及全社会的公共服务,即关系到全社会公众基本生活质量和公共利益的公共服务产品的供给,管理效果具有宏观性的公共服务管理。就公共服务管理本身来说,这一宏观性是由其特定的管理目标、管理方式和管理的基本内容决定的。

(一)宏观公共服务管理的基本目标

在当代,随着经济和社会的发展,公众在公共服务领域内的需求呈现出总量不断增大、质量要求不断提高和需求结构从单一走向繁杂的趋势,因此,保证并满足公众不断发展的需求,促进社会生活的有序化,是当代公共服务管理所要完成的基本任务。

在现代社会,随着公众对公共服务产品要求的日益提高,虽然提供公共服务产品已不由公共财政独自支撑,但不可否认的是,从投入量来看,公共财政仍然是公共服务发展最主要的经济基础。公共财政来源于税收,因而公共服务产品供给的能力就取决于公共财政状况,也就是取决于一定时期的税率(实际上,非政府组织及一些公用事业单位提供公共服务产品的能力相当程度上也取决于税率)。这样,与市场中的商品供求相类似,在公共服务管理的高层也存在着一个特殊的"市场",管理者为了使社会生活有序化,必须在供给与需求之间进行平衡。这种平衡是指整个社会公共服务领域内的公共需求的总体规模与公共服务产品供给的总体规模基本平衡,以及这一总体公共需求构成与总体公共服务产品的构成相适应。

保证公共服务领域内的公共需求与公共服务产品供给的宏观平衡,是宏观公共服务管理的基本目标。在任何一个社会历史发展时期,相对于不断发展的社会公共需求来说,社会的公共服务产品供给是有限度的,因而,公共部门就必须从社会的经济发展水平出发,通过一定的手段如公共政策的制定与执行,一方面加强公共产品生产,并节约开支,扩大供给,另一方面将公众的需求引导和规范为一定时期社会经济发展水平能保证和满足的需求,从而达到供给与需求的总量平衡,满足一定条件下公众对公共服务产品不断扩大的要求。同时,公共产品总量的提高以及需求平衡的过程,实际上也是一个政府通过公共政策等引导和调节公共服务产品结构调整和质量提高的过程,因而,公共服务产品质量的提高和适应性的增强也就与总量的提高相伴随,从而满足了不同公众对公共服务产品多样化和高质量的需求,而且,这一供给的针对性的增强使交易成本降低的同时,也实际上增加了量的份额。这表明,宏观平衡是完成当代公共服务管理基本任务的基础而有效的方式,这必然成为一个国家和社会公共服务管理的基本目标。

总之,公共服务的宏观管理的基本目标是宏观平衡,它涉及公共服务产品的需求总量和供给总量,由此发生的一切管理活动都属于宏观公共服务管理。

(二)宏观公共服务管理的基本方式和基本内容

1. 宏观公共服务管理的基本方式

宏观公共服务管理的基本方式是间接管理,其管理是一个不直接作用于公共服务产品供给的间接的管理过程。这一间接管理方式充分地表现在宏观公共服务管理机构的计划、组织、协调和控制的基本职能发挥上。

从计划职能看,承担宏观管理任务的公共服务管理部门首先是根据全社会公共服务范围内的公共需求状况和公共服务产品的供给能力,根据社会未来发展的需要,通过理性的选择,制定出相关的公共政策,这一公共政策根据现实的需要,可以是法律,也可以是大政方针,或是更为具体的计划、方案、程序安排等。通过公共政策的制定和实施,一是对社会公共服务的发展进行调控,以引导和调节社会公共需求的趋向和发展,以及公共服务产品的生产投入、产出方向和规模,从而改善全社会公共服务产品的供求状况;二是规范公共服务领域内公共产品生产和公共服务提供单位的行为,建立各种检查监督制度来保证有关法律法规的执行、调节公共服务产品的交易活动(现代社会的公共服务产品作为准公共产品,并不是完全免费的,具有一定的商品性);三是规划、引导具体公共服务部门的数量、比例及布局,达到公共服务产品供给的地区间平衡。

从组织职能看,承担宏观管理任务的公共服务管理部门最主要的工作是根据所确定的政策、计划和方案等,一方面,设立新的组织或维护原有的必需的组织以处理公共服务管理事务,并使技术程序、正式的政策法规和文书程序按组织运作的要求组成一个严密而完整的系统;另一方面,协调公共服务管理各部门与外部各相关集团、部门、单位之间的关系,以改善和创造一个有利于公共服务管理进行的环境,使公共服务管理的目标实现和公众利益实现有机结合。

从协调职能看,承担宏观管理任务的公共服务管理部门的主要工作,是协调外部环境和构建本部门内部的机制。通常,这一职能由专门的机构如协调委员会来承担,其权力是由法律赋予的。在外部协调中,主要是在各利益集团之间进行有效的斡旋,经常且及时地从上级获取新的工作安排等,争取上级部门或各业务主管对本部门工作的理解和支持,提醒下级业务主管留心上级关心的其他事务等;而在内部协调中,主要是组织内部贯彻本部门的要求,形成沟通意识,争取工作人员对组织目标的理解和支持。

从控制职能看,承担宏观管理任务的公共服务管理部门的主要工作,是外部控制和内部控制。对于前者而言,由于公共服务管理机构设立的目的、高级管理层的权力,以及决定哪些权力可以对外或向下授权等是由法律来规定的,因此,高层管理机构需要经常从立法部门和不同的利益集团那里了解信息,以随时掌握本机构或部门权力的控制和行使,同时,还要与对本机构工作可能有影响的部门保持联系,以便准确了解来自外部的因素的影响。对于后者而言,主要表现为通过必要的控制程序,如一系列正式的指示、准确计算下属完成某项任务所需要的时间、确定工作中哪些方面需要调整、纠正等,保证整个部门按计划完成公共服务管理任务。

可见,宏观公共服务管理,以计划职能为起点,通过所形成的不同层次的公共政策,而相应地展开其组织、协调和控制职能。这些职能的发挥以组织或部门为界,可以分为内部管理和外部管理两个方面。但无论是内部管理还是外部管理,显然都没有直接涉及具体向公众提供公共服务产品,乃至具体的公共服务产品生产和供给过程的监督,而是表现为对具体的公共服务产品的生产和提供的间接管理。

2. 宏观公共服务管理的基本内容

宏观公共服务管理以公共服务产品的需求与供给的宏观平衡为目标,围绕公共政策的制定和实施,其基本职能的发挥主要涉及以下内容:

第一,对公共服务范围内公共服务产品这一特殊"市场"进行预测。其中包括全社会公共服务产品总需求和总供给的趋势预测,各类公共服务产品的需求量和供给量预测,等等。

第二,制定和分析公共服务范围内的社会指标,如教育方面的某一年龄阶段中某一学历的比例、社会价值方面的公共整体的生活满足程度、环境保护方面的空气污染指数,等等。一方面作为公共政策的制定必需的基础,另一方面通过发布社会指标及相关信息,指导和引导公共产品生产和公共服务提供投资方向和产品流向。

第三,制定有关公共服务的公共政策。即法律、政策、计划、方案、程序安排等。这其中,既包括公共服务产品的品种、数量(常常以发展计划和确立公共项目来表现)的方针、政策和计划,也包括全社会公共服务范围内如何生产和提供公共服务产品基本规范的制定和安排。

第四,根据所确定的公共服务管理的目标,进行一系列旨在提高管理效能的不是针对具体公共产品而是针对机构内部运行和机构外部环境的组织、协调和控制工作。

3. 宏观公共服务管理机构

承担宏观公共服务管理任务的是公共服务管理的主体系统中的一个特定的部分,即主要是高层次的政府组织。

在公共服务管理的主体系统中,主要由高层次的政府组织承担宏观公共服务管理的职责,其原因主要有:① 宏观公共服务管理是围绕公共服务范围内的公共政策的制定和实施,而制定公共政策的主体就是政府。② 进行全社会公共服务范围内公共服务产品需求与供给总平衡需要全社会最强有力的也是公认的公共权威,在任何社会中,这一公共权威无疑是政府,且是管理职权和范围覆盖全社会的高层次的政府。

由于公共服务管理范围内的公共政策的基本形式有法律、政策、规划等,因此,承担宏观公共服务管理的政府是广义的政府,即包括立法、行政、司法机关在内的广义政府。在实际中,涉及宏观公共服务管理的或承担宏观公共服务管理任务的政府机构主要有:① 立法机构,如我国的人民代表大会;② 司法机构,如法院、检察院等;③ 行政机关即政府管理部门,如政府的科、教、文、卫等的管理部门,以及涉及公众基本生活质量的一些经济管理部门,如交通运输部等。在不同的国家或地区,这些涉及宏观公共服务管理的政府管理部门的名称、数量等是不同的。

还必须注意的是,这里所说的高层次的政府,其高层次主要是指上述政府部门中的决策层。这其中,首先是指中央政府。在整个国家的公共服务管理中,地方政府是中央政府宏观管理的对象,而在一个省、市的范围内,它又具有一定的公共政策制定权,负有根据国家有关公共政策,统一管理本地区公共服务的责任,因而在这一意义上也是宏观公共服务管理机构。

二、微观公共服务管理

微观公共服务管理,是指涉及公共服务领域内各类具体的公共服务产品的生产与提供,以及对这些具体的公共服务产品质量和提供这些公共服务产品的组织的直接监督管理。这一管理效果带有局部性质,属于带有微观性的公共服务管理。同样,就公共服务管理本身来说,这一微观性是由其特定的管理目标、管理方式和管理的基本内容决定的。

(一)微观公共服务管理的基本目标

微观公共服务管理的目标,是在基层公共服务领域中不断完善公共服务。

由宏观公共服务管理机构所制定的有关公共服务的公共政策总体上是比较抽象的一般原则,它的适用范围也比较广,虽然宏观公共服务管理机构也负有贯彻这些公共政策的责任,但由于其管理方式是间接的,这些抽象的一般观念、原则等只有通过一定的形式落实到具体的管理层,通过具体的管理行动中去才能变成现实。因此,基层公共组织的基本任务,就是根据上级部门所制定的公共政策及根据这些公共政策所形成的特定的公共项目、具体的任务等,凭借上级部门的授权展开管理活动。这一管理活动分为两个基本方面:

其一,维护好基层公共服务活动的基本秩序。公共服务管理的需求来自环境,而针对需求所形成的公共政策的最终落实也必然是在环境之中。良好的基层公共服务活动的秩序是实现既定公共服务管理目标的必要条件。因此,在有关公共服务的公共政策形成后,相关公共组织必须对具体公共服务产品的生产和提供是否合乎相关的法律法规和政策进行直接的监督管理,从而形成一个合乎公共政策所引导方向的良好的基层公共服务活动环境,为公共服务产品的顺利和高质量生产和提供打下基础。在现代公共服务管理中,即便是采用监管或管制方式,由于管理对象与管理最终目标的同一性,加上管理中的服务化发展趋势,这一通过直接的监督管理对基层公共服务活动基本秩序的维护,总体上也体现为一种面向公众的服务,即公共服务。

其二,更好地为社会提供公共服务产品。直接面对公众的公共组织根据社会的公共政策或上级部门的具体布置,通过努力提高管理效率,直接为社会提供更多更好的公共服务产品。这些公共组织的活动具有不同的含义:从管理活动的角度看,如果将管理分为监管和服务的话,这些直接从事社会公共服务产品的生产和提供的组织,显然从事的是服务,它们的高效管理就是服务的最好体现;而从社会自身运行的角度看,这些组织是社会自身的管理层,它们直接从事社会公共服务产品的生产和提供,是社会的自我服务,属于社会自我管理的范畴。总体上看,应该说这些组织的活动是一种公共服务。

(二)微观公共服务管理的基本方式和内容

对微观公共服务管理基本目标的阐述已表明,微观公共服务管理的基本方式是直接管理,是一个直接作用于公共服务产品供给的直接的管理过程。与宏观公共服务管理的基本方式体现在其基本职能上一样,微观公共服务的直接管理方式,也充分地表现在基层公共服务管理机构的计划、组织、协调和控制的基本职能发挥上。

从计划职能来看,承担微观公共服务管理任务的公共组织大致可分为两类。一类是根据公共政策的有关规定和引导,或根据上级部门通过具体的任务、短期计划或公共项目等,制定出自己的工作方案并实施。这一工作方案实际上是一个操作性的方案。另一类是根据有关公共服务活动的法律法规,通过形成自己的一定时期的工作方案,对基层公共服务活动进行日常性的监督管理。

从组织职能来看,承担微观公共服务管理任务的公共组织的工作主要是进行重组。即该公共组织根据所承担的任务,将任务分解为具体的目标和日常工作,在这一过程中努力将具体操作者的工作和组织的目标联系起来,同时也努力将分解出的具体的目标联系起来,从而既发挥专业聚集作用,也产生协作效应。这里的具体操作者的工作,就是直接向公众提供管理和服务。

从协调职能来看,承担微观公共服务管理任务的公共组织的工作,主要是针对公共服务管理措施实施过程进行协调。通常,这一协调工作包括通过项目管理进行协调和通过对契约履行的监督进行协调。目前在一些国家(主要是西方国家)的政府管理改革中,常常将我们所说的公共服务范围内的一些事务以合约的形式委托私人经营,为了保证私营企业按照合约进行生产和服务,维护公共利益,一般都设立了以公共部门的代表作为监督者进行必要的协调和监督。这些监督者的主要工作一方面是从各个方面对承担合约者给予必要的协助,如提供信息、协助解决问题、审批等,另一方面和使用合约项目产品的公众广泛接触,倾听公众意见并对政府和合约承担者进行反馈,还要经常提供项目进展报告,并在项目工作结束后进行质量把关和验收。

从控制职能来看,承担微观公共服务管理任务的公共组织的工作,主要是控制执行的结果,即本部门执行上级制定的目标、计划和标准,进行公共服务的结果,或是在公共政策的导引下进行公共服务的结果。一般来说,他们通过在实际行动中的对照检查,当预计最终结果能与目标相符时,就准予继续进行,甚至不管所采取的方式是否与事先制定的相符;而当预计执行结果与预定目标偏离时,就会考虑采取必要的措施和方法进行干预,进行纠正,不管实际执行的方式是不是事先制定的。

可见,在微观公共服务管理领域,其管理主体基本职能的发挥,都是针对具体的公共服务活动进行的,即直接涉及了向公众提供公共服务产品,以及对具体的公共服务产品生产和供给过程的监督,表现为对具体的公共服务产品的生产和提供的直接管理。

微观公共服务管理以在基层公共服务领域中不断完善公共服务为目标,其基本职能的发挥主要分为两个基本方面:

1. 维护基层公共服务活动基本秩序方面

(1)对公共服务产品的提供者的管理。主要是对进入公共服务领域提供公共服务产品的各类组织进行登记、审查,明确其服务范围和方式,发放相应的服务许可证,如我国目前的非政府组织类型的非营利性学校、医院、科研机构等,以及各类事业单位。然后对其活动根据有关法律法规进行过程监督管理,即对提供公共服务的部门在活动过程中是否遵守国家有关法律法规的情况进行监督。

(2)对公共服务领域中的公共服务产品的质量进行监督管理。现代公共服务范围内公共服务的提供者,有政府、非政府组织乃至一定的营利性企业,对这些组织部门提供的公共服务质量必须进行监督管理,这是由公共服务管理的保证和维护公共利益的基本要求决定的,同时,现代公共服务的公众付费制度以及公共服务范围内有相当部分的准公共产品(即俱乐部产品),也要求对公共服务的质量予以保证,同时,也是对政府管理活动评价的一个具体要求。当然,在传统的公共服务管理体制下,公共服务是由政府提供也是由政府评价的,因而给公共服务的监督管理带来了一定的困难,目前,随着政府管理改革中将更多的公共服务以一定的方式交由非政府组织和私营企业提供,这既增加了对公共服务质量监督管理的重要性和必要性,也给政府作为监督管理部门带来了可行性。

(3)对公共服务领域中的某些公共产品的价格进行监督管理。公共服务范围内的公用事业产品,如水、电、煤气、公共交通、铁路、邮电通信等,不管是政府直接提供还是委托企业生产,由于结果关系到公众的基本生活,因而必须对其价格进行监督管理。这一管理一方面是在通过政府财政补贴等方式予以必要的支持的基础上统一规定地区性价格,另一方面是通过物价主管部门及价格听证会等方式,根据国家有关法律法规对这些公共企业产品的价格形成进行监督管理。

2. 为社会提供公共服务产品方面

活动于公共服务基层的公共组织和一些非公共组织如企业,根据公共政策或根据上级部门所制定的目标、计划和布置的任务,进行公共产品或带有公共性的产品的生产,以及向公众提供服务。这是微观公共服务管理活动的最终结果,也是最为丰富的基层公共服务活动领域。从根本上说,上述对基层公共服务活动基本秩序的管理,就是为了向公众提供更多更好的公共服务产品。

3. 微观公共服务管理机构

承担微观公共服务管理任务的机构可以分为以下几类:

一是政府专门从事公共服务管理的基层部门,如我国的民政部门,教育、医疗卫生、文化、科技等专业管理部门。当然,在现代公共服务管理中,这些政府部门的管理不是直接去生产公共产品,而是依照国家的有关法律法规,对上述的相关内容进行监督管理。

二是业务涉及微观公共服务管理内容的政府部门,如税务部门、审计部门。

三是从事监督、评估和协调等管理工作的非营利组织,如非政府性质的行业联合会、评估机构等。

四是直接从事公共服务产品提供的部门,如我国目前的各种非政府组织,事业单位和一些特殊的或承担公共产品生产的企业单位。这些部门在基层公共服务管理活动中主要是提供公共服务,在整个公共服务管理主体系统中具有管理者与被管理者的双重身份。

三、宏观与微观公共服务管理的关系及公共服务管理体制

宏观公共服务管理与微观公共服务管理之间存在着密切的联系。这一处于不同层次的公共服务管理主体及其权力和职责的划分与联系,以及与客体系统的地位及相对应的关系,组成了特定的公共服务管理体制。

(一)宏观公共服务管理与微观公共服务管理的关系

宏观公共服务管理与微观公共服务管理既有区别,又有联系。

其区别在于,宏观公共服务管理与微观公共服务管理是不同层次和不同性质的管理,即宏观公共服务管理是以全社会公共需求与供给平衡为目标、以间接管理为基本方式的管理,是高层次的带有总量和全局性的管理;而微观公共服务管理则是以在基层公共服务领域维护基本的活动秩序、提供更多更好的公共服务产品为目标,以直接管理为基本方式的管理,是中、低层次的具有局部性质的管理。

其联系在于,宏观公共服务管理与微观公共服务管理二者是具有不可分割的有机整体,它们之间紧密而有机的联系表现在:微观公共服务管理机构把宏观公共服务管理的内容和目标具体化,它是一个国家或社会有关公共服务的公共政策和管理制度的执行者,是基层公共服务产品的提供者,同时也是监督者。因此,一方面必须通过微观公共服务管理活动来保证宏观公共服务管理目标的最终实现,保证公共政策从一种思想、原则转化为物质,通过微观的个量和局部调整来达到宏观总量的调节和全局控制;另一方面,宏观公共服务追求公共产品的需求与供给宏观平衡的目标,也通过不同形式和层次的公共政策,寓于微观公共服务管理活动,并决定着微观公共服务管理的基础。总之,没有微观公共服务管理,宏观公共服务管理的目标就难以实现,甚至无法实现,而没有宏观公共服务管理,微观公共服务管理的目的也不能达到。

(二) 现代公共服务管理体制的基本内涵

所谓体制,一般是指体系与运行机制的总和。相应地,公共服务管理体制,就是公共服务管理的体系与运行机制的总和。在现代市场经济条件下,公共服务管理体制的基本构成要素,主要有公共产品生产和服务提供者的法律地位、公共服务产品的供给范围、提供公共服务产品的组织形式、公共服务管理机构的权限和设置,以及调节、控制手段和监督方式等。以上相关部分的分析中,我们已从不同的侧面对公共服务管理体制基本构成要素进行了阐述。

从以上相关分析中,我们可以对现代公共服务管理体制各要素间的有机构成得出如下结论:现代公共服务管理体制,应是一个以政府为核心、有非政府组织及其他组织参与的,统一的多层次的、中央与地方相结合,集中管理与分散管理相结合,管理环节与实施环节既统一又分离,管理表现为服务并以服务实现管理的管理系统。这其中,各级政府在公共服务管理方面的职责权限和分工有科学的定位,同时,非政府组织等在公共服务管理中也有其地位和任务,在基层公共服务领域发挥着积极的作用。

✓ **本章小结**

1. 公共服务管理是在一定的社会、政治和经济条件下展开和完成的。客观环境对公共服务管理的规定和制约首先也是最为集中地体现在公共服务管理模式上。公共服务管理模式一经确定,即规定了谁来承担公共服务产品的生产和提供、如何生产和提供,以及进入公共服务领域活动的各主体间的地位、关系和责任。

2. 当代公共服务管理模式是市场模式。市场模式的形成经历了从保护模式到干预模式再到市场模式的演变过程。社会公共需求、主体认知程度、政府能力和社会发育程度是决定公共服务管理模式演变和发展的原因。公共服务管理市场模式的形成的突破口是对公共产品认识的深化,其运行机理是当代公共产品生产和提供方式。

3. 现代国家行政区划的构成及其与当代公共服务管理模式的结合,形成了宏观公共服务管理和微观公共服务管理。不同层级的公共服务管理有不同的目标、任务、内容和承担机构。相应的公共服务管理模式、层级等组成了公共服务管理的体制。

☑ 概念和术语

模式　公共服务管理模式　公共服务管理保护模式　公共服务管理干预模式
公共服务管理市场模式　政府能力　公共产品提供方式　公共提供　私人提供(市场提供)
混合提供　公共服务管理社会化　公共服务管理市场化　公共服务管理多元化
公共服务管理法治化　公共服务管理规范化　宏观公共服务管理　微观公共服务管理
公共服务管理体制

☑ 复习思考题

1. 试述公共服务管理模式演变发展的基本趋势。
2. 公共服务管理模式发展演变的决定因素是什么?
3. 私人参与公共产品生产和提供的必要性和可能性是什么?
4. 私人参与公共产品生产和提供的条件是什么?
5. 现代公共产品的基本提供方式有哪些? 生产和提供方式的组合方式有哪些?
6. 现代公共服务管理模式的基本特点是什么?
7. 简述宏观公共服务管理的基本内容和任务及其承担机构。
8. 简述微观公共服务管理的基本内容及其承担机构。
9. 当代中国公共服务管理体制的基本内涵是什么?

即测即评

请扫描右侧二维码,进行即测即评。

第三章　公共事业管理组织及其职责

在当代公共事业管理市场模式发展的态势下,活动于公共事业管理领域中的组织,基于其自身的基本属性,各有其自身的地位和职责,发挥不同的作用,共同支撑和保障公共事业的运行,促进社会的发展。目前,我国公共事业管理中的组织具有明显的中国特色,并正处于改革和发展之中。

第一节　政府与公共事业管理

在当代中国,政府不是管理公共事业的唯一主体,但政府所具有的阶级统治和社会管理的基本职能、市场经济条件下政府的特定地位,仍然决定了政府是公共事业管理主体系统中最为基本的组织,也是整个管理组织系统的核心。同时,随着公共事业管理市场模式的发展,政府有了更为丰富和灵活的管理方式。

一、现代市场经济条件下的政府与政府职能

(一)政府的概念与基本职能

政府是国家进行阶级统治和社会管理的机关,是国家表达意志、发布命令和处理事务的机关,实际上是国家代理组织的总称。政府的概念一般有广义和狭义之分,广义的政府是指行使国家权力的所有机关,包括立法、行政和司法机关;狭义的政府是指国家权力的执行机关,即国家行政机关[①]。

[①]　公共事业管理中的政府,主要是行政机关,即狭义的政府,但在一定范围内(如有关公共事业的法律法规的制定等),也涉及立法机关等。本书对政府一词的使用通常情况下是狭义的政府,但在涉及公共事业产品基本政策的制定等问题时,实际上会扩大到广义政府。特此说明。

在一个社会中,国家通过宪法和法律赋予政府行政权力,来实现作为国家基本职能重要组成部分的政府职能。因而所谓政府职能,就是指政府为了实现公共利益目标依法对社会生活诸领域进行管理的职责和功能,也就是政府在一定的社会环境中根据自己的职责,应该干什么以及如何干。

综观人类文明发展史,从政府产生至今,政府的基本属性是阶级性和社会性。所谓政府的阶级性,是指政府实施国家阶级压迫功能,即指政府通过暴力机器消灭敌对阶级和敌对势力,镇压被统治阶级和敌对分子的反抗,巩固和保卫国家政权;所谓政府的社会性,是指政府对非阶级性的事务即社会经济文化事务进行的管理。因此,从政府职能的角度看,阶级统治职能和社会管理职能是政府的基本职能。政府的基本职能有如下特点:

第一,阶级统治职能和社会管理职能密不可分。这主要表现为尽管在阶级矛盾激烈的条件下,阶级统治职能占据主导地位,但要达到社会的有序和稳定,最终实现统治,对被统治者也必须进行社会管理尤其是提供基本的公共服务;反之,在当代阶级矛盾总体缓和的情况下,虽然社会管理和公共服务占有突出的地位,但在社会管理和公共服务政策的制定和执行过程中,必须考虑的还是作为统治阶级基础的阶级和阶层的利益。

第二,阶级统治职能和社会管理职能的比重,以及职能的具体内涵和职能行使方式,随着历史的发展和管理条件的改变而改变。这主要表现为:一是在当代,随着阶级矛盾的总体缓和,乃至阶级在特定区域的消除,政府基本职能已从阶级统治职能占压倒性的地位,逐步走向社会管理职能越来越重要;二是随着客观条件的改变,在不同的历史时期中政府基本职能的具体内涵,以及行使职能的方式是不同的。如在当代条件下,政府社会管理职能的行使,正在从传统的权力单向度运行的政治统治方式,转向权力多向度的分权的社会治理方式。

(二)现代市场经济条件下的政府基本职能

在现代市场经济条件下,政府与市场的基本关系决定了政府的具体职能和行使方式。

1. 政府与市场的基本关系

政府与市场的基本关系是由政府与市场各自不同的性质决定的。

政府与市场是性质完全不同的两种体系,也是两种不同的对社会资源进行配置和对利益进行调节的方式。政府是一个人为设计、集中决策、分层管理的组织体系,而市场是一个自发形成、分散决策、自由竞争的组织体系。人类的历史表明,这两种体系都能够对社会资源配置产生作用。市场方式即市场经济,现代市场经济就是以市场机制即供求、价格、竞争等为基础进行资源配置和利益调节。政府方式比较典型的例子就是计划经济,即政府依靠行政部门,运用行政手段,直接组织生产流通分配,从而以行政机制替代市场机制分配资源和调节利益关系。

20世纪中期以后,人们对政府与市场的基本关系的认识不断深化,基本观点是:市场与计划各有所长所短,在市场经济的基础上把市场机制和政府作用结合起来,在市场能够起作用的资源配置及利益调节领域,政府不要介入,以利于充分发挥市场作用;而在市场失灵或市场缺陷的地方,应发挥政府的干预作用。一般来说,在政府与市场关系中界定政府职能的主要依据是市场失灵或缺陷。市场失灵或缺陷的主要表现是:垄断导致效率损失和降低商品服务质量;公共产品无法按定价收费或交易成本过高;经济活动的外部性使等价交换原则不能贯彻;市场机制和竞争会产生收入上的不公平;市场机制难以全面实现社会的共同利益,等等。

但必须注意的是,"市场失灵"可以靠政府去弥补、纠正,但政府绝代替不了市场,或者说政府不能够完全有效地弥补和纠正所有的市场失灵或功能缺陷。实际上在许多情况下,市场机制解决不了的问题,政府也不一定能解决,即使能解决也不一定比市场解决得更有效率。无论在理论上,还是实践中,都不存在一种政府替代市场、解决市场缺陷的简单规则。所以,在对政府与市场基本关系的认识上,应确立政府与市场的良性互动的基本观念,即一方面,政府能够通过立法和行政手段以及各种经济政策,改善和扩大市场的作用,如建立和维护市场竞争秩序、规则,保持币值稳定、总量均衡等,另一方面,市场力量在改善政府功能上有其重要作用,在国家控制的公共领域引入市场竞争,有利于改变其低效率运行状态。

2. 现代市场经济条件下的政府职能

针对这些市场失灵或缺陷,现代市场经济条件下必须由政府去做的事务主要包括如下方面:

一是提供公共产品,如国防、治安、公共教育、公共文化设施等,以及制度安排、法规和政策等。

二是消除外部效应。外部效应通常指企业等只注重自身利润的获得而不注意或顾忌企业生产给外部环境等造成的负面影响。这种现象无法通过市场机制来解决,但政府可通过补贴或直接投资基础研究、公共教育等来促进积极外部性的产生,也可通过直接管制等手段来防止污染等消极外部性的产生,如环保事业。

三是调节收入及财产的再分配,政府可以通过财税政策及社会保障制度来调节收入及财产再分配,解决公平以及社会经济发展战略问题,同时,对涉及大众基本生活质量的水、电、燃气,以及通信行业等进行特殊的管理。

四是维护社会与市场秩序。即政府通过制定规则和充当裁判来保证市场的有效运转和社会稳定,这也就是扮演传统意义上的"守夜人"角色。

上述现代市场经济条件下政府主要具有以下职能[①]:

(1)政务管理职能。政务管理职能是指政府进行政治事务的管理。它的基本内容涉及国家政权的巩固、社会的安定以及民族的团结、国家利益等事务,主要包括国防、外交、社会治安等关系到国家主权和国家安全的事务,以及对公民权利的保护、处理公民之间关系的事务。

(2)经济管理职能。经济管理职能是指政府对社会公共事务层面上的经济事务进行的管理。这一职能有两个基本内容。一是政府运用经济手段、法律手段和必要的行政手段,对社会供求总量及其构成等主要经济行动实施调节和控制,使总供给与总需求趋于平衡,实现生产力的平稳健康发展。二是以政府机构为行为主体,对国民经济各个方面进行具体的规划、协调、服务和监督。管理主要针对经济关系、经济秩序和经济环境,基本内容包括制定行业规划和行业政策,进行行业管理,引导行业产品结构的调整,维护行业平等竞争秩序,维护市场秩序等。

(3)社会事务管理职能。社会事务管理职能是指政府对狭义的社会公共事务进行的管理。在当代,这一管理在政府工作中占有日益重要的地位。这一管理具体包括三方面内容,即处理公共关系、提供公共服务、维护公共利益,具体涉及处理公众之间的关系,处理社团、利益共同体、家庭与外部的关系,以及提供必需的作为公共产品的教育、文化、科技等。

二、政府在公共事业管理中的地位

政府基本职能、现代市场经济对政府的要求,以及正在发展中的公共事业管理市场模式,决定了在公共事业管理过程中,政府不仅是必然的管理主体,而且是整个管理主体系统的核心。

(一)政府是公共事业管理的主体

上述章节的阐述已表明,处理公共事务,提供公共产品,是政府存在的合理性之所在,也是政府基本职能的要求。因此,统筹和管理公共事业必然是政府的职责,换言之,自人类文

---

① 在我国,明确规定了社会主义市场经济条件下政府的职能,是经济调控、市场监管、社会管理、公共服务和环境保护。我们认为这一概括主要是从国内、从政府与市场关系和政府与社会关系的角度来表述的,给出了当前我国社会主义市场经济条件下政府职能的边界和内涵。在本书中,我们是从社会公共事务分类的角度进行政府职能划分的,故将对政府职能的表述,体现在政务管理、经济管理和社会事务管理职能中,特此说明。

明史发展至今,政府是公共事业管理的必然主体。

不仅如此,在市场经济条件下,在公共事业管理市场模式的发展过程中,政府作为公共事业管理的主体的客观性和必然性表现得更为突出。

第一,现代市场经济条件下公共需求扩大对管理的需求,决定了公共事业管理的主体首先必须是政府。在当代,随着人类进入现代工业社会和信息时代,一方面,由于社会经济活动的日趋复杂和公众生活水平的提高和多样化的要求,使许多原先属于个人和市场的事务具有了公共的性质,进入了社会公共事务的领域,同时,政府与市场边界的日益清晰,弥补了市场机制的不足,也扩大了政府管理的范围。另一方面,随着和平和发展成为世界发展的主题,以及在诸多国家中阶级对抗的相对减弱,政治性公共事务相对减少,从而,当代市场经济条件下的公共事务呈现了不断扩大的发展势头。

公共事务根本上必须由社会公共组织来进行协调和管理,而政府正是社会中基于管理公共事务而产生的最基本的公共机构,因此,伴随着公共需求的扩大和公共事务的增加,统筹管理这些公共事务的职能也必然进入政府领域,使政府社会管理的内容和范围发生了明显的变化,社会管理和公共服务职能变得越来越重要,越来越突出。而且,为了适应这一公共需求和公共事务日益扩大的趋势,需要社会从总体上对如何生产和提供公共事业产品确立基本的管理体制和规范。这一重要管理任务,非最具权威性的政府莫属。

第二,市场经济条件下公共事务管理的法治化、规范化趋势,决定了公共事业管理的主体必须是政府。当代公共事业管理模式的一个鲜明特点就是法治化和规范化,而在现代社会,法治化和规范化的管理首先与政府密切相关。具体言之,市场经济条件下公共事务日益扩大的趋势,其基本动因是社会经济生活的日益复杂和公众需求的多样化,这也正是当代民主化发展的一个具体表现。如何协调好市场经济中复杂而多元的利益和需求?任何民主都是在一定法律范围内的民主,因而民主化的一个基本要求就是行为的法治化,所谓法治化,就是通过具体的法律法规开展公共事务管理活动,即一方面把公共事务的内容纳入法律之中,明确其作用的范围和程序,另一方面对公共事务管理的过程,以及公共事务管理机构的权限予以具体的规定,使整个管理活动依法进行。所谓规范化,就是公共事务管理部门依据公共管理的总体目标和具体目标的要求,确定公共事务发展的标准和指标。

公共事业管理中的政府,主要指行政机关,但也包括立法和司法机关,而且对公共管理过程而言,法律只是确立了基本的管理范围和行为准则,往往还必须由遵循法律的更具体且更具可操作性的规章等对管理的法律化予以保证,尤其是对具体的地区的和某一部门的管理来说更是如此。同时,一个社会或地区的公共事务的发展标准和指标,通常也是由政府制定,或最终经政府认可后才可颁布的。这就是说,市场经济条件下公共事业管理的法治化和规范化,与政府密切相关并取决于政府。因此,公共事业管理的主体必须是政府。

（二）政府是公共事业管理的核心

政府作为公共事业管理的核心,可以从以下方面来认识:

第一,政府在公共事业管理模式形成中起到关键的作用。公共事业管理模式的改变和发展,取决于一定历史条件下的公共需求、认识程度、政府能力和社会发育程度。虽然公共需求的发展变化是根本的和决定性的,但作为一种主观对客观反映结果的公共事业管理模式,在一定的公共需求客观存在的情况下,却是取决于主体对其是否认识以及如何来解决的。而在认识方面,作为社会管理者的政府能否认识以及对公共事业产品可能有的生产和提供方式的认识和把握有着决定性的作用;在能力方面,尽管在当代社会资源已成为公共事业产品生产和提供中的重要部分,但无论是公共事业管理的历史还是当代公共事业管理的现实都表明,政府的财政能力和政府的组织程度都是基础的和具有决定性的。在现代社会,政府与社会关系的调整和社会的发育,也与政府的认识和管理方式息息相关。因此,政府在一定的公共事业管理模式的形成和发展中起着关键性的作用。

第二,政府决定着整个公共事业管理的基本范围、性质和方向。公共事业管理是管理主体在对公共事业客观实际认识的基础上,针对一定社会的条件和需求做出的协调和控制。公共事业管理的范围,也就是哪些事务可以以公共事业管理的方式方法进行管理,通过制定的基本政策而确立的管理目标,是为社会的哪一个阶级或阶层服务,最终是由政府决定的。虽然政府不可能在根本上违反公共事业发展客观要求,但在多大程度上反映这一客观要求则取决于政府的认识,以及政府所代表的利益制约。

第三,政府决定着整个公共事业管理的体制和运行。在法治化规范化的现代公共事业管理中,哪些组织可以作为管理的主体,各管理主体的基本地位和职责权限以及相互间的关系如何,整个管理体制的运行规则是什么等,都是由相关法律法规决定的,是由相应的政策确定的。政府在社会中的特定地位,决定了在构成管理体制的法律法规,以及整个管理运行规则的形成中,政府占有主导性的地位。这就是说,在一定程度上,政府决定着整个公共事业管理体制的构建和运行。

第四,政府是公共事业管理中其他管理主体的管理者。在当代正在发展的多元主体构成的公共事业管理主体系统中,政府还负有对其他主体执行有关法律法规要求对公共事业实施管理和服务的行为的管理之责。这种管理既可以是直接的行政监督,也可以是通过司法机关运用法律手段的制约。正因为如此,公共事业管理主体系统中的其他组织除了受整個社会的監督外,更為直接和常態的,還必須接受政府業務上的指導和運行中的監管。

三、公共事業管理中政府的基本職責

在當代公共事業管理模式形成和發展過程中,市場因素的作用和多元主體的進入,使政府對公共事業管理的方式方法從單一走向了多元。主要表現在:

(一)制定和實施公共事業管理的公共政策

在公共事業管理中,政府的基本活動方式之一,是公共事業範圍內公共政策的制定和實施,其基本形式有法律、政令、計劃等①。這裏主要從行政機關的角度進行分析。以下兩個方面是行政機關在公共事業管理中的主要政策制定行為。

1. 制定行政法規,規範公共服務價格及標準,保證公平、合理交易

近年來,由於公共服務供給模式的改變,非營利組織及市場力量得以用公共服務的提供者身份逐步進入公共事業管理領域。這在一定程度上幫助了政府改善公共服務供給,但也帶來了新的問題,其中最主要的就是公共服務的標準和價格,譬如誰來制定公共產品和服務的標準,如何定價,誰能參與這個過程,等等。根本上就是要保證公共產品供給的效率和公平,保證公共服務提供者和消費者之間公平、合理的利益分配。

因此,強制而權威的權力對利益分配及生產者行為導向起著至關重要的調節作用。公共產品的非競爭性、非排他性、消費需求的剛性等特徵決定了無論由誰來生產公共產品,政府都必須以公共利益代表者的身份介入公共服務供給管理,對其服務價格及標準進行規制。也就是說,政府作為公共權力的被委托者和執掌者,其基本職責之一,就是憑此公權力制定行政法規,規範公共服務價格及標準,引導合法、合理的定價機制的形成,協調各項公共產品和服務標準的確定,既發揮生產者和消費者的優勢和積極性,又通過行政法規實現有序、規範的公共事業管理秩序,形成合理約束,從而實現公共利益最大化並使生產者獲得合理的利益。

2. 制定具體政策,規劃公共事業部門的數量、比例及布局,實現公共服務供給的地區間平衡

政府是社會中最強有力的也是公認的公共權威,只有政府能夠在全社會公共事業範圍內完成公共服務的需求與供給總量平衡這一重要任務。其中,既包括對公共事業產品這一

---

① 制定公共事業有關法律,主要由立法機關進行,這個層面的公共政策一般不直接涉及具體的向公眾提供的公共服務,或是具體的公共服務供給過程的監督,而是主要表現為對具體公共服務的提供的間接管理。

特殊"市场"进行预测,譬如各类公共服务的需求量和供给量预测,也包括制定和分析公共事业范围内的社会指标,发布各种相关信息,指导和引导公共服务,提供投资方向和产品流向等。

这些任务都是以具体的公共政策的制定和实施来完成的。通过具体公共政策的制定和实施,政府一是能够对社会公共事业的发展进行调控,以引导和调节社会公共需求的趋向和发展,以及公共产品和服务的生产投入、产出方向和规模,从而改善全社会公共产品和服务的供求状况;二是能够规划、引导具体公共事业服务部门的数量、比例及布局,达到公共产品和服务供给的地区间平衡。

(二)提供公共服务

在公共事业管理的干预模式下,公共事业产品主要是通过政府直接生产和提供,依靠行政系统和行政手段对此过程进行管理,如我国计划经济体制下通常就是由政府组织,由事业单位和国有企业直接生产提供。目前,公共事业管理的市场模式正在发展,具体表现为以下方面。

1. 政府直接组织生产,满足公众对公共服务的需求

对于具有很强公益性、涉及国家长期利益或大多数公众基本利益的公共事业,一般采取政府直接组织生产的方式。政府设立相关机构,确定生产、业务活动内容,并进行直接管理,机构人员为政府雇员或公务员,由政府财政保证投入经费。这种方式的基本出发点是要保证政府意志的实施,由此保证公共利益的实现。比如一些公益性突出的公共事业,如基础教育、公共卫生、基础和公益性科学研究以及其他与政府职能直接相关的领域,政府一般采用这种直接组织的方式,政府财政确保经费投入,并将其纳入公共财政预算。公共事业部门按照公立机构模式或国有模式进行组织,由政府决定其成立或撤销,业务活动执行政府计划并接受主管部门监督管理,一般不从事有收入的活动,如在特定情况下获得收入,也必须上缴财政,实施严格的收支分离。当然,根据这些公共事业部门的性质和特点,政府对其具体组织方式有所区别。譬如承担监督、执法职能的机构,一般采取类似政府部门的管理方式,工作人员参照公务员管理,而类似教育、科研等一些机构,一般是在与政府基本关系模式的前提下,享有更大自主权,以更加灵活的方式进行具体业务活动的组织、人员的管理,并采用多种手段来完善内部和外部约束机制。

2. 政府间接提供公共服务,以合约形式或项目形式委托非政府主体生产经营

对公益程度相对较弱或因其自身特点不宜由政府直接组织的公共事业,一般采取政府间接组织方式,交给非政府机构来组织生产,政府则以资助或规制手段鼓励、引导其发展,或

者直接出资购买非政府主体的公共产品或服务。这种间接组织的好处在于,既可以避免政府直接组织可能带来的效率低下问题,还能够动员民间和社会力量共同参与社会事业。主要存在以下形式。

(1)国有民营制。国有民营是指坚持生产资料国家所有制性质不变,将国有资本的经营控制权通过委托代理形式交给民间主体经营,是把国有资产所有权与经营权分离的一种经济制度,其所有权仍属于国家,只是把经营权转让给企业。国家不但不失去国有资产所有权,而且还要使它们保值,企业获得对国有资产的经营权,非但不是其生产资料的所有者,而且还要受国家的监督、检查。因此,国有民营制本质上是国有经济的公有制形式,作为公有制的一种有效实现形式,不仅有利于巩固公有制的主体地位,发挥国有经济的主导作用,同时也有利于国有资产的管理和监督。企业作为市场主体在公共产品的生产过程中依法享受各项权利。

(2)公私合作制。公私合作是指公共部门与私人部门为提供公共服务而建立起来的一种长期合作关系,通常需要通过正式的协议来确立。这种方式的出现与行政绩效主义有关。行政绩效主义认为政府效率低的原因在于过于注重过程而忽视结果,因此必须用实际产出的绩效作为评价政府的根据,在政府活动中大量引入企业管理机制和经营观念,特别是企业对客户的服务机制和服务观念,促使服务型政府的形成。"公司化政府""合同型政府"等一些词语是对这种方式的概括。

(3)公益产权制。公益产权是指非营利组织以民间捐资形成的公益财产来举办公益或非营利性事业,政府在法律上及具体运作中给予鼓励和支持,一般通过减免税、补贴、委托和政府采购等形式给予其优惠待遇,主要是充分利用第三次分配的财富进行公共事业的改善和促进。公益产权是一种区别于私人产权和国家产权的产权形式,表现为基于捐赠等形成的公益财产,由基金会等非营利组织受托管理并按照公益宗旨提供公共产品或服务,接受社会监督。除了社会捐赠和志愿服务以外,公益产权还包括各级政府通过拨款、补贴、委托和政府采购等形式提供的公共资金,包括非营利组织以减免税等形式获得的优惠待遇,还包括这些组织在运作公益财产过程中获得的各种收益。在现实中,公益产权制存在产权控制及治理困境。

(三)建立符合市场经济规律的第三方监管体系,对公共服务进行监督

1. 提供生产者相关信息,掌握项目或合约执行情况,进行公共产品质量和价格的监督

当政府把公共事业范围内的一些事务以合约的形式委托私人经营时,为了保证私营企业按照合约进行生产和服务,维护公共利益,政府一般都会设立以公共部门的代表作为监督

者进行必要的协调和监督。这些监督者的主要工作是从各方面对承担合约者给予必要的协助,如提供信息、协助解决问题、审批等,还要经常审核有关项目或是契约执行进展报告,在项目建设或契约执行完毕后进行质量把关和验收,对具体的公共产品和服务的生产和提供是否合乎相关的法律法规和政策进行直接的监督管理。

对公共事业领域中的公共产品和服务的质量进行监督管理,是因为现代公共事业范围内公共服务的提供者包括政府、非营利组织乃至一定的营利性企业,必须对这些组织部门提供的公共服务质量进行监督管理。对公共事业领域中的某些公共产品的价格进行监督管理,是由公共事业范围内的某些公共事业产品的特殊性决定的,如水、电、燃气、公共交通、铁路、邮电通信等,不管是政府直接提供还是委托企业生产,这些都关系到公众的基本生活,因而必须对其价格进行监督管理。这一管理一方面是在通过政府财政补贴等方式予以必要的支持的基础上统一规定地区性价格,另一方面是通过物价主管部门及价格听证会等方式,根据国家有关法律法规对这些公共企业产品的价格进行监督管理。

2. 了解作为公共事业产品使用者的公众意见,进行协调与反馈

政府还要和使用合约项目产品的公众广泛接触,倾听公众意见并对政府和合约承担者进行反馈。面对企业时,公众常常是处于弱势的。因而企业与公众之间发生某种契约关系时,处于强势地位的企业对公众发生不公正、非正义行为的可能性较大。这种情形不仅发生在私人产品领域,而且在公共事业领域因公共产品和服务的特殊性出现的可能性会更大。一旦在公共事业领域出现不公正的行为,人们只能求助于政府,期待政府采取相应措施来保证公共利益不受市场组织逐利本性的损害。而且,在公共事业领域内,作为公共产品和服务使用者的公众虽能够察觉某些情形,但因为信息不对称等市场失灵情况的客观存在,公众往往无法获取更多证据或支持。这也要求政府必须能够通过与公众沟通,保持信息畅通,能够综合公众意见,以公共利益维护者身份加强对企业的监督,形成多层次、多渠道的监督体系和外部环境,维护社会公平与正义,使公众利益不被伤害。这是政府的重要职责。

3. 对偏离合约或项目预定目标的行为进行干预,纠正偏差

政府在生产者与公众之间的协调、监管工作,最终要落实到公共事业项目或契约的执行结果上,即生产者部门执行项目或契约所制定的目标、计划和标准,或是在公共政策的导引下进行公共服务的结果。政府通过在实际行动中的对照检查,如认为最终结果能与目标相符,就准予继续进行,甚至有时可以稍微忽略生产者所采取的方式是否与事先制定的相符(假设新的方式更加有效率且不损害社会公平);而当认为执行结果将会与预定目

标偏离时,就必须考虑采取必要的措施和方法进行干预和纠正,不管实际执行的方式是不是事先制定的。尤其是当生产者为企业组织时,这一点更为重要。因为企业"逐利"的基本性质决定了大部分企业不可能自愿去承担消除垄断、消除外部的不经济性以及实现社会目标,有的甚至会以损害社会利益的方式来实现企业的经济目的,在公共事业范围内,企业也不例外,不可能自发自觉地承担"公共利益最大化"的社会责任。因此,必须引起政府的高度注意,防止企业在公共产品和服务的生产过程中只追求生产利润而忽略公共利益。

(四)依法管理公共事业领域内的非政府主体及其行为

对公共事业领域内的非政府主体及其行为进行管理,首先是对进入公共事业领域提供公共产品和服务的各类组织进行登记、审查,明确其服务范围和方式,发给相应的服务许可证,如我国目前的非营利组织类型的非营利性学校、医院、科研机构等,以及各类事业单位。其次,是对其活动根据有关法律法规进行过程监督管理,即对提供公共服务的部门在活动过程中是否遵守国家有关法律法规的情况进行适时监督,如我国目前对非营利组织的活动是采取政府专门的管理部门如民政部门,与该组织所对口的政府专业管理部门的双重对口管理,但这一管理只是在年终检查,还缺乏必要的过程管理的法律法规及相应的过程管理,监管措施和力度明显不够。

要管理好公共事业领域内的非政府主体及其行为,就要制定、健全有关公共事业活动的法律法规体系。这一法律法规体系既要包括对管理主体行为进行规范的,也要包括对管理客体进行规范的。如我国目前急需确立的有非营利组织内部的组织、财产关系等民事问题的法律等,有关公共事业活动的法律法规要有内容上的完整性。要对公共事业管理各个方面的管理组织、管理目标、管理程序、管理方式、违章行为的判定、处罚标准等都做出明确的、可供操作的规定,从而使公共事业管理机构(包括政府组织、非营利组织和事业单位等)及公民都知道哪些事可以做,哪些事不可以做,哪些事做了会产生什么后果,自己要负哪些法律责任,从而自觉约束自己的行为。

第二节　非营利组织与公共事业管理

非营利组织是现代公共事业管理中一个不可或缺的管理主体。非营利组织的基本性质和特征则决定了它具有政府和市场所不具有的优点。当前我国的非营利组织正处于发展之中,尽快建立规范非营利组织发展和运行的制度体系,努力培育和管理好非营利组织,充分发挥其在公共事业管理中作用,是发展我国公共事业的一项重要任务。

一、非营利组织概述

(一)非营利组织的概念与特征

1. 非营利组织的概念

政府、市场和社会是现代社会资源配置的三个基本机制。这里所说的"社会",是一个特定的与国家相对的概念①,是指在一个国家领土范围内的居民及其群体的非国家组织与关系的总和,介于国家和家庭或个人之间的一个社会相互作用领域及与之相关的价值或原则,是一个非政治领域,有自身的运行规律。

非营利组织是社会机制运行中承担公共服务和社会自我管理最主要的组织。所谓非营利组织(NPO),就是依靠社会权力,以增进社会公共利益为组织目标,以提供公共服务为基本职责,非官方、非营利的社会组织。在现实中,对这一类不以营利为目的的非官方组织,通常还有非政府组织(NGO)、志愿者组织等称呼。

2. 非营利组织的特征

非营利组织一般具有下述特征:

一是组织性,也称正规性。它必须具有正式注册的合法身份,有法人资格,即民事责任能力,而在组织内部,则有成文章程、制度,有固定的组织形式和人员等;显然,那些临时聚集在一起的人群或经常活动的非正式团体虽然也有重要的社会功能,但应被排除在外。

二是民间性,又称非政府性。它既不是政府的一部分,又不隶属于政府或受其支配,在体制上是独立于政府的,而且,其决策层也不是由政府官员控制的董事会领导。当然,独立于政府并不是不能接受政府的资助,或完全没有政府官员参加活动,关键是接受政府资助但不会改变组织目标,政府官员并不代表政府而是以个人身份参加。

三是非营利性。非营利性是指组织不以营利为目的,不进行利润分配。当然在现代社会,非营利组织从事管理或服务活动是可以收费的,在一定时期内也会有盈余,但收费是补足实现组织目标的需要,或说进行组织活动必需的成本,而盈余除补偿成本外,只能用于服务社会。如有的国家就明确规定,注册一个非营利机构,其活动享受非营利机构的有关政策和规定,但不得进行利润分配,一旦机构破产,则资产不能归个人,只能纳入社会公益基

---

① 这一概念来自西方,在英语中以 civil society 表示,在汉语中有市民社会、民间社会等不同的译法。

金等。

四是自治性。自治性是指有独立的决策与执行能力,既不受制于政府,也不受制于企业及其他非营利组织。同时,能够进行组织的自我管理。

五是自愿性。自愿性是指成员参与组织,以及组织的资源集中不是强制性的,而是自愿和志愿性的。特别是具有明确自愿性的非营利组织,往往具有由志愿者组成的董事会和广泛的志愿工作人员。

六是非政治性。非政治性是指组织的目标和手段在服务社会上高度统一,不参加竞选等政治活动,即不是政党组织,社会领域是其活动范围。

七是非宗教性。非宗教性指不开展传教等宗教活动,在组织目标和活动中都不具有宗教色彩,是非宗教组织,从而区别于也具有志愿性、自治性和一定的非政治性的宗教组织。

(二)现代市场经济条件下非营利组织的基本功能

1. 弥补"市场失灵"

如前所论,公共产品有两个突出的特征,即消费的非竞争性和使用的非排他性,因此公共产品存在严重的"搭便车"现象,即每个人都可以从中受益但却无须支付任何成本。当这种情况发生时,市场里追求利润最大化的生产者是不愿提供这些产品的。因此,必须通过公共组织或公共部门来生产和提供这些公共产品,满足公众需求。

作为公共组织的核心,政府通过向个人征税建立财政来提供公共产品,但在任何一个社会中,政府仅能以中位选民的需要为标准来提供公共产品,因而难以满足数量日益增加、个性化日益突出的公共需求。非营利组织具有灵活多变的服务方式,从而可以使一些个人把他们的资源汇集起来提供他们所希望的公共产品或服务。通过非营利组织,需求较高的人得到了额外的公共产品或服务,需求特殊的人则得到了特别的公共产品或服务。可见,政府和非营利组织都可以在"市场失灵"的情况下,来弥补市场体系的缺陷,发挥不同的作用。

2. 弥补"政府失灵"

"政府失灵"是指由于政府机制存在的本质上的缺失,而无法使资源配置效率达到最佳的状况。具体言之,"政府失灵"的重要原因之一在于人们对公共产品需求的差异化。因为,人们对于任何一种产品,都会存在不同程度的喜好和需要,因而公共产品具有的公共性不会自动抹杀它的作为一种产品的本性,即产品的同质性与异质性,同时,政府在弥补"市场失灵"、提供公共产品的过程中,只能选择提供那些满足中间需求的产品或服务,这样,就导致两种情况:一部分人的过度需求得不到满足,另一部分人的特殊需求也得不到满足。

非营利组织的存在及其特性,恰好可以弥补"政府失灵",即它们具有像市场组织一样的灵活性,期望能够通过组织的活动实现公共利益,因此它们会积极挖掘和适应目标群体的各种需要,做到最大化地满足目标群众的需求;同时,它们本身是具有竞争性的公共部门,为获得最大化的社会资源,它们会比政府更加注意成本控制、效率提高等问题。

3. 通过参与公共事务管理,推动社会领域的自我管理目标逐步实现

公共事务管理就是对产生于社会基层的公共需求进行回应。非营利组织作为现代社会资源配置中的主体,通过发挥自身的组织特点和优势,遵循现代社会的价值观念如公平、正义、民主、透明、服务等,在基层组织协调公众的资源,通过提供公共事业产品,解决了产生于基层的公共问题,弥补"政府失灵"和"市场失灵"。正是在这一以整合基层资源、公平公正地服务公众的过程中,非营利组织在一定程度上潜移默化地影响使用公共事业产品的公众,帮助他们主动参与公共管理的过程而不是被动地等待或以消极甚至极端的方式来对抗,从而成为促进公众意识提高、培育公众文化的孵化器,逐步推动基层社会自我管理目标的实现。

二、非营利组织在公共事业管理中的地位与作用

非营利组织是现代公共事业管理中的主体,其主体地位是由公共事业的特性以及非营利组织自身特性所决定的。在我国,非营利组织的产生和发展过程,充分显现了非营利组织在公共事业管理中的作用。

(一)非营利组织是公共事业管理中不可或缺的主体

社会自我管理所涉及的事务主要是以经济性事务为主的非公共性事务,以及以狭义的社会事务为主的公共性事务两大类别。社会自我管理的诸多事务,与公共事业密切相关,属于公共事业管理的范畴。以社会权力管理社会事务和公共事业的本质要求,决定了市民社会参与公共事业管理的合法性。公共事业作为涉及公众基本生活质量和共同利益的事务,本身就是产生于社会,这些事务的解决或公众需求的满足,也最终必然通过为公众提供服务,落实到社会,这在现代社会表现得十分突出。同时,现代政府与社会之间关系的调整过程,是政府职能转变的一个重要组成部分,具体来说,就是把公共事业中那些可以由社会进行自我管理或者协同管理的事务,从"大政府"中转移到社会,一则可精简政府机构,提高效率,更好履行政府职能,二则可以提高公共产品和服务的供给效率和质量。

非营利组织是市民社会最重要的组织载体,是微观的社会服务和管理职能的主要承担者,是市民社会内部事务管理的最为合适的承担者,因此也就是公共事业管理的必然主体。在现实中,非营利组织面对广大公众的丰富多样的需求,可以提供诸多的具体服务,如社区

服务等。而且,在许多公共领域或对许多社会公共事务,如艺术团、出版物、影视节目及各类体育活动等,按照一定的政策法规与行业标准,由非营利组织来具体办理,能够较好实现行业自律,管理效果往往要好于政府组织。因此,在现代社会,公共事业管理的最终实现离不开非营利组织。非营利组织承担微观的社会服务和管理职能,既是社会自我管理的本质反映,也是政府进行社会管理的内在需求。

非营利组织作为公共事业管理的主体,不仅能较好地满足社会多元化的需求,还能提高公共产品的供给效率。在现代社会,公众的兴趣、价值观念、经济利益等高度多样化,社会也分化为众多的阶层,以及各种各样的利益集团。这样,一方面是政府社会管理的对象和内容日益丰富、复杂,另一方面政府存在的基本价值,又必须对社会全体成员负责,要求自己的服务应该在所有的地方都一样,行为应该具有相当的普遍性,其结果是即便不断扩张机构,也很难对社会的多元需求做出及时、恰当的反应。同时政府庞大的科层机构使其对新的社会需求和发展机会反应不够灵敏,导致提供公共服务的成本过高等不足。这里政府的劣势恰恰是非营利组织的优势。这是因为,现代社会非营利组织的产生和发展,本身就是社会需求和利益格局多元化的结果,其所追求的多元化、个性化价值目标正好满足公众中不同群体的不同利益和需求。因此,从整个社会管理的角度看,非营利组织作为公共事业管理的主体,不仅能够使社会组织起来,生产一定社区内的公众所需要的产品或提供所要求的服务,及时回应社会多元化的需求,从而缓解社会不同群体对政府不同要求的压力,还能够协助政府厘清职能,使政府可以专心于提供纯公共产品。非营利组织则主要提供准公共产品,这样既可以提高准公共产品的供给和质量,又能够比政府部门具有更高的效率。

非营利组织在市民社会中形成的网络,还可以充分发挥桥梁和纽带的作用,促进现代化、民主化的公共事业管理网络形成。完善的公共事业管理不在于具体所管事务的多少或大小,而在于是否形成一个相互联系、具有互动性的公共服务网络。非营利组织正是形成这个网络的关键因素之一,是调节公共产品和服务所引发社会矛盾的重要工具。非营利组织可以利用自己深入社会基层、贴近群众的优势,提高整个公共事业管理组织与公众之间的沟通能力,架起公共事业管理组织与公众之间的桥梁,协调个人与组织、组织与组织之间的相互关系,调动公众积极性,提高管理机制的回应性,以此有利于公共事业管理成果的共享,减少公共事业管理的风险。

（二）非营利组织在我国公共事业管理中的作用越来越大

中华人民共和国成立到改革开放之前,我国在高度集中的计划经济体制下,个人隶属于单位,单位隶属于国家,国家通过单位实现对社会的全面控制管理和服务,因而既不存在真正意义上的非营利组织,也谈不上非营利组织参与公共事业管理。

非营利组织的形成与发展及其在现代公共事业管理中发挥日益突出的作用的前提条件是社会主义市场经济改革的展开①。一方面,社会主义市场经济改革催生了非营利组织的出现。这是因为,市场经济与市民社会的基本特性,譬如平等自治的契约性关系、法治原则、尊重和保护社会成员的基本权利、自治性质、个人的选择自由等,是互相吻合、相生相伴的。市民社会的发展,唤醒了个人权利意识,如迁徙与就业的权利,消费与获得社会福利的权利,个人财产权利等。这一切,表明市场经济在中国的出现和发展,为市民社会的发展和非营利组织的成长打下了必要的基础。

另一方面,社会主义市场经济体制的逐步建立和完善,也对非营利组织的建立提出了需求。伴随着"单位人"向"社会人"的转变,以往属于单位管理但实际上应由社会管理的事务从单位中逐步剥离,同时,在经济快速发展的基础上,公众的生活需求也日益提高并多样化,这就大大增加了社会管理的任务。实践表明,传统的政府以行政方式对社会的全面管理和服务的方式已不适合新型公共事业的发展,而政府让出的空间也难以全部转交给营利性企业,这就为非营利组织在公共事业领域内的产生和发展提出了需求,也提供了制度空间和条件。

正因为如此,伴随着我国社会主义市场经济改革的展开,随着对新型公共事业发展对于非营利组织的需要认识的深化,党和国家适时做出了政策创新和制度创新,从而使得我国的非营利组织应运而生,逐步发展,承担起了公共事业领域中的特定的管理与服务之责。而且,随着政府管理改革的深入进行,随着政府社会管理和公共服务方式的逐步转变,政府承担的部分社会管理和公共服务职能逐步向社会转移,非营利组织的职能得到了落实和加强,得到了前所未有的发展机遇。目前,活跃于我国的公共事业管理中的非营利组织主要有非营利的学校、医疗机构、福利机构、研究机构与社团,以及基金会等,其业务范围涉及科技、教育、文化、卫生、劳动、民政、体育、环境保护、法律服务、社会中介服务、农村专业经济等社会生活的各个领域。显然,非营利组织已经成为我国社会生活中的重要组成力量。

---

① 在我国的登记管理中,对政府和企业以外的非营利组织的名称,是随着社会主义市场经济体制的改革的展开和深入,以及人们认识的深化而变化的。20世纪90年代中期起,主要称为社会中介组织,之后又称为民间组织,到目前统一称为社会组织,并分为社团组织、民办非企业单位、行业协会、基金会四大类别。为了与对这一类组织的通用称呼相统一,也出于本书阐述的前后一致性考虑,本书对这一类组织在我国公共服务改革过程中作用的表述,仍然用非营利组织。特此说明。

三、非营利组织在公共事业领域中的基本职责

从全球来看,由于各个国家公共事业发展的不同阶段和特点,非营利组织在公共事业领域的活动方式存在较大不同,但基本方式是针对基层社区和特定群体的公共服务。在我国社会主义市场经济改革的现阶段,在政府社会管理改革和公共事业发展的现实中,非营利组织在公共事业管理中的基本职责也主要体现为针对社区和特定群体的公共服务。

(一) 社区建设与社区服务

在我国,随着社会转型和单位体制的逐步解体,"单位人"变为"社会人""社区人",加上流动人口的增加,越来越多的社会事务需要社区承担,发展公共事业与推进社区建设必然紧密联系。非营利组织既是社区资源也是社区建设的力量之一,是社会建设和社会管理的重要力量,沟通各种社会关系,能够在社区建设与社区服务方面发挥加强社会保障、实现公民权益、维护社会稳定、体现社会公平的积极作用。

当前我国城市社区建设和农村社区化改革中,组织建设是基础,社区服务是抓手和主要内容。就社区公共服务而言,随着社区公共服务数量的增加,随着社区公共服务多样化和需求层次的提高,在政府重心下移的同时,必须有相应的产生于社区、服务于社区的大量的非营利组织出现,才能为居民提供"非营利性社会服务活动",来满足居民种类繁多且品种和多样化的公共服务需求,如社区医疗、社区护理、社区卫生保健、社区养老、社区文化休闲、社区消防、社区治安、社区管理、社区教育、社区娱乐等,从而分担政府在社会保障方面的压力,缓解社会问题,维护社会稳定。

此外,非营利组织进行社区服务的提供,有利于解决公共事业建设与发展资金不足的问题。从社区服务的实践来看,社区服务资金主要来源于政府资助、社会捐赠和民间组织收取的服务费三种渠道。依靠非营利组织可以充分调动民间资金,合理整合社会资源,繁荣社区经济,为社区居民提供更多更好的公共服务。

所以,当前我国的非营利组织通过积极承担社区的公共服务之责,在协助政府提供了公共事业产品,满足社区公共服务需求,同时,在服务过程中也不断动员了社区力量,不断开发社区资源,从而促进了社区的建设和发展。

(二) 为弱势群体提供专门的公共服务

弱势群体指的是由于自然、生理以及社会等原因而不能像大多数人那样获得平等的生存与发展的机会,从而常常处于社会发展的边缘地带的人群。通常,各种身体及智力障碍患

者、社会边缘人群等都被视为弱势群体。

在我国社会转型的过程中，由于社会资源如经济权益、职业声望、知识技能等差别及其变化，社会结构发生了深刻变革。而我国社会弱势群体正是伴随着社会急剧转型、社会阶层日渐分化的背景出现的，随着社会转型的加速，社会弱势群体的规模将进一步扩大。同时，弱势群体具有区别于社会主流群体和大众的特殊的公共产品和服务需求，譬如下岗工人群体需要进行再就业培训和学习新技能，被拐卖妇女、儿童需要进行特殊的心理辅导和矫正，等等。如果单单靠政府提供相应的公共产品和服务，是无法较好地满足这些相对比较特殊、专门的公共需求的。政府在公共事业领域的主要任务是为全体或大部分公众提供公共产品和服务，而非营利组织则能更好地根据社会上某些群体如弱势群体的具体需要，来提供适合他们的公共服务。

非营利组织能够更好地维护和保护弱势群体的利益，维护公民权利，促进社会公平。非营利组织以社会弱势群体或边缘群体为服务对象，在增进社会福利、促进社会公平、维护公民权利、完善社会制度和规则、形成和扩大社会共识等方面，能够发挥重大作用。非营利组织可以在弱势群体与政府、国际资助者以及社会公众之间发挥纽带和桥梁作用，以主体自愿性为基础，本着利他主义和人道主义的价值观，向残疾人、儿童、老人、失业人员等社会弱势群体提供必要的公共服务，增强弱势群体就业的竞争力，提升弱势群体的生活质量。

非营利组织为弱势群体提供公共服务，一则可以在政府与弱势群体成员之间发挥中介作用，确保信息沟通的顺畅，有效预防和防范社会矛盾与冲突；二则可以通过各类社会组织建立不同群体的利益整合机制，将社会矛盾的解决纳入理性有序的轨道；三则可以借助所提供的各种专业服务，发挥其在利益协调、矛盾化解中的特殊作用，为社会稳定和社会管理服务。

第三节　事业单位与公共事业管理

事业单位是我国传统计划经济体制下形成的直接提供公共服务的社会组织。政府通过事业单位管理体制实施对社会基本公共服务的行政化管理。当前，事业单位仍然是我国公共事业管理的主要承担者。随着中国特色社会主义市场经济体制的不断完善，新型公共事业管理体制的形成和政府社会管理改革的深入，以及非营利组织的发展，改革传统事业单位和建立现代事业单位管理制度已经成为我国政府改革的一项重要任务。

一、事业单位的内涵、类别与特征

（一）事业单位的内涵

事业单位是中华人民共和国成立后，在公共服务需求扩大和特定的历史背景下产生的、与计划经济体制相配套的提供基本公共服务的组织，是具有突出的政治性的社会性组织，其基本界定是"没有生产性收入，由国家经费开支，不进行经济核算的社会活动"组织。

此后，随着历史的发展，我国对事业单位的认识不断深化，对事业单位的界定也发生着改变，且大致分为两个阶段：

第一阶段是在20世纪60—80年代，主要从事业单位的职能和经费来源定位。典型表述为，凡是为国家制造或者改善生产条件，从事为国民经济、人民文化生活、增进社会福利等服务活动，不以为国家积累资金为直接目的的单位，可定为事业单位，使用事业编制。

第二阶段是从20世纪90年代开始，主要注意从组织目标、经费来源、组织性质来定位。《事业单位登记管理暂行条例》规定，国家为了社会公益目的，由国家机关举办或者其他组织利用国有资产举办的，从事教育、科技、文化、卫生等活动的社会服务组织。这一界定也是目前对事业单位的基本看法。

目前在我国，由于没有针对事业单位的专门的法律，因而上述条例成为社会对事业单位认识和把握的基本依据，从而都认为事业单位是一种为了社会公共利益，主要依靠国家财政经费，从事公共服务，提供教育、科技、文化、卫生等事业产品的社会服务组织。

（二）事业单位的类别

当前，随着我国建立社会主义市场经济改革的展开和深入，基于公共服务需求的不断扩大，在非营利组织发展有限的情况下，实际上事业单位涉及领域在不断扩大。

基于管理的需要，目前我国对事业单位基于不同的标准分为以下类别：

第一，根据经费来源情况划分，即国家对事业单位财政拨款形式的不同，可分为全额拨款、差额拨款、自收自支和企业化四种类型。目前，这种分类法在国家制定财政预算计划和事业单位机构编制管理中被广泛应用。

第二，根据经济成分划分，即事业单位投资主体的性质分类，可分为国有、集体、私营、个体、联营、股份制、外资、合资等。这种分类法只是在国家有关部门宏观统计和行业统计中应用。

第三,根据行政级别划分,即事业单位套用的行政级别或负责人的行政级别的高低,可以分为正、副部级、厅局级、县处级、科级、股级等十类。这种划分源于传统的事业单位管理体制下事业单位的运行方式。改革开放以来,随着事业单位取消行政级别的改革逐步展开和深化,这种分类方法的应用日益减少。

第四,根据行业领域的划分,按照《国民经济行业分类》的标准,根据事业单位面向的行业领域的差异,我国事业单位分为教育、科研、文化、卫生、体育、农业、城市公用、交通、社会福利、机关附属、社会中介等20多个大类,100多个小类。这是一种传统的事业单位分类,也是最基本的分类。这种分类在事业单位的干部人事管理、机构编制统计、规模控制、结构平衡以及制定机构编制标准等多项政府管理活动中被普遍应用。

这里,对按《国民经济行业分类》的标准进行划分的事业单位,做进一步的介绍。这一划分下的事业单位主要包括:

(1)教育事业单位。主要有:基础教育单位,包括中小学、幼儿园、托儿所等;中等教育单位,包括各类中等专业学校、中等职业技术学校、中等师范学校、技工学校等;高等教育单位,包括各类大专院校、独立设置的研究生院(部)等;成人教育单位,包括各类干部管理院校、教育(进修)学院、党校、团校、职工大学、广播电视大学、函授学校、讲师团、各类培训中心等;特殊教育单位,包括各类工读学校、盲聋哑学校等。

(2)卫生事业单位。主要有:医疗事业单位,包括各类医院、卫生院、保健院(站)等;卫生防疫检疫事业单位,包括疾病预防控制中心、各类地方病防治机构、防疫站、检疫站等;血液事业单位,包括采血中心、血库等;卫生检验事业单位,包括药品检验机构、食品检验机构等;卫生监督单位,包括卫生监督所、站等。

(3)农业事业单位。主要有:农业技术推广事业单位,包括农业技术推广站、农经站、林业站、水利站、畜牧兽医站、水产站等;良种培育事业单位,包括种子(苗圃)站、实验(养殖、试验)站、良种配种站等;综合服务事业单位,包括土肥站、水土保持站、植物(森林防灾)保护站(所)、农业(林业)自然保护区管理机构等;动植物防疫检疫事业单位,包括动植物防疫机构、检疫机构等;水文事业单位,包括水文勘测站、水流域管理站、水文站等。

(4)科技事业单位。主要有:自然科学研究单位,包括基础型科研院所、应用型科研院所等。社会科学研究事业单位,包括基础理论研究院所、人文历史研究院所、综合性科学研究单位。

(5)文化事业单位。主要有:演出事业单位,包括各类演出团(院、队)等;艺术创作事业单位,包括艺术创作院所、艺术制作中心、音像影视制作中心等;图书文献事业单位,包括图书馆、档案馆、文献情报中心等;文物事业单位,包括文物保护站、文物考古队(所)、博物馆、纪念馆等;群众文化事业单位,包括群众艺术馆、文化馆、青少年宫、俱乐部等;广播电视事业单位,包括广播电台、电视台、转播台等;报纸杂志事业单位,包括各类报社、期刊社等;编辑事业单位,包括各类编辑部、党史编纂室、地方志编纂室等;新闻出版事业单位,包括部分图书出版社、音像出版社、电子出版社、新闻中心、新闻社等。

(6)体育事业单位。主要有:体育竞技事业单位,包括各类运动队、俱乐部等;体育设施事业单位,包括各类训练基地、比赛场馆等。

(7)城市公用事业单位。主要有:园林绿化事业单位,包括园林绿化队(站)、公园、游乐园等;城市环卫事业单位,包括环卫所、清洁卫生队(站)、管道疏通队(站);市政建设事业单位,包括市政工程队、市政工程维护队等;房地产服务事业单位,包括住房公积金管理中心、房屋建设服务中心、房地产交易中心、房屋安全鉴定所(站)等。另外,城市的公共交通、给排水、供电、供气等在很长时间内也属于这一范围。

(8)交通事业单位。主要有:公路建设维护事业单位,包括公路养护段(站)、公路工程监理站(处)、公路工程造价管理站、公路管理局(处)等;公路运输管理事业单位,包括公路运输管理局(处)、汽车检测中心(站)等;交通规费征收事业单位,包括稽查征费管理局(处)等;航务事业单位,包括航务港监船舶检验局(处)、航道养护段(站)、救助打捞队等。

(9)社会福利事业单位。主要有:福利事业单位,包括养老院、福利院、孤儿院等;康复治疗事业单位,包括干休所、荣军院、疗养院、休养所、伤残军人医院、残疾人康复中心、残疾人用品供应站等;殡葬事业单位,包括殡仪馆、火葬场等。

(10)机关后勤服务事业单位。主要有:后勤服务单位,包括食堂、水电班、车队、小卖部、门诊部、医务所等;修缮事业单位,包括修缮队等;文印通信事业单位,包括总机班、文印室、印刷所等;接待服务事业单位,包括招待所、宾馆等。

(11)社会中介事业单位。主要有:信息咨询事业单位,包括信息中心、咨询服务中心等;技术咨询事业单位,包括技术创新中心、技术交流中心、计算机中心等;职业介绍(人才交流)事业单位,包括职业介绍中心、人才交流中心等;经济鉴证类社会中介事业单位,包括律师事务所、会计师事务所、审计事务所、价格事务所、专利事务所、商标事务所、版权事务所等。

（三）事业单位的特征

从我国事业单位的建立和发展、现阶段我国事业单位的活动，以及我国对事业单位的有关规定来看，事业单位具有如下的特性：

1. 服务性

从活动形式上看，事业单位是专门从事为国家经济建设和社会发展提供公共服务的社会组织，其目的在于发挥支持、保障和促进作用，满足人民日益增长的美好生活需要。事业单位对外一般都不履行社会管理职能，通常也没有任何强制手段。而且，事业单位的公益服务内容和形式是由服务对象的不同需求决定的，只有满足对象的特定需要，事业单位的服务才是有效的。

2. 公益性

从组织目标上看，事业单位是从事有关社会公众的福祉和公共利益活动的、非营利性社会组织，它所追求的效益主要是社会效益，而不是经济效益。

需要注意的是，事业单位不以营利为目的，并不完全排除其从事经营活动，只是其获得的利润不得在所有者和经营者之间分配，只能用于该项公益事业的发展。

3. 实体性

我国事业单位与机关和企业一样，都是实体化和职业化的社会组织。实体性是事业单位与社会团体得以区别的基本特征，因为社会团体是由个人会员和单位会员组成的松散型的社会组织，组织成员大多数是非职业性的，其专职人员占社会成员总数的比例极小；而事业单位的所有成员都是以本单位的工作为职业工作，与单位形成相对固定的人事雇佣关系，获得基本的工资收入。

4. 公有性

我国事业单位从建立后即由各级党政机关和国有企业举办和所有，少数属于集体组织举办和所有，经费主要来自国家财政，因而事业单位实际上是作为国家机关的支撑和延伸，是我国公共部门的重要组成部分。改革开放后，随着多种所有制形式的共同发展，虽然政策上明确规定并鼓励非国有资产举办事业单位，但到目前为止，国有资产举办的事业单位仍然占绝大多数。因此，公有性成为事业单位的基本属性，也是事业单位一个鲜明的特征。

二、事业单位的基本活动方式

到目前为止，事业单位是我国在公共服务领域提供科学、教育、文化、卫生等基本公共事业产品的最主要的组织,其基本活动方式,可以表述为在各自领域内,根据政府决策所确定的公共服务的数量,主要依靠财政资金,依靠自身的专业人员和专业技能,向服务对象直接生产和提供事业产品①。

　　事业单位这一基本活动方式,是我国事业单位管理体制在事业单位运行中的具体表现。中华人民共和国成立伊始,在特殊的历史条件下,为了集中一切资源解决国内外必须解决的重大公共事务,我国先后采取了一系列公有化措施,迅速建立起高度集中的经济体制。由于权力的高度集中,相应的责任和义务无法分散,政府成为经济活动和社会管理与公共服务的唯一主体,直接配置社会资源,直接组织和管理生产活动,直接控制整个社会活动的运行。正是基于此,建立事业单位这一公共服务组织时对事业单位组织目标、经费来源和活动方式的规定,相应地确立了事业单位管理体制。事业单位管理体制的基本内涵就是政府办事业、政府管事业和政府养事业。政府办事业指事业单位主要由各级政府及其工作部门直接举办;政府管事业,指事业单位的管理和经营活动均由其主管的政府直接控制;政府养事业,即事业单位经费开支均由国家财政拨付。这种国家所有、国家经营和国家管理的模式,导致了政府和事业单位的一体化。

　　这一事业单位管理体制最直接的结果就是政、事不分与政、事一体化。在事业单位管理方式上,事业单位的行政主管部门主要采取行政管理方式来管理各类事业单位,直接以包括行政命令、指示、规定、条例、指令性计划等在内的行政手段进行管理,这些管理直接涉及事业单位具体而微观的活动,如事业单位的目标、任务、人员编制、活动经费、岗位设置、人事任免等,均由上级行政主管部门负责。从事业单位在公共服务领域的基本活动方式而言,也就是服务的任务、对象、经费等均由政府决定和控制。这就是我国事业单位参与公共事业活动的基本方式的内涵。

三、事业单位的改革历程与趋势

　　现阶段,事业单位仍然是我国公共服务提供的主要承担者。改革开放尤其是社会主义市场经济体制改革深化以来,与经济管理体制改革和行政管理体制改革相伴随,事业单位管理体制改革已展开,但传统事业管理体制和事业单位的活动与社会主义市场

---

　　① 在我国现有的事业单位对公共服务提供中,相当程度上一个事业单位的服务对象,也是有规定的。如义务教育阶段学校入学对象的基于居住范围的规定,医疗卫生服务中新型农村合作医疗和城市社区基本医疗服务对象的规定,等等。

经济体制不相适应的矛盾日益突出,事业单位管理体制改革不断深化。

(一)事业单位改革的历程

事业单位的改革,是我国整个改革的必要和重要的组成部分。

具体言之,1978年以来,我国改革开放的基本进程,是在经济体制改革和行政管理体制改革的互动中,启动了以社会管理和公共服务为基本内容的社会改革,从而展开了经济、政治和社会的全面改革。这一改革的基本逻辑是,随着政企分开,搞活放开,尤其全面展开建设社会主义市场经济体制改革,通过"企社分开",社会性公共事务从单位分离走向社会;在逐步确立的社会主义市场经济格局下,不仅要进一步政企分开,而且面对单位分离出的公共事务,面对随着经济和社会发展不断增长的公共需求,也必然要整合资源搞好社会管理和公共服务。这样从改善公共服务看,如本章第二节所阐述的,一方面需要培育和管理好非营利组织,另一方面需要改革事业单位管理体制,提高事业单位的公共服务效率。因此可以说,作为基本公共服务主要提供者的事业单位,随着整个改革的深入,其地位越来越重要。

实际上,事业单位的改革是随着我国改革开放的展开而起步的。我国事业单位管理体制的基本特征是政府办、政府养和政府管,且在计划经济体制下,是按照不同层次的政府和不同的行业部门,分为横向(区域)和纵向设置事业单位的,因而改革开放后,随着经济管理体制和行政管理体制的改革,以及社会公共需求的变化,事业单位与整个经济和社会发展的不相适应日益显现:一是条块分割,且行政化配置资源,与具体的社会公共服务需求不吻合,社会效益低;二是设置不按照市场经济规律要求,更多地考虑政府本部门的特殊需要,从而事业单位的服务与经济建设结合不紧密;三是规模过大,人员过多,财政负担过重。

因此,从20世纪80年代中期起,伴随着经济体制和行政管理体制改革,事业单位管理体制的改革也随之起步。事业单位改革的直接出发点,是力图通过改革减轻财政负担,提高事业单位公共服务效率,改革的落脚点是事业单位的人事制度和绩效制度。改革的主要做法,首先是采取了"简政""搞活"等改革措施,逐步扩大了各类事业单位的人权、事权、物权和财权等;分别采取了"创收""让利""免税"等改革措施,鼓励和支持各类事业单位挖掘潜力,开展多种经营,缓解事业单位经费严重不足的困难局面,同时也在一定程度上倡导了现代社会的公共事业有偿服务的观念。在这些改革的基础上,根据事业单位提供产品的属性和市场竞争力,将事业单位进行分类,采取新的事业单位资金供给方式,逐步收缩财政资金供给范围,形成了"全额拨款""差额拨款"和"经费自理"等不同形式的事业单位,还有一些事业单位转为企业化管理。另外,开始试点事业单位取消行政级别的改革,等等。到目前为止,这仍然是事业单位改革的基本做法和主要内容。

（二）事业单位改革的趋势

我国事业单位是除企业以外的第二大法人组织,从业人员总数居所有类型组织中的第二位,且 70% 以上的科研人员、95% 以上的教师和医生都集中在各类事业单位,其经费支出占政府财政支出的 1/3 以上。事业单位所具有的组织资源、专业人员和技术优势,决定了事业单位仍然是我国公共服务领域最主要的基本公共服务提供者。但是,自 20 世纪 80 年代以来,由于在一定程度没有从构建新型公共事业管理体制的角度来思考和设计的改革目标,缺乏相应的系统性和阶段性,也由于同时期的政府社会管理改革以及非营利组织的成长没有同步,加之社会长期形成的对"事业"的认识的转变也要有一个过程,因而整个事业单位管理体制的基本框架没有改变,有些问题没有得到根本性的解决,从而在社会主义市场经济体制逐步完善、公众基本公共服务需求日益增长的态势下,深化事业单位改革势在必行。

深化事业单位改革,首先,必须从加快完善与中国特色社会主义市场经济体制相一致的现代公共服务管理体制——中国的公共事业管理体制的高度,从这一体制中事业单位的地位和功能出发,来确立事业单位改革的目标。2011 年,《中共中央 国务院关于分类推进事业单位改革的指导意见》对此有全面而准确的阐述,通过改革,建立起功能明确、治理完善、运行高效、监管有力的管理体制和运行机制,形成基本服务优先、供给水平适度、布局结构合理、服务公平公正的中国特色公益服务体系,将改革后的事业单位作为这一体系中的基本公共服务组织。

其次,深化事业单位的分类改革。在以往的改革中,更多的是从财政负担和事业单位是否有自我生存能力进行分类的,表现为财政全额拨款、差额拨款和不拨款三类。在深化事业单位改革中,基于事业单位应该是公益性的公共服务组织的基本定位,必须从一个事业单位所从事的是纯公益性的服务,还是互益性的公共服务的角度进行分类,对现有的事业单位进行定位,或者确定为纯公共服务事业组织,或者定位主要从事互益性公共服务事业组织,或者转为行政组织,或者转为企业组织。

再次,建立我国现代公共事业管理体制下的事业单位管理体制。这至少应包括两个方面:一是建立一个政府主导、社会力量参与和市场机制起决定性作用的公共服务资源整合机制作为事业单位生存的制度环境,突破原有的区域和行业限制、条块分割,使不同类别的事业单位能最大限度地整合社会资源,最大限度地面向公众提供服务。二是按照政事分开、事企分开和管办分离的要求,以促进公共事业发展为目的展开改革,落实事业单位独立的事业单位法人的地位,使事业单位成为独立的社会公共服务组织。通过独立的内部人事制度和绩效制度的改革和运行,在事业单位内部建立开放、流动、公平、竞争和富有活力的新型人事管理制度,包括事业组织的用人制度、工资分配制度、考核晋升奖惩制度、组织领导制度、组织运行与管理方式等,不断提高公共服务效率。

最后,要推进事业单位运行的法治化和民主化。随着事业单位分类与职能范围确定,政事关系厘清,事业单位成为独立进行公共事业服务与管理的主体,不再靠执行行政指令来运行,为保证公共事业的规范合理、稳定发展,就必须加强公共事业立法,建立和完善包括科学技术立法、教育法、文化法、卫生法、体育法等方面的公共事业法律法规体系。同时,现代事业制度要求建立完善的事业法人治理结构和法人制度,因而必须以各类各种明确、具体的法律法规制度对承担社会事业职能的机构在设立、组织、活动以及与政府关系等各个方面做出明确保障。此外,作为进行公共服务与管理的社会组织,事业单位不仅需要在其内部进行法律基础上的民主化运行,而且必须向社会公开,实行事务向社会公开原则,接受政府行政管理部门的监督和社会的监督。只有实现事业管理的法治化与民主化,强化事业管理,才能确保社会经济的全面发展。

第四节 企业与公共事业管理

企业组织进入公共事业管理领域,参与公共事业产品的生产和提供,是现代公共事业改革的重要标志。企业进入公共事业领域的前提条件是,政府必须按市场经济要求,加强对提供公共产品和服务的宏观管制,保证政府的规划和管理职能。企业参与公共事业产品的提供中,并非意味着公共事业的完全市场化,而是这一领域部分的、非完全的市场经营。这表现为:一方面企业通过有效的生产和管理获得合理的利润;另一方面,政府通过对企业制定各种管制政策和进行一定的行为约束以确保公共事业的社会和经济效益最大化。

一、公共事业管理中的企业

(一)企业的概念和基本属性

在计划经济时期,“企业”是与“事业单位”平行使用的常用词语 1989 年版的《辞海》对“企业”的解释为:从事生产、流通或服务活动的独立核算经济单位。在 20 世纪后期,随着改革开放与现代化建设,"企业"的概念也得到新的诠释和发展。

一般而言,企业是指一切从事生产流通或服务性活动的营利性经济组织,是国民经济的基本单位。这些独立的、营利性的组织,可进一步分为公司和非公司企业,后者如合伙制企业、个人独资企业、个体工商户等。目前我国因划分企业的标准不同,企业的类型也有所不同。按照企业财产组织方式划分,分为独资企业、合伙企业、公司制企业;按照企业组织形式划分,分为公司制企业和非公司制企业;按照企业所有制形式划分,分为全民所有制企业、集体所有制企业、外商投资企业及私营企业;按照企业在社会再生产过程中的职能划分,有工业企业、商业企业、建筑企业、金融企业等。在公司制企业登记过程中,企业类型是按照资本构成和责任形式即按组织形式划分的,在非公司制企业登记过程中,企业类型是按经济性质划分的。

企业具有经济性、营利性和独立性三个主要属性。企业是从事商品生产和商品流动的经济组织,因此,经济性便成了企业的首要特征。企业通过这个特征来实现自己的价值和商品的使用价值。企业的经济性特征导致第二个特征的出现,即营利性。企业的经济性通过企业的营利水平得到体现。企业是为了获得利润而经营的一个经济组织,因此,构成企业的一个根本性的标志就是营利。有些组织,譬如本章第二节所介绍的非营利组织,也从事一些经济性的活动,但是它们并不是以营利为目的的,所以就不能称为企业。企业除了要具备经济性、营利性之外,还必须要具备一定的独立性。即,企业是一个独立的法人组织,能够进行独立核算、自负盈亏、自主经营。

现代企业制度的基本特征是:产权清晰、权责明确、政企分开、管理科学。产权清晰是指企业投资主体多元化,既有国有资产,也有私人资产、外国资本,及其他法人资本,按照所有权与经营权分离的原则,理顺产权关系,企业受托对企业所经营管理的实物资产行使占有、使用和处分的权利。权责明确是指企业依法自主经营、自负盈亏、自我发展、自我约束,对出资者承担资产保值增值的责任。出资者投入企业资本额享有所有者权益,企业如经营不善,出资者只以投入企业的资本额对企业负有限责任。政企分开是指企业按照市场需求组织生产经营,市场机制对资源配置起基础性作用,一切生产要素包括劳动力、资金、生产资料、技术都将进入市场,形成统一开放的市场体系。政府不再直接干预企业的生产经营活动,主要是通过经济杠杆调控市场,以保持经济的总量基础平衡,引导资源的优化配置。管理科学是指建立科学的企业领导体制和管理制度,形成科学严密的管理体系和方法,调节所有者、经营者和职工之间的关系,形成激励和约束相结合的经营机制。

（二）企业进入公共事业管理领域的条件

随着全球范围内政府改革的深入及对公共产品认识的提高,许多国家纷纷意识到企业尤其是非国有企业参与公共服务提供的重要性和必要性。公共产品是满足于公共需求的产品,是保证社会发展和社会安全的产品,其中公共事业所涉及的狭义的社会事务,更是保证社会日常生活正常进行、满足公众不断发展和变化的公共需求、社会整体和个体不断获得良性发展的重要内容。非政府、非国有主体参与公共服务供给,意味着多样化的公共需求和社会发展要求能够得到较快的回应,效率更高,质量更好。正是基于这样的理论认识,各国自20世纪80年代以来,不断在实践中探索企业如何在公共服务领域发挥作用,出现了一股公共事业民营化浪潮。政府将公共事业的所有权和经营权分离,适当放权,使企业尤其是非国有企业可以参与公共服务的供给。

与此同时,应该注意的是,虽然公共事业的发展需要非政府、非国有主体参与到公共服务的供给中来,但是这种参与必须通过有效的政府控制和监督,以确保公共利益的实现。公共事业的民营化和其他领域的民营化是不一样的,因为其他领域是竞争性领域,而公共事业领域所涉及的很多公共产品和服务,要么属于自然垄断性产品,要么属于传统上由政府直接生产或提供的公共产品和服务,竞争性较弱。在竞争性领域里,企业和企业间会形成激烈的竞争,这种竞争对他们本身有约束,从而形成竞争规则。但是公共事业弱竞争性的性质可能造成的后果包括市场定价机制失灵、信息不对称、企业行为无法被更好监督等。因此,既要让企业进入公共事业领域、发挥它们对于公共事业发展的长处,同时又要避免市场失灵所带来的负面影响,这就要求政府在创造尽可能有利的竞争条件下对企业参与公共服务供给进行有效、合理的管制。这是企业参与公共服务供给与其进行私人产品生产之间存在的不同,是企业参与公共服务供给的一个必要条件。

同时,企业能够参与生产的公共服务供给,在消费上必须存在排他性技术,企业能够有效地将"搭便车"排除在外,大幅度地降低提供产品的交易成本,从而获得激励来提供这些产品。因为,企业之所以选择进入公共事业领域,其中一个原因就是公共事业领域有可以接受的投资回报。纯公共产品由于具有明确的非排他性和非竞争性的特点,很难在技术上排他,因而企业一般不进入,而准公共产品由于其非排他性和非竞争性的不充分,或两者之中只具其一,使得"选择性进入"成为可能。因此,公共事业领域内的企业,主要生产准公共产品,也可称为地方公共产品或互益性公共产品,提高供给的效率,较好地反映公众的需求和偏好。因此,虽然公众对公共产品存在较大的差别化需求,但是并不是所有的公共产品企业都愿意进行生产,当然,也并非所有的公共产品都由企业来生产便能实现效用最大化的目标。公共产品本身须满足以上提到的条件,企业才有可能成为该公共产品的潜在生产者。

为此,必须对公共产品(服务)的产权做出制度安排。这是企业进入公共事业领域参与公共事业产品生产和供给最重要的制度安排。只有强制性的产权才能使所有者形成对产权的良好预期,从而产生足够的激励,行使产权,生产和提供产品。对公共事业领域而言,要使企业能够投资进行生产,通过制度安排使其具有相应的产权显然是关键。哈罗德·德姆塞茨在《关于产权的理论》中指出,产权是一种契约,产权的所有者拥有他的同伴同意他以特定的方式行事的权利。它是以财产为客体的各种权利的总和,包括所有权、占有权、使用权、收益权和处置权等。公共产品私人供给的产权思想,最为深刻的来自英国经济学家科斯对公共产品政府供给问题的思考。科斯研究了英国早期的灯塔制度,从产权制度角度提出了解决公共产品的投资和经营方面的思路。即使是灯塔这种典型的公共产品,也可以由私人建设、管理、筹资和所有,只需要界定其部分产权给私人,政府的作用在于限定灯塔产权的确定和行使。一些西方国家在过去的二三十年的改革探索中,选择了放松管制,允许私人进入公共产品的生产领域,在相当程度上缓解了财政危机,提高了政府效率,同时也提高了公共服务的供给数量和质量,改革的依据正是基于对公共产品属性的重新认识,以新的公共产品理念为导引,通过制度安排保证产品消费的公共性,从而保证产品的公共属性,把公共事业领域内涉及的准公共产品的生产和提供作为两个环节分开,通过制度安排保证准公共产品提供的公共性,从而使企业也能够参与准公共产品的生产。

(三)我国公共事业领域内的企业

1. 国有企业

在我国,国有企业是指企业全部资产归国家所有,并按《企业法人登记管理条例》登记注册的非公司制的经济组织,但不包括有限责任公司中的国有独资公司。政府的意志和利益决定了国有企业的行为。国有企业作为一种生产经营组织形式同时具有营利法人和公益法人的特点,其营利性体现为追求国有资产的保值和增值,其公益性体现为国有企业的设立通常是为了实现国家调节经济的目标,起着调和国民经济各个方面发展的作用。

在我国,作为与传统计划经济体制相适应的一项制度安排,在竞争性领域和包括公共事业在内的垄断行业,企业财产组织形式和治理结构一度都处于国有国营、政企不分、政资不分的运营模式。计划经济时期,囿于国有国营、政企不分、政资不分的旧体制,国有企业主要是政府政策意图实现的工具,在公共事业领域内的国有企业更明显地表现为政府规制政策的替代物或政策工具。改革开放以来,特别是明确改革的目标是建立社会主义市场经济以后,通过改革使传统国有企业成为市场竞争主体和法人主体一直是改革的关键环节。

我国政府多次将"政企分开"作为经济体制改革的方针,理论上是将政府在国有企业中的影响力简化为出资人,由国务院国有资产监督管理委员会负责监督资产和回报。在推进这一改革的过程中,我国对一般竞争性领域的国有企业与包括公共事业领域在内的垄断性行业中的国有企业改革模式并没有采取差别化的设计,但在操作层面上,在公共事业一些较敏感领域坚持了国有独资的有限责任公司制度。国有独资模式,即在原国有企业的基础上改制成为国有独资有限公司,这种模式目前在城市公用事业中占很大比重,是现阶段公司制改革的主体形式。此外,也存在一些新模式的探索,譬如融资建立股份制企业模式,即对国有企业进行资产评估后,把国有资产以股权形式通过公开招标,部分出让给其他企业,重新组成一个新的股份制企业。新组建的企业完全按照现代企业制度运行,利益共享,风险共担,出让部分所得资金由政府统一安排,用于公共事业其他方面的建设。融资建立股份制企业模式可以解决公共事业发展的资金短缺问题,并且通过股份制来扩大公有资本的支配范围,在一些引入外资的股份制企业中,国外在公共事业管理方面的先进技术和管理经验也促进了本地公共管理水平的提高。

2. 民营企业

民营企业,简称民企,一般是指所有的非公有制企业。企业类型按照企业资本组织形式进行划分,主要有:国有独资、国有控股、有限责任公司、股份有限公司(又分上市公司和非上市公司)、合伙企业和个人独资企业等。按照上面对民营企业内涵的界定,除国有独资、国有控股外,其他类型的企业中只要没有国有资本,均属民营企业。

民营企业是中国经济体制改革过程中产生的特有概念。对于民营企业的准确界定,经济学界存在不同的看法。一种看法认为,民营企业是民间私人投资、民间私人经营、民间私人享受投资收益、民间私人承担经营风险的法人经济实体。另一种看法则认为,民营是指相对国营而言的企业,按照其实行的所有制形式不同,可分为国有民营和私有民营两种类型。实行国有民营企业的产权归国家所有,租赁者按市场经济的要求自筹资金、自主经营、自负盈亏、自担风险。私有民营则是指个体企业和私营企业。还有一种观点认为,应该以企业资本来源和构成进行定义,企业的资本以民间资产(包括资金、动产和不动产)作为投资主体的,可称为"民营企业"。

在我国,目前民营企业已经涉足公共事业管理领域,特别是在市政公共设施建设与经营领域十分活跃。城市公用事业一般具有收入稳定、现金流充沛等特点,是可持续发展、收益稳定的产业。另外,随着价格改革的逐步到位,公用事业所蕴含的无限商机如同一个"巨大的磁场"对资本市场有着强大的吸引力。因此,随着公共事业改革的进一步深入,不仅市政公用事业领域会需要更多民营资本的补充,文化、卫生、体育、教育等各项公共事业领域也会随着不断扩大的需求容量和政府职能进一步转变,成为民营企业投资的新领域,从而出现一批公共事业企业的迅速成长和壮大。

3. 外资企业

根据投资方式、分配方式、风险方式、回收投资方式、承担责任方式、清算方式的不同,外商投资企业又分为中外合资经营企业、中外合作经营企业、外商独资经营企业和外商投资股份有限公司。无论哪一种方式的外资企业,它们都是依照中国的法律程序而设立的企业,都是中国企业法人,都是能够独立承担民事责任的经济实体,开办企业的资金中都有外国资金。

外资企业涉足公共事业领域,是在我国加入世贸组织以后,公用事业领域对外资开放后开始的。在此之前,只是在个别城市有一些零星的合作投资。我国吸引外资进入公用事业领域以及外资愿意进入公用事业领域的原因主要有两个方面:其一,通过适当引进外资,可以提升我们的管理理念和公共产品质量,形成倒逼机制。其二,尽管公用事业属于天然的微利行业,但外资看中的,是中国城市扩张的趋势,是城市化的潜力。随着我国城市化进程的加快,越来越多的人会在城市生活,所以城市公用事业是一个稳定增长型的行业,虽然盈利不高,但是会以量取胜,风险也小。资本的天性都是逐利,外资企业正是基于盈利的预期才会进入中国的公用事业领域。当然,外资进入这个领域后,并不意味着政府的完全退出。值得思考的是,大多数国家在供水、供电、供气这些自然垄断型管网的输配业务上,很少有外资进入,大多是本国公司从事这些公共产品的生产和供应。

二、企业在当代公共事业管理中的作用

(一) 有利于提高资源利用效率,更多更好地生产公共事业产品

公共事业发展的快慢,取决于资源的利用效率,而不是其归属性质。2005 年 2 月《国务院关于鼓励支持和引导个体私营等非公有制经济发展的若干意见》颁布,鼓励非公有制经济进入基础设施领域、公共事业及其他的行业和领域。通过公开、公平、公正、平等互利、等价有偿的市场运作方式,鼓励社会资金、外国资本采取独资、合资、合作等多种形式参与公共事业建设,改革投融资体制,形成多元化的投资结构和产权结构,有效地增加城市建设(如公共交通、生态环境、供热、供水、医疗卫生、文化等公共事业)的资金投入。这些公共事业发展所需的资金,仅凭财政投入是难以满足社会发展需求的。

鼓励支持引导民营、外国资本进入公共事业领域,推进公共事业基础设施建设投资主体多元化,能够推动公共事业众多领域的建设,提高服务水平,优化资源配置,实现公共事业可持续发展。同时,当前国企改革仍情况复杂,任务艰巨,不仅需要有更多的、更强大的外部市场力量,还需进一步向重点行业和领域推进,其中包括公共事业部门进行改革,特别是城市供水、供热、公共交通等公用事业部门的改革。非国有资本进入公共事业领域,能够在客观上刺激和促进国有企业改革,逐步形成合理的市场竞争机制。

(二)有利于建立现代公共事业产权制度,提高公共事业管理效率

诺斯在《西方世界的兴起》中指出,经济增长所需的并不仅仅是投资和发明,有效的经济制度才是经济增长的关键因子。制度既包括产权制度等一些正式制度,也包括一些非正式制度。传统计划经济时代,政府与公共事业部门的"垂直"垄断关系实际上就是因为二者之间没有明确地界定产权,公共事业产权与政府行政权力的混淆,产生了外部效应,交易费用增加,模糊的产权使得公共事业单位缺乏激励动机去进行有效率的经营。政府作为一种制度安排,在参与公共事业领域时,它所享有的专权使它不自觉地将垄断引入了该领域,忽略了创建私人产权的积极作用,从而阻碍了公共事业领域资源的最优化配置。

公共事业产权制度改革实质上是一系列相关经济主体的权利和义务的重新分配过程,合理的产权安排应将个体经济努力引导到私人收益率接近社会收益率的活动上去。如果私人收益率小于社会收益率从而导致具有正的外部性的活动供给不足,那么私人活动就无法达到社会最优。交易成本理论说明,在竞争存在的条件下,将私人产权引入公共事业领域可以降低交易成本,而且不同的产权或契约安排的交易成本是不同的。公共事业在市场化过程中采取的合同承包、特许经营,股权改制等多种形式都是基于交易成本理论,根据公共事业产品的不同特性所做出的契约安排。这些契约规定哪些是政府必须做的,其中包括政府对公共事业领域的承诺,比如给企业以自主权等,也包括公共事业领域对政府的承诺,比如为公众提供良好的公共服务等。二者之间的可信承诺为市场经济提供了相对稳定的法律环境,从而大大降低了交易成本,同时也保证了公共事业领域免受无规则干预,从而为公共事业领域的创新和投资提供动力。

(三)有利于提高行业服务效率和质量,促进我国现代公共事业管理模式的形成

经过多年的实践,企业特别是非国有企业进入公共事业领域,生产公共产品和提供公共服务获得较快发展,极大地提高了行业服务效率和服务质量。同时特许经营制度、合同购买等公共事业管理模式的改革,使得政府大包大揽公共事业建设和运营体系的传统局面不断被打破,包括外资、民间资本在内的多元化投资体系逐步形成,公共事业领域内"政

府—企业"合作关系不断扩大和深化,促进了公共事业改革的发展和法治化建设,促使了公共事业管理的多元化、系统化和透明化,对我国现代公共事业管理新模式的形成起到了促进作用。

三、企业在公共事业领域中的基本活动方式

企业进入公共事业领域是 20 世纪 80 年代以来的改革趋势。如在我国,企业进入公共事业领域始于 2002 年公用事业市场化改革。党的十六届三中全会明确提出对公用行业进行开放,允许包括外资、民间资本等社会资本进入,同时要求垄断行业放宽市场准入,引入竞争机制。我国城市水业首先在 2003 年开始进行市场化改革。市场化改革的目标逐步受到重视,具体表现在开始注重监管,重视运营和服务水平,关注公众利益和安全。处于公共事业改革前列的、以供水、污水处理和垃圾处理为主体的中国市政环境行业逐步进入产业化时代。随着政府投资体制的改革,专业化运营服务企业初步获得市场认同,企业的竞争与合作成为环境公用市场的主流趋势。近些年来,除了公用事业外,企业不断涉足公共事业管理的其他领域,譬如公共交通、教育、卫生等。2015 年,《基础设施和公用事业特许经营管理办法》发布,进一步鼓励和引导社会资本参与建设。

政府对公共事业领域的垄断地位的打破,主要依靠竞争机制的引入私人资金,从一定程度上保护了产权,降低了交易成本,提高了公共事业设施的运营效率。目前的主要做法有:

(一) 租赁模式

租赁模式指政府将国有的公共事业经营业务或设施出租给民营企业,民营企业在特许权下经营并追求适当的利润。在这种模式中,政府首先承担公共事业单位或设施建设的投资和建设责任,而运营商则在项目建成后向政府支付一定的租借费用,以取得该单位或部门排他性的经营权,承担此后的经营责任,并按照合同支付管理费用。特许经营模式是租赁模式的典型代表。获取特许经营权的企业必须保质保量地生产产品或提供服务,否则将在下一轮竞标中失利。经过多年的实践,特许经营制度成为适合公共事业领域特点的一种引入市场机制的方式,而且该制度适用于大多数地区的改革。当然,运用此种模式时必须以健全的法律或规范的市场为前提,否则很难达到预想的效果。

(二) 合资模式

通过对国有企业进行改制,吸纳其他经济成分参股,也可实行部分或整体有偿转让。国

有公共事业单位通过出售股份,吸收民间资金介入,形成公私合作的股份制结构。这样既可以减少财政投资,还将增加股东的激励动机,尽可能地降低成本,并以此增加利润。

(三) 民营模式

民营模式主要表现为直接并购等方式,由收购方直接向目标组织提出所有权要求,双方通过一定的程序进行磋商,共同商定完成收购的各项条件,在协议的条件下达到并购的目标。合同的合理性和公平性是公共事业领域内直接并购方式获得成功的重要因素之一,同时由于公共事业领域公共产品和服务对公众生活的重要性和不可或缺性,直接并购的方式必须以一定的法律限制为前提,具备相应有效约束手段,避免改制后企业的破产局面出现,从而影响公众的基本生活需求。

(四) 公私合作模式(PPP)

这是国际上一种新型的政府与私人合作公共事业的模式,称为国家私人合营公司,其典型的结构为:政府部门或地方政府通过政府采购形式与中标单位组成的特殊目的公司签订特许合同,其组织形式一般是由中标的公司或对项目进行投资的第三方所组成的股份有限公司,专门负责筹资、建设及经营等事务。PPP模式突破了目前的引入私人企业参与公共事业组织机构的多种限制,比较适用于大型的、一次性的项目,如医院以及学校等。该模式可以在运作的初始阶段较早确定可以融资的项目,进而分担项目的风险。此外参与项目融资的私人企业可以在项目的前期就参与进来,也有利于引入民营企业的先进技术和管理经验。公共部门和私人企业共同参与公共事业的建设和运营,有利于双方形成互利的长期目标,更好地为社会和公众提供服务。但这种模式运作时间过长,其中涉及政府与企业之间关系的磨合,在有些大型项目中还可能涉及不同的行政主体,如中央与地方之间的关系。因此该模式需要非常高的管理技巧,以及各方对各自角色的清醒认识。政府有所为和有所不为是该模式成败的关键。

☑ **本章小结**

1. 政府从其基本属性与职能,尤其是现代市场经济条件下政府的职能及其发展趋势,决定了政府是公共事业管理的主体和核心。现代公共事业管理运行中,政府基本的活动方式是制定公共事业产品的生产和提供政策、直接生产和提供公共事业产品、制定符合市场规律和公共事业产品生产和提供要求的监管体系,实施监管。

2. 国家与社会关系中的社会是现代的市民社会,社会组织是市民社会的组织载体和自我管理的承担者,在公共事业的实施层面或政府和企业之外的领域承担着社会的公共服务和管理之责,是公共事业管理主体系统的必要组成部分。在当代中国,需要大力发展非营利组织以适应公共事业发展的需要。

3. 事业单位管理体制是我国在计划经济体制下形成的事业产品的生产者和提供者,目前仍然是公共事业领域中公共服务和管理的最主要的承担者。必须以事业单位社会化以及运行法治化和民主化为目标,以政事分开为原则,根据事业单位的不同特点进行分类改革。

4. 现代公共事业运行中,企业可以而且应该进入公共事业产品的生产和提供领域,承担一些公共事业产品的提供之责。进入公共事业领域的企业必须承担公共责任。公私合作是企业进入公共事业领域的基本方式。

✅ 概念和术语

公共事业管理组织　政府　非营利组织　企业　市场失灵　政府失灵　国有民营制
公私合作制　公益产权制

✅ 复习思考题

1. 为什么公共事业管理的主体必须是社会公共组织?政府在公共事业管理中居于什么地位?

2. 为什么说非营利组织正在成为我国公共事业管理的必要组成部分?

3. 我国事业单位改革与公共事业管理的发展有何关联?请谈谈你的看法。

4. 企业在公共事业管理领域的基本活动方式有哪些?它们之间存在哪些联系和区别?

✅ 即测即评

请扫描右侧二维码,进行即测即评。

第四章　公共事业管理的基本过程

　　现代公共事业管理的主体,无论是政府还是其他组织,无论是常态化的管理还是一次性的项目实施,在生产提供公共事业产品的过程中,如果从公共政策的角度看,虽然这些主体所处的地位和具体承担的任务不尽相同,但都在履行各自的计划、组织、协调和控制的职能,所展开的都是一个前后相连的公共事业产品政策或计划的制定、执行和评价的政策过程。故此,本章从政策过程的视角出发,对公共事业管理的基本过程及其内容进行阐述。[①]

第一节　公共事业管理的问题及其认定

　　公共事业产品(包括产品的生产和提供)政策的制定,是公共事业管理的起点。公共事业管理政策的正确与否和质量高低,是决定公共事业管理的成败的首要因素。公共事业产品政策的制定作为公共政策的一个基本而重要的领域,在政策科学化的趋势下,其政策制定过程通常包括公共事业管理问题确认、公共事业产品政策目标的制定、公共事业产品生产和提供方案的制定、公共事业产品政策方案的选择、公共事业产品政策方案的合法化等环节。本节主要对公共事业管理问题和公共事业管理政策方案的相关内容进行分析。

一、公共事业管理问题及其特点

　　公共事业管理的直接目标是通过公共事业产品的生产和提供满足公众的需要。在现实

---

　　① 目前,公共管理绩效管理中的绩效评价日益受到重视,甚至成为公共管理中的一个独立环节,故本章主要对公共事业产品政策方案的制定和执行两个环节进行阐述,对公共事业产品政策评价的分析主要在"公共事业管理绩效"中进行,特此说明。

中,这一需要通过一定区域内绝大多数人主观需求与客观现实的不一致,也就是矛盾或问题的形式显现出来的。对这一公共问题的把握及根据相应的条件使之进入政策议程,是公共事业管理政策制定的第一步。

(一)公共事业管理问题的界定

在任何一个社会的生存和发展中,都会出现大量的、多种多样的带有公共性的问题,如科学、文化、教育、福利、市政、公共卫生、能源,以及公共交通、公共设施等方面的问题,需要政府解决。但是,就一定时期内的公共事业管理尤其是一定层次的公共事业管理部门来说,无论是从管理的范围来看,还是从组织的使命来看,都不可能解决所有问题。一定时期内产生的公共服务方面的问题,只有在当时情况下公共部门有资源和能力予以解决的,才能进入公共事业产品政策的讨论范围,最终通过计划的制定成为公共事业管理的对象。这类公共服务方面的问题就是公共事业管理问题。

(二)公共事业管理问题成立的前提条件

一个公共性的问题成为公共事业管理问题,一般应具备以下前提条件:

第一,它必须是一种客观存在的状态,即作为公共事业管理对象的社会问题应当是客观存在的事实。

第二,它必须是公共事业管理决策者所察觉和认知的。虽然问题是客观存在的,但如果还处于潜在状态未被察觉,甚至已在客观实际中显现但由于种种原因还未引起公共事业管理决策者的注意,则不能作为公共事业管理的对象。

第三,它必须具有公共性。即这一社会问题应是绝大多数人所关注的问题,涉及绝大多数人利益的问题,而只涉及个别人或少数人利益的问题,即使政府予以关心,也不可能作为公共事业管理的对象而纳入公共事业管理的范围。

第四,它是一种有必要在当前加以解决的公共性问题。在一定的时期中,这些具有一定公共性的社会问题,其公共性是不相同的,其涉及面和价值也是不相同的,而且在不断得到解决的同时,又不断地发生。因此,公共事业管理部门首先解决当前必须解决的公共性问题,才能维护公共利益和满足公共需要。尤其是对中、低层的公共事业管理来说,这种当前性不仅表现为对问题解决时间上的要求,还表现为对地区范围上的要求,即必须是与该公共事业管理机构的管辖范围和职责是直接或间接相关的。

(三)公共事业管理问题的特点

从一定的社会问题作为公共事业管理对象的前提条件来看,成为公共事业管理对象的社会问题具有下述特点:

1. 公共性

这是最为基本的特点。这一公共性主要表现为它涉及社会公众的基本利益,或者说它与一定范围内所有人的利益都有直接或间接的联系,而且已公开化,被绝大多数公民所意识到,它的解决影响社会整体的运行目标和运行过程。

2. 可变性

进入公共事业管理中的社会问题不是一成不变的,这主要有两个方面的含义:一是由于社会是发展变化的,同一个具有公共性的社会问题,此时可能是公共事业管理的对象,但随着时间的推移和客观条件的变化,则可能就不能进入公共事业管理的范围;二是由于公共事业管理是有分层次有范围的,因而在此地区内是具有公共性的、必须解决的问题,但在另外一个地区则不一定。

3. 确定性与不确定性的统一

确定性是指作为公共事业管理的对象的社会问题必定是被感觉和认识的,而且对解决它的价值或意义都有一定的了解,因而对这一社会问题的发展是可控的,因而具有确定性。不确定性是指客观存在的具有一定公共性的社会问题,由于问题所涉及的环境因素等的复杂和变化,也由于作为公共事业管理决策者的认知水平的不同和发展变化,因而能否成为公共事业管理的对象,进入公共事业管理的范围,并不完全取决于这一社会问题本身的客观性及价值,还取决于管理主体对它的存在的感知及解决结果的价值的认识,而这些具有一定的不确定性,因而在这一意义上是不可控制的。作为公共事业管理对象的社会问题正是这种确定性与不确定性的统一。

二、公共事业管理问题的形成与提出

公共事业管理问题的成立具有一定的前提条件,但这些前提条件是在一定的环境下出现的,也就是说必然通过一定的环境变化等显现出客观的需求。这就是公共事业管理问题的形成因素。同时,当客观环境中诸种因素的交互作用促成了公共事业管理问题后,就必须有一定的主体来提出公共事业管理问题,并最终被一定的公共事业管理组织通过一定的程序予以认定,成为必须解决的公共事业管理问题。

(一) 公共事业管理问题形成

形成公共事业管理问题的因素主要可以分为以下方面。

1. 自然灾害

自然灾害的发生是突然而猛烈的,它会对个人的生活、生命安全和财产安全产生直接的影响,也会对社会经济发展产生重要的影响。这一自然灾害发生过程对公共事业管理领域来说,最直接的影响是公共卫生、教育、公用事业等方面,从而使在这些领域中对公共事业产品的需求产生重大而急切的变化,成为政府在一定阶段的工作重心,进而形成一系列相关的政策问题。

2. 经济的较显著的变化

这里所说的较显著的变化,既可能是经济方面重大的衰退或金融领域的危机,也可能是经济的强劲增长和金融业的发展。实际上不论是哪一种变化,都会直接地影响公众的基本生活,进而显著地引起公众基本生活质量的变化和对基本生活需求的变化,从而在科学、教育、卫生、体育,以及对城市基础设施的建设及使用需求的变化,从而形成公共事业管理问题。

3. 技术的发展

技术发展变化一方面使得公众日常生活日益技术化,不断产生新的公共事业产品需求,另一方面技术的发展所带来的社会生活的复杂化,也使得诸如网络安全、信息安全等成为一种基本的公共需求,成为必须解决的公共事业管理问题。

4. 国际交往和关系的变化发展

在当代,随着交通技术和信息技术的飞速发展,国家间的交往已变得十分频繁,相互间的影响也不断加深。就公共事业领域来说,国际交往的增加,一方面是使得对原有的公共事业产品的生产和提供有了更多的参考和借鉴的可能,另一方面是公众对公共事业产品的需求增加了一个横向比较,进而产生新的需求,通过一定的方式成为公共事业管理问题。

(二)公共事业管理问题的提出

公共事业管理问题是客观存在的,但这一客观存在能否最终进入公共部门决策,首先取决于是否被察觉和认识,而这又依赖于谁来提出公共事业管理问题。作为涉及公众基本生活利益的公共事业管理问题,其最可能的提出者就是以公共领域为自己基本工作或事业平台的个人和组织。主要是:

1. 政治领袖或政治领导人

政治领袖是指通过合法途径占据国家或各种政党或政治组织高层权力地位人,也即政治领导人。从理论上说,无论是国家还是政党、政治组织,其活动的目标就是对社会价值进行分配,而这种全价值就其基本层面来说,公共性是其基本的特点和要求。同时,在现代民主要求下,政治领袖通常是经过选举产生的,或经过最高领导人或机关任命的。这样,在应然层面,在选举的责任机制制约下,他们都会关注包括公共事业领域在内的公共性需求,聚焦公共性事务,从而提出公共事业管理问题。无论在何种体制下,政治领袖总是影响公共政策问题认定的一个极为重要的主体。

2. 政党组织和利益集团

就政党组织而论,现代政治都是以政党组织为运行依托,以夺取政权或执掌政权核心的政党政治,政党在社会生活的方方面面起着十分重要的作用。作为现代政党,往往是跨地区、跨行业的组织,是超血缘联系的社会群体的政治代表。因此,在当代,无论是在竞争性的政党制度下还是在非竞争性的政党制度下,相当程度上关注公共需求,提出公共政策问题就成为政党组织的一项重要工作。尤其是公共事业管理作为涉及公众日常生活最基本的条件领域,最能反映出民意并得到公众的支持或最激烈的反对,因而政党成为公共事业管理问题的主要提出者。

就利益集团而论,它通常是以特定的行业或职业的代表为特征。利益集团的目标并不在于直接上台执政,而在于通过种种方式尽可能地影响政府制定和执行有利于自己的公共政策。因此,利益集团关注自身所在的行业或职业领域的问题,就成为利益集团活动的一项基本内容。本书在对公共性的分析中指出,公共性是一个历史的、有时空条件的概念,公共利益通常与一定地域内出现的集团或共同利益有一定关系。这样,利益集团就存在涉及公共问题、提出公共事业管理问题的可能。

3. 大众传媒

关注社会、关注公众是大众传媒的一个重要工作经营方式,也是大众传媒的一个传统。在当代,随着技术手段的改进和发展,大众传媒的触角几乎无所不在,其对社会的影响也达到了前所未有的深度和广度。正因为如此,大众传媒在西方被视为"第四种权力"。大众传媒能够深入地反映社会和影响社会,相当程度上就是通过提出包括公共事业管理问题在内的整个公共政策问题来实现的。具体来说,一方面,大众传媒以社会上大多数人的代言人形象定位和出现,加之大多数从业者的良知和敬业,通常能比较准确地反映现实生活中存在的非常重要的公共性问题,并把这些问题转换为政策问题。另一方面,由于大众传媒也受到意识形态、价值观、认识水平,以及市场竞争条件下自身利益等限制,也可能存在将本来虽然是公共问题但还不是公共政策问题的问题定位于公共政策问题,甚至将不存在的公共问题视为公共问题进而作为公共政策问题,然后通过自己的技术优势和网络不断传播。这样,通过反映民众偏好、利益和意愿,或者通过塑造民众意愿进而塑造公共问题的方式,提出了包括公共事业管理问题在内的公共政策問题。

此外,社会上各类政策分析研究组织,由于专门从事政策分析研究的职业所致,通过其所掌握的较为广泛的社会资源和信息,以及多学科知识和人才所形成的专业化的政策研究,也成为公共政策问题的一个主要提出者。

三、公共事业管理问题的认定

应该说,随着社会经济的发展和公众需求水平的扩大和复杂化,由于相对有限的资源和供给能力,公共事业管理问题是客观和大量存在的。但是,能够引起决策者的注意并最终进入政策议程的问题是很有限的。进入政策议程并作为公共事业产品政策方案的出发点,就是公共事业管理问题的认定。政策议程通常是有关公共问题受到政府及公共组织的高度重视并被正式纳入其政策讨论和被确定为应予以解决的政策问题的过程。实际上,公共事业管理问题是否能得到认定,最关键的就是必须引起有关组织特别是政府的注意。那么,哪些条件会制约和影响政府对问题本身的注意和判断呢?

根据人们对公共政策的研究,值得注意的因素有:

① 公共事业管理问题本身。如果公共事业管理问题本身是重大和明朗的,就能引起政府的高度关注。② 公共事业管理问题的提出者。即提出者本身的地位、影响力直接影响和制约着所提出的问题是否能列入相关部门的讨论范围和程序。一般来说,最能引起注意并推动政策议程启动的提出者,是政治权威领导人和专家学者。而且,专家学者的建议能否引起注意并进入政策议程,很大程度上又与政治权威领导人的认识和态度息息相关。③ 认识、把握和提出公共事业管理问题的机制与过程。实际上,上述两个因素对公共事业管理问题的认定虽然十分重要,但却带有某种人为性或偶然性。因此,在平时是否建立了一个正常的、民主的和开放的察觉机制,以及相关信息分开制度与程序,就成为影响公共事业管理问题认定的重要前提。所谓正常的察觉机制,就是存在一个以关注公众基本需求与意愿为目标的日常工作机构和相关的工作制度;所谓民主的、开放察觉过程,就是能及时听取公众的意见并通过公开的方式向公众反馈信息。这样,就能比较准确地把握公共需求,认定公共事业管理问题。

第二节　公共事业产品政策方案的制定及选择

在确认公共事业管理问题的基础上,公共事业产品政策方案的制定涉及以下内容、程序与方法。

一、公共事业产品政策方案的制定

（一）公共事业产品政策的类别与形成方式

公共事业产品政策可以分为两个部分,即日常性的公共事业产品政策和重大或者一次性的公共事业产品政策。在当代社会,公共政策制定已呈现科学化和民主化的趋势和要求,科学化是指公共政策的制定具有一定的程序和技术;民主化是指公共政策的制定中,立法机关、行政机关、政党、社会团体和公民都直接或间接地参与到公共政策的制定过程中,成为公共政策制定的主体。因此,对日常性的公共事业产品政策,从决策成本和回应性等基本要求看,可主要由以政府为核心的公共部门,甚至由行政机关,采用科学决策和经验决策等方式来进行。

重大的公共事业产品政策,则应充分发挥多元主体在公共事业产品制定中的作用,构成一个以政府为主导的公共事业产品民主决策方式。这里所说的以政府为主导的公共事业产品政策决策模式,不是说政府在制定政策方案必须占主导地位,是说由于政府形成和发展的历史和组织特点、现时政府对信息和资源的把握,以及政府在方案设计时往往比较务实等原因,政府在重大公共事业产品政策制定过程中应该构建平台,引入多元主体参与,发挥好组织和管理的作用。

（二）制定公共事业产品政策方案的基本要求与原则

不同的公共事业产品的生产有着不同的具体的目标,但一般来说,制定公共事业产品政策是要满足一定的公共服务需求,满足这一需求需要一定的投入,而且,最终的结果必须让服务对象能够真正享用。因此,制定公共事业产品政策有如下基本要求:

① 公平。公平指在给定的区域内,在常态下,公共事业产品的提供对绝大多数人是平等的。② 效率。效率指在一定的投入下,通过服务主体能力的提升,有最大的产出。③ 可及。可及指公共事业产品的提供是指定对象都可以享受的,满足了其特定的公共服务需求。

在上述要求下,从管理的技术角度,公共事业产品政策方案的制定,有如下基本原则:

第一，可行性原则。就是在拟定方案的过程中，必须从实际出发，根据政策实施的客观环境条件来制定政策方案，从而使政策方案具有可操作性，能够最大限度地接近管理目标。这里的从实施的客观环境出发，是指深入地分析与政策实施有关的人力、物力、财力、科技能力及实施时间要求等条件，以及其发展变化的基本趋势，既考虑有利因素和成功机会，又考虑不利因素和失败风险，然后在此基础上制定方案。

第二，详尽性原则。如果面临问题只有一个方案可供选择，那么必定不是最好的方案。多方案比较，是做出科学决策的基础。因此，在拟定政策方案的过程中，应该尽可能地拟出包括所有可能存在的政策方案，不能将有可能通向目标的任一途径遗漏。实际上，政策方案的选择标准是"满意"，而如果不详尽一切可能的方案，则可能失去"满意"的方案。

第三，互不兼容原则。即要求所拟订的多个备选政策方案之间必须要有原则的区别，是不可兼容的，也就是说，各个备选方案在内容上应是各自独立、相互排斥，不能只是在形式上或细节上不同而无实质上的不同。只有这样，才谈得上决策，才能进行选择，也有必要进行选择，选择才有意义。

（三）制定公共事业产品政策方案的其他问题

制定一项公共事业产品政策要解决的主要问题，是决定是否需要在某一区域内向相关公众提供某种公共事业产品，提供这一产品的数量、质量和规格，以及在给定的经济社会条件下，谁来生产、以什么方式提供，等等。因此，在上述原则基础上，制定公共事业产品政策方案需要关注以下问题：

第一，政策方案包含的战略。一项公共事业产品政策能否真正执行，有效率地提供服务对象可及的产品，从而实现当时当地条件下的公平，关键在于要通过战略分析[①]，不仅解决是否提供、向谁提供公共事业产品的问题，而且，通过将公众需求、任务目标和组织条件等有机结合起来进行分析，形成政策方案的战略目标和实施战略，解决好谁来提供、如何提供公共事业产品的问题。

第二，公共事业产品经费的配置效率。当代公共事业产品的生产和提供已走向多元化，从经费投入来说，主要有财政资金和社会资金。不同来源的资金在不同类别的公共事业产品的生产和提供中有不同的配置效率。[②] 因此，必须在确定谁来生产提供、以什么样的方式

---

① 公共部门的战略分析是一项对决策和执行都有重要意义的管理工具，战略管理的具体内容和方法本书第五章将具体阐述。

② 公共事业产品生产和提供中经费的配置效率，本书第七章将具体阐述。

生产提供中,结合具体的公共事业产品类别和性质,进行科学的测算分析。

第三,政策方案的技术要求。主要需要考虑的因素有:① 稳定性,是指方案的抗干扰性及目标的可持续性。② 可靠性,是指在既定时间段实施方案的可能性有多大。③ 灵活性,是指方案的伸缩余地多大,目标和手段是否能改变。④ 风险性,是指方案失败的可能性有多大。⑤ 传播性,是指如果方案容易被理解,那么贯彻执行就会减少障碍。

二、公共事业产品政策方案的选择

公共事业管理政策方案的选择,就是管理者(通常是该公共事业管理机构的最高决策者)在对所制定的多种备选方案进行全面的对比和评价的基础上,根据一定的标准,最终选定一个满意的政策方案的过程,即通常所说的政策决策过程。

(一)公共事业产品政策方案的选择标准

在公共事业产品政策方案选择过程中,面对的多种方案各有优势和不足,往往很难找到一个从各方面来说都是优点的方案,决策者面临着什么是有效决策、什么是正确抉择的问题,而如何进行取舍决定于决策者的判断标准。因此,判断标准是政策方案选择的关键。

在公共事业管理政策方案选择阶段,最主要的判断标准是满意标准和合理性标准。满意标准是现代决策的一项基本标准,这是美国学者西蒙在 20 世纪 50 年代提出的。西蒙不赞同在运筹学和管理学中广泛运用的最优标准,认为这种最优是有条件的,而且通常应该是对数学模型内的决策而言,而对于运筹学方法来说,不需要什么精确性,只要更好的结果。而这样的标准是不难达到的,即通过满意标准进行选择就能达到决策要求。其原因在于,虽然理论上通过穷尽所有的方案和情况可以最终达到最优,但现实中决策者在收集信息、拟定方案、确定选择标准和实施方案等方面都不可能做到绝对的准确和完善,因而决策者需要遵循的标准只能是满意标准。

合理性标准是由美国管理学家哈罗德·孔茨提出的决策标准。他对合理性决策标准的解释是:首先,他们必须力图达到如无积极的行动就不可能达到的某些目标。其次,他们必须清楚了解现有环境和限定条件下依循什么方针去达到目标。再次,他们必须有情报资料的依据,并有能力根据所要达到的目标去分析和评价抉择方案。最后,他们必须有以最好的办法解决问题的强烈愿望,并选出能最满意地达到目标的方案。由于决策的未来环境包含的不确定因素,做到完全合理是很难的,因而他提出这种决策的合理性标准是在一定限度内的合理性,即"有界合理性"。当然,管理者应在这一"有界合理性"的限度内,根据各种变化的性质和风险的大小做好决策。

从上述两种标准来看,满意标准主要是强调决策者在收集信息、拟订方案、选择方案和实施决策阶段都只能也只需要得到一定程度的满意,去寻求绝对的最优是不可能的。而合理性标准则在于强调必须尽可能地发挥决策者的作用,通过决策各个阶段的工作质量最终保证决策的正确性和有效性,而不仅仅在于决策时采用某种标准,如最优、满意等。在公共事业管理政策方案的决策中,将这两个标准结合起来,以各个阶段的努力来达到结果的满意,将能得到在一定范围内的最优决策。

(二)公共事业产品政策方案选择的基本步骤

1. 综合分析

在进入方案选择阶段后,对方案的综合分析是第一个重要环节,也是基础性的工作。对方案综合分析,就是对各备选方案按照决策的要求做出或优或劣,以及优劣程度的鉴定。这实际上是对政策方案进行评估。分析评价方案的优劣及其程度主要从以下三个方面进行:

第一,从达到的目标和希望达到的目标进行分析。决策目标通常可以分为必须达到和希望达到两个层次。无疑,一个方案如果能同时达到这两个层次,则是最满意或最合理的运行方案,但实际中通常并不如此,这就需要从主要满足哪一个目标、满足的程度等入手具体分析。如果某一方案不能完全满足必须达到的目标,那么,尽管它在其他方面可能有许多优点,但也不能算是一个好的方案;如果方案能够满足达到目标的要求,则可以初步进入选择范围,但还必须根据其满足希望达到目标要求的程度来确定其优劣,一般来说,如果希望达到目标的实现程度相同,则对实现目标越有把握的方案越好,而如果目标的实现程度不同,则实现目标的可能性越大的方案越可取。

第二,从成本和效益的对比进行分析。以最小的成本获取最大的效益是管理追求的目标,但成本与效益的大小是相对的。一般来说,如果取得的效益相同,则成本小的方案好,而如果所付出的成本相同,那么效益大的方案好。在实际中,效益和成本完全相同的方案是没有的,因此,方案的优劣可以用成本与效益的比值来确定。为了更客观准确地比较不同方案之间成本和效益的关系,应该尽可能地将这一比值换算成数字进行分析。

第三,从积极作用和消极影响的对比进行分析。公共事业管理涉及的是与公众基本利益相关的问题,而公众的基本利益不仅内容上具有抽象性,而且在范围上也往往是复杂的,因而要解决某一问题所达到的目标,有时也会同时具有某些消极影响。这一积极作用和消极影响对公共事业管理而言,更为突出地体现在对服务对象利益的影响上。

不同方案的积极作用和消极影响是不完全相同的。一般来说,积极作用相同的方案,其消极影响越小越好。在现实中,两个方案的某一方面影响完全相同是不存在的,因此,可以用积极作用与消极影响的比值大小来确定不同方案间的优劣。必须指出的是,在现实中一个结果的出现,影响因素是极为复杂的,而社会领域的一个突出特点就是不可能像自然科学一样通过实验室来排除与所要分析因素不相关的因素,更难以通过对一个准确的数值加以计算,因此,通常可以做的是结合决策的具体情况和特定环境、条件,相对地进行测定。

从以上三个角度入手,进行综合分析的内容主要有以下两个方面:

一是对方案本身进行分析。这一分析包括单项评价分析和总体评价分析两个内容。单项评价分析是指对方案的目标、约束条件、途径方法、具体措施、成本、效果、影响等分别做出分析;而总体评价分析则是指在单项分析的基础上对方案做出总体权衡,以确定方案的综合价值,也就是这一方案是否有实施的价值以及有多大价值。

二是对实施方案的环境进行分析。这一分析主要是从环境对实施所要选择的方案是有利还是不利,哪些有利、哪些不利,其变动发展趋势如何等入手,对特定的包括社会、政治、经济、文化、技术等方面的现实状况及其未来发展进行分析。

2. 方案的选择

在综合分析的基础上,通常可以通过以下几种方式进行公共事业管理政策方案的选择:

一是多中选一。公共事业管理机构的决策者面对多个政策方案,通过使用一定的标准或使用几个目标对每一个方案进行评估后,认为其中仅有一个符合决策目标的要求,明显优于其他方案,最终选中这一方案。但在现代科学决策中,由于决策往往是一项庞大的系统工程,都要兼顾多个目标和多个方面的利益,单一的方案往往难以达到决策的目标。因而这种多中选一的决策是一种简单的也是特殊的选择,不是公共事业管理政策方案选择的普遍形式或类型。

二是合多为一。即经过决策者的反复比较评价,发现备选方案各有优劣,没有一个方案在整体上优于其他方案,于是决策者以一个方案为基础,将多个备选方案的优点吸收进来,缺点排除出去,最终形成一个方案。这样,这个方案已不是原来的任何一个方案,是一个在方案选择过程中形成的全新的方案,在理论上,它应该包含了原有各个方案的优点。合多为一实际上是现代决策选择方案的一种主要形式,是一种综合的、更高效的选择。一般来说,根据互不兼容原则形成的各个备选方案,往往是从不同的角度、针对问题的不同侧面或某一个局部进行设计的,正是通过这一决策过程中的综合,最大限度地进行了必要的取长补短,获得了合理的或满意的运作方案。

三是重新拟定。即经过评估分析,发现备选方案都存在明显的弊端,且很难将弊端排除,通过合多为一的方法形成一个新的方案。这样,决策者可以将各个方案退回重新拟订。重新拟定通常是交由另外的人员完成,意在以原方案的一些信息、思路、方法等为基础,通过新的人员所带来的新的信息、思路和方法,重新形成方案,然后通过必要的评估、修正和完善等,再进入决策备选。

四是暂缓抉择。即各个备选方案都不成熟,而且上述的三种方式都行不通,既不能多中选一,也难以合多为一,甚至也不能重新拟定,从而不能不暂缓抉择。这一情况的出现,表明由于前期工作的不到位,一些客观条件不具备,导致了方案的不可操作。在这一情况下,解决的办法只有重新深入扎实地进行前期相关工作。

第三节 公共事业产品政策的执行方式与类型

随着当代公共事业管理模式的形成,公共事业产品政策的执行方式有了极大的改革与发展,政府从传统的直接主体执行公共政策,承担全部公共事业产品的生产和提供,转向了承担重要的纯公共产品性质的公共事业产品的生产,积极引导其他社会组织投资生产和提供具有准公共产品性质的公共事业产品的生产和提供,同时,强化对社会公共事业产品提供的监管。本节主要以政府组织为主体阐述公共事业产品政策执行方式,并阐述公共事业管理政策执行的基本环节和要求。

一、公共事业产品政策的执行方式——基于政府组织的阐述

在当代公共事业管理社会化的态势下,公共事业产品政策的执行对一定的组织来说,表现为直接生产和提供公共服务,或者是通过一定的方式整合相应的资源提供公共服务,或者是对具体执行提供公共服务的组织进行监管。在当代的公共事业管理过程中,政府是公共事业产品政策执行的核心主体,其职能的实施主要表现为:

(一) 公共事业产品的政府供应

所谓政府供应,即政府通过财政预算提供产品,这是当代政府运行主要方式之一。公共事业领域是政府供应的一个重要领域。公共事业产品的政府供应,是指政府通过财政预算来购买相关的公共事业产品以一定的方式向公众提供。一般来说,政府供应提供的可以是市场化较强的商品和服务——道路、教育、卫生及社会福利等。同时,还包括转移

性支付,即政府并不是经费的最终使用者,而是通过再分配将经费从某一纳税人阶层转至另一纳税人阶层。大多数政府行为是通过直接供应得以实现的,并直接体现在政府预算中。

(二)公共事业产品的政府补贴

政府补贴是指政府对提供特定商品和服务的私营部门予以一定的资助。公共事业产品的政府补贴,是政府对承担某些市场性较强的公共事业产品生产和提供的组织,在对其产品的质量和价格做出相关的要求和规定后,对这些组织执行政府的规定所承受的相关损失予以一定补助。这些组织在接受了政府补贴后,政府也就对其要进行具体行政管理活动,管理的内容主要是监控其是否将补贴真正用于所定项目。

在公共事业管理的实践中,要区分政府补贴和政府供应有一定难度。通常,预算中的政府补贴和政府供应所占的比重是相等的,概念上的区别在于政府供应是政府组织正式提供的服务。而在当代的公共事业管理实践中,当涉及政府对外转包其商品或服务的问题时,必须注意的是,政府供应和政府补贴的区别可能在于后者是对那些私营部门在任何情况下都可以自己完成的事务提供资助。

(三)公共事业产品的政府生产

所谓公共事业产品的政府生产,是指政府通过设立国有企业直接生产并以特定市场化的方式向公众提供一定的公共事业产品,且通常主要集中在以水、电、燃气、公共交通为基本内容的公用事业中。公共事业管理中的政府生产与政府供应不同的是,生产无关乎政府预算,且使用者必须像使用私营部门提供的商品一样为之付费。例如,一些国家的电力供应和铁路服务为政府所有。政府向消费者出售这些服务,一旦消费者不愿付费便不得享用。法国等一些欧洲国家有着大量的公用事业部门,故政府生产的规模相当大;而美国则很少。公用事业可以从各自的政府得到贷款或预付款,但它们的收益和支出并不在政府自身的预算之内。当然,随着当代公共事务管理方式的改革和公共事业管理市场模式的出现,公共部门中的公用事业已引起了越来越多的争论。现实中,由于民营化的过程,全世界已呈现出政府直接进行公用事业产品的生产日益减少的趋向。

(四)公共事业产品的政府管制

政府管制,是指在市场经济条件下,以矫正和改善市场机制内在的问题为目的,政府干预和干涉经济主体(特别是企业)活动的行为。公共事业管理领域历来是政府管制的一个重要领域。公共事业产品的政府管制,是指政府为了保证公共事业产品的供给,维护和增进公共利益,依据相关的法律法规,以一定的方式干预公共事业产品生产和提供者特别是企业活动的行为。总体上看,当代是一个政府放松管制的时代,但在公共事业管理领域,随着公共事业管理市场模式的逐步确立,政府管制正在发挥着越来越重要的作用。

一般来说,根据政策目的和手段的不同,政府管制可以分为间接管制和直接管制。前者是指以形成并维持市场竞争秩序的基础,即以有效地发挥市场机制职能而建立完善的制度为目的,不直接介入经济主体的决策而制约那些阻碍市场机制发挥职能的行为之政策。间接管制由司法部门通过司法程序来实施,其法律基础主要是反垄断法、商法和民法等。后者是指以防止发生与自然垄断、信息不对称、外部不经济及非价值物品有关的、在社会经济中不期望出现的市场结果为目的,依据相关的法律手段直接介入经济主体决策的管理。直接管制一般由行政部门直接实施。公共事业产品的政府管制,涉及这两种管制。

从涉及的对象性质的不同,直接管制又可以分为经济性管制和社会性管制。日本有学者认为,经济性管制是在存在着垄断和信息偏在(不对称)问题的部门,以防止无效率的资源配置的发生和确保需要者的公平利用为主要目的,通过被认可和许可的各种手段,对企业的进入、退出、价格、服务的质量以及投资、财务、会计等方面的活动所进行的规制,而社会性管制,是以保障劳动者和消费者的安全、健康、卫生以及保护环境和防止灾害为目的,对物品和服务的质量以及伴随着提供它们而产生的各种活动制定一定标准。结合公共事业领域的特点,公共事业产品的直接管制也可以分为这两类管制。

公共事业产品的政府经济管制,主要是指在具有自然垄断与信息不对称的公共事业产品领域,如电力、城市燃气、自来水、交通等,政府对进入和退出的标准做出具体的规定,并对进入这些领域的企业的产品价格、服务做出规定,以及对其财务和成本进行监管。而公共事业产品的社会性管制,是指政府为保障公民和消费者的利益,对涉及外部经济、信息不对称和非价值物(即依照道德伦理规范而应在一定程度上或者是全面禁止其生产销售的物品)制定标准、进行禁止、限制的行为,主要涉及文化、卫生等公共事业产品,表现为安全性管制、健康管制和环境管制等。

二、公共事业管理政策执行的基本类型

对公共事业管理机构来说,在公共事业管理政策的执行中,从政策的可重复性来看,可大致分为常规性的执行和非常规性政策的执行。前者公共事业产品政策是常规性的,根据规定的时限重复执行,其中又可分为一般的科技、教育、医疗卫生等服务,以及公共财产和资源管理;后者是根据一定时期和一定区域内公共服务需要做出的一次性的公共服务,即属于通常所说的公共项目。

在本书有关公共事业分类管理的章节中,我们将对具体科技、教育、医疗卫生等公共事业行业的日常性的、以具体产品的生产提供,以及以维护公共财产或利益为目标,以检查、监督等为基本方式的管理进行分析,因而本部分主要对常规性的公共财产和资源管理以及公共项目管理进行阐述。

（一）公共财产和资源管理

1. 公共财产和资源的基本内涵

所谓公共财产,是指为一定社区或区域的人们共同拥有的财产。公共财产是公共产品,是由公共财政支出的,其来源是纳税人的税收。因此每个公民都有享有权利,但它不是单个个人所购买的产品,故只能作为公共产品而存在。

实际上,公共财产包括公共物品和公共收入两部分,即包括物质和资金两种形式,但资金的来源及多少即公共财政收入一般由立法机构控制,由于公共事业管理机构的支出主要来源于公共开支,因此,包括公共事业管理机构在内的整个公共管理机关涉及的这种公共收入,只是由立法机构授权支配(通过财政预算)的那一部分,所以,公共事业管理中所涉及的公共财产,实际上是一定区域的人们通过纳税,或者相应的公私合作的方式等形成的各种物资和其他资源。

2. 公共事业中公共财产和资源的类别

纳入公共事业管理对象的公共财产和资源主要包括以下几类:

（1）公共设施和公共物品。即特定社区所有人都有可能享用和受益的物质性存在,且它们本身必须是劳动产品,如能源、城市道路、路灯、桥梁、交通标志,等等。这也就是我们所说的传统的公用事业的范畴。

这里必须注意的是,如果不是一定社区所有人都可能享用,而仅仅是部分人可能享用的产品,不属于公共事业管理的范围,所以,对大范围和更高级别的公共事业管理机构来说是公共财产的,对小范围和较低级别的公共机构必然是公共财产,但对小范围和较低级别的公共事业管理机构来说是公共财产的,对更高级别的公共事业管理机构却不一定是公共产品。哪些公共财产成为公共产品而成为公共事业管理的对象,这是由公共事业管理机构本身的性质来决定的。

（2）公共信息资源。即一定社区的人们共同拥有和可能享用的各种精神产品,包括文化产品、科技成果、经济信息等。现代社会是一个信息爆炸的社会,而文化产品、科技成果等通常也以信息资源的方式进行传播,因此,无论是从人类社会赖以生存和发展的基础的信息、物资和能源的构成来看,还是从现代社会知识形成传播的方式来看,信息无疑是最重要的资源,而作为一种公众共同拥有和享用的资源,也就必然是公共事业管理的重要对象。

应该说,带有公共性的信息资源也有两大类,一类是一个社会人们所共同拥有和可能享用的信息资源,另一类是只有社会中的某一个社区或局部范围内人们可享用的资源。只有前者才是公共事业管理的对象。

(3)公共人力资源。现代社会尤其是进入了知识社会后,一个国家或社会的劳动力、人才方面所形成的社会资源,已逐步取代工业时代的资本,成为最重要的战略资源,涉及国家或社会的发展,也涉及公众自身的基本生活质量和公众利益。因此,全社会、实际上也就是公共人力资源的开发、利用和管理,已成为公共事业管理机构必须重视的一个重要方面。这种公共人力资源的开发,不是指公共事业管理机构内部人才的培养和使用,即公务人才资源开发管理,而是指一定地区范围内共有的人才资源的管理。

3. 公共事业中公共财产和资源的管理

上述公共事业中的公共财产和资源,其是否成为公共事业管理的对象,相当程度上是与一定的公共事业管理机构的管辖范围,即公共事业管理机构的层次相关的,而且通常是由中低层公共事业管理机构来确定的,因此,公共事业中公共财产和资源管理,是中低层公共事业管理机构所进行的日常管理的基本内容。

与上述公共事业中的公共项目管理不同的是,中低层公共事业管理机构对职责范围内的公共财产和资源的管理,主要不是通过决策形成相应的运作方案、通过组织的重组等进行的过程,而主要是通过相关的维护公共财产和资源的管理规定和制度,进行维护管理。对这一公共财产和资源的管理,实际上是以之为对象而对相关的公共活动秩序的维护,是公共事业微观管理的一项基本内容。

(二)公共项目管理

1. 公共事业中的公共项目

在管理中,项目是指一个组织在一定的时间和成本的约束下,为实现既定的产品、服务或成果,所进行的一次性的、非重复的、独特性的活动。公共项目也称为政府投资项目、公共财政投资项目、国家建设项目等。公共项目是以政府为主导、以满足公共需求为目的,以国有资产投资或融资方式兴建的行政性、公用性、公有性项目。

公共事业管理中的公共项目,基本内容是在一定区域内根据特定的需要,根据上级公共事业管理部门所制定的政策,或者是本组织制定的公共事业管理政策,涉及科技、教育、文化、医疗卫生、体育、公用事业等事项,实施相关基础设施建设,或者是实施一次性的公共服务,具有不可重复性。

2. 公共事业管理中公共项目的政策执行

在公共事业管理中公共项目的政策方案制定后,公共事业中公共项目的政策执行主要包括执行目标和计划的确立、运作方案的拟定和选择、运作方案的实施和修正等环节。[①]

在公共项目政策的执行中,有两个关键:一是执行目标和计划的形成,即在公共项目的政策执行中,通过一定的管理技术和方法制定执行的目标和计划,把公共项目的目标具体化,变成可掌握、可衡量、可操作的东西。执行目标和计划的建立,是公共项目政策执行的第一步。

二是实施目标管理。即根据所制定的执行计划,对整个过程实施目标管理。目标管理是以科学管理和行为科学理论为基础形成的管理制度,其基本内涵是将一个项目的总的目标,分解为若干与总目标相连的具体目标,即一种树状式的目标体系,并以目标即具体的管理结果为依据,明确每个具体目标的负责人、完成时间和资源配置等。[②]

第四节 公共事业管理政策执行的基本过程

在公共事业产品政策的执行中,尽管公共事业产品政策的执行方式和执行类型各有不同,但无论是哪一级的公共事业管理机构,整个执行过程的基本环节都是相似甚至是相同的。同时,任何一个国家的公共政策过程都是在该国既定的历史文化传统,尤其是现实的政治与管理制度,以及社会经济发展条件下展开的,因而不同国家的政策执行过程并不完全相同。在我国,一般将公共政策的执行过程分为政策执行的准备、实施和监测控制,并且,每个阶段都有相应的内容和要求。

一、公共事业产品政策执行的准备阶段

(一)准备阶段的主要工作

在公共事业产品政策的执行的准备过程中,核心问题是执行计划的制定。一个完整的计划应该包含对以下问题的明确回答:① 我们必须做什么? ② 我们现在何处? ③ 我们面

---

① 公共项目政策的执行过程,与一般公共事业管理政策的执行过程基本一致。故这里不展开阐述,于下一节"公共事业管理政策执行的基本过程"进行分析。

② 目标管理是当前公共管理领域中一个重要的管理工具,本书"公共事业管理的技术与方法"一章将对此进行具体的阐述,这里不做具体分析。

临的主要问题是什么？④我们可能做些什么事情？⑤我们采用哪种行动方案？⑥谁在何处、干些什么？⑦如何得知我们做得如何？因此，在这一阶段需要在对政策要求有必要的理解和认识后，制定执行计划，然后根据执行计划进行相应的人财物的配置和组织的准备。一般认为这一阶段的主要工作是加强政策认知、制定政策执行计划、进行物质准备、做好组织准备、注意制度配套。

（二）准备阶段的重要问题

在当代公共管理的发展态势下，公共事业产品政策执行准备阶段的工作展开，实际上是当代公共管理新理念、新技术的运用和体现。与此相应，新理念和新技术的运用，使整个准备阶段的工作更加具有针对性，计划的操作性也大大提升。新理念和新技术的运用主要体现在以下三个方面：

第一，政策认知。公共事业管理机构有具体的政策执行环境，公共事业产品政策不可能对每个具体的执行环境有明确的规定，同时，公众对当代政府公共服务的要求是无缝隙的回应。所谓无缝隙的回应，就是公众在任何时间任何地点提出服务需求，政府都必须在第一时间对能否满足这一需求做出回应。因此，当代公共管理改革中一方面通过改革，适度增大一线公务员在执行中的行政自由裁量权，以便于根据情况及时回应公众，另一方面则要求政策执行人员加强对政策的政治认知，即不仅仅认识政策的技术要求，更要认识为什么要实施这一政策，政策与公众的利益联系何在，等等。

第二，从战略的高度选择相应的执行策略，制定执行计划。在一项公共事业产品政策的执行中，执行机构和人员必须考虑这样一些因素：一是要考虑有关公共政策、公共事业管理战略，以及有关本机构及其管理权限和职责的法律规定；二是要考虑本机构管辖范围内具体的社会需要和现实条件；三是要考虑本社区内人们之间的各种利益关系，并考虑综合人们利益的最佳方法；四是要进行效果预测，包括对目标实现障碍的估计等。

这样，只有将政策目标的要求、客观环境条件和关系，以及在这些要求和条件下自身组织和人员状况有机结合，综合分析，才能最终确定执行的有利条件与不利条件、机会与威胁何在，才能有针对性地形成相应的利用机会、避开威胁、发挥优势、弥补缺陷的计划，提高政策执行效果。而实现这一目标的有效工具就是当代公共部门战略管理。战略管理不仅在政策方案形成中必不可少，在形成政策执行计划中也是不可缺少的。

第三，目标管理。公共事业产品政策的执行过程，是一个人财物的投入以提供公共服务的过程。在执行准备阶段,在执行战略确定后的物质准备、组织准备和制度配套方面,实际上有如下需要解决的主要问题:一是把所要实施的公共事业管理活动划分为必要的行为步骤或阶段,以便有效地实现公共事业管理的目标;二是仔细考虑每个步骤之间的关系,尤其是与特定的结果之间的关系;三是明确每一步的实施者和责任者,也即为完成该项目而组织起来的管理人员应当有清楚的分工与责任;四是确定明确的时间表,包括每步骤所需要的时间及完成期限;五是根据上述安排进行资源配置。

如何完成这一目标明确且有实效的资源配置? 就是通过目标管理工具予以完成。采用目标管理法的优点是:① 目标体系的建立,有利于管理人员的责任明确化,同时,减少盲目性,从而节省资源,提高管理的效率。② 目标管理是参与管理的一种形式,通常情况下,上级与下级在一起共同确定目标,首先确定总目标然后再进行分解,逐级展开,从而目标的实现者同时也是目标的制定者,促进了对管理的参与。③ 根据分解的目标和目标负责制,强调"自我控制的管理"代替"压制性的管理",可以使管理人员能够控制自己的成绩,调动管理人员尽自己的最大努力将工作做好,调动管理人员的积极性。④ 由于目标体系的建立和职责的明确,有利于对整个管理过程进行控制、监督和评估。

必须注意的是,在通过项目管理进行资源配置和组织准备的过程中,十分重要的是确定每个阶段所要做的工作及所需要时间的预算。时间预算常见的方法有三种:第一种是乐观预算法,即只考虑最少的问题和困难;第二种是中性预算法,即按照正常的运行速度去推算;第三种是保守预算法,即以最大限度的潜在困难为基础进行估算。在实际中,由于影响的因素甚至是不可控因素的出现,因而在制定计划项目时,最好事先考虑各种困难因素,在时间上留出一定的弹性。

二、公共事业产品政策执行的实施阶段

在我国,公共政策执行主要是政策推进型的渐进主义模式,具体内容包括政策宣传、政策试验和政策推广,而且,这些工作内容可以重复进行,因而构成了政策执行的"宣传—试验—推广"的逻辑严密、层次完善的过程。作为公共政策的一个基本领域,公共事业产品政策执行的实施中,大型的公共项目性质的公共事业产品政策、新的常态型的公共事业产品政策的实施,基本体现这一实施阶段的基本要求和内容,而区域尤其是特定社区和常态的公共资源等政策实施和日常管理,根据成本的要求,可以在一定的政策宣传后,直接进入政策推广或执行。公共事业产品政策执行的实施,通常有政策宣传、政策试验和政策全面推广三个环节。

（一）公共事业产品政策宣传

公共事业产品政策宣传是指运用传统媒体和新媒体、会议、公文等多种形式进行围绕公共事业产品政策的广泛的信息沟通与传播工作,使政策的具体执行者、政策所影响的相关公众充分理解政策所包含价值、内容及其产生的影响,从而对所要实施的政策进行了解,并努力走向理解和认同,从心理上、精神上和思想上做好参与和配合政策实施的准备工作。

需要注意的是,在当代公共事业产品政策的实施中,由于社会生活的复杂化和利益的多元化,在政策宣传过程中必须视情况引入政策营销。政策营销是政府部门的机关与人员基于政策系统环境与利害关系人分析,区隔不同政策群体,制定营销目标,定位政策产品与服务,通过差异化的政策营销策略工具组合,辨识、预测,以及满足社会公众的需求,以最少的权威手段,与公民、私营部门,或非营利组织之间完成"需求满足——政治支持"的价值交换关系,以实现政治目标,并因势利导,促成特定社会行为的动态过程。

（二）公共事业产品政策试验

这一工作通常是在大型的公共事业产品政策实施中采用。公共事业产品政策实施的试验可以分为设计试验方案、选择试验对象和总结试验结果三个环节。

设计试验方案,最为关键的是根据政策目标和执行方案,梳理出政策和政策执行方案本身可能影响政策执行的因素,确定试验对象的条件,设定试验方式,以期通过试验性的政策实施,对需要验证的因素和政策效果进行证实或证伪。

选择试验对象,是根据公共事业产品政策的性质和试验方案的要求,选择相应的区域和服务对象进行政策实施试验。对大型的公共事业产品政策来说,如果条件许可,一般要选择两个以上的试验区域(通常是在一个地区全面试验,而在另一个地区有选择地实施或不实施),最后根据试验方案的设计要求进行试验,进行结果比较。①

总结试验结果,是根据政策目标的具体要求和试验方案,采取相应的绩效信息,对试验结果进行科学而全面的总结,为全面实施公共事业产品政策提供支持。

（三）公共事业产品政策的全面推广

就是在政策试验的基础上,全面展开公共事业产品政策的实施。在我国,政策的实施通常有三种方式,即自上而下和自下而上相结合的方式、由局部试点到整体推进的方式和把握

---

① 这一试验区域的选择和试验方案的设计,其原理与本书"公共事业管理绩效与评价"中所阐述的"公共事业绩效的社会评价"中的方法是一致的,详细分析可参阅该章节。

重点和解决难点相结合的方式。

三、公共事业产品政策执行的监测与控制

从政策执行的角度看,公共事业产品政策执行的监测与控制,是与政策的试验和全面推广相伴随的,包括政策执行的监测和政策执行再决策两个基本内容。同时,这一政策执行监测和控制也是对政策执行的总结,是政策评估的基础。

(一)公共事业产品政策执行监测

政策执行监测是与政策的实施同时展开的。在当代公共管理中,科学的政策方案和执行方案确定,应该是一个战略管理过程和目标管理过程,因此,所形成政策执行目标也就必然是一个定性与定量相结合的可分析、可观测的操作性目标。这样,随着政策执行的展开,就必须根据事先确定的指标和完成的时间,收集绩效信息,将政策实施后所产生的结果与预定的目标相对照,看实施的效率与效果如何,从而对政策执行情况进行评判,得出结论。

(二)公共事业产品政策执行再决策

所谓政策执行再决策,是指执行主体在政策执行过程中,根据信息反馈对现行政策方案的补充或修正,甚至对政策执行终止,即政策执行再决策包括了政策的调整和政策的终止。

虽然政策和政策执行方案的制定中最大限度地考虑了公众需要、现实条件和组织状况等因素,进行了战略管理的处理,但由于人的认识的时代性和有限理性,从而政策本身可能存在不足,也可能是实际过程中政策环境的改变,或者是政策执行中存在问题,或者是对政策的负面影响估计不足,等等,决定了在政策执行过程中,必须进行动态追踪与反馈,根据监测和分析结果,或者是对政策本身进行微调,或者对政策执行方式方法进行变通。如果监测和分析结果显示政策本身由于政策环境改变等已不宜继续执行,则终止政策执行。

✓ 本章小结

1. 公共事业管理问题的确认是一般管理过程的第一步和基础。作为公共事业管理对象的社会问题必须是客观的、被意识到(尤其是决策者意识)的、具有公共性和必须在目前解决的社会问题。这一社会问题的基本特点是具有公共性、可变性,是确定性与不确定性的统

一。同时,公共事业管理问题的确认可分为形成、提出和认定三个基本环节。

2. 公共事业产品政策方案的制定与选择是一个重要而复杂的过程。公平、效率和可及是政策制定的基本要求,同时,需要注意政策的战略取向、效率配置和方案的技术要求。政策选择的基本标准是满意,必须在综合分析的基础上进行选择。

3. 公共事业产品政策执行的执行方式与政策本身相关,执行内容可分为常态的政策执行和不可重复的公共项目性质的政策执行。政策执行的基本过程由政策执行的准备、执行、监测与控制组成。公共事业产品政策执行过程是当代公共管理的新理念和新技术的应用过程。

✔ 概念和术语

公共事业管理问题　公共项目　目标管理　公共财产　公共资源　公共设施
公共信息资源　公共人力资源　政策方案

✔ 复习思考题

1. 什么是公共事业管理问题,作为公共事业管理对象的社会问题的基本条件是什么?

2. 公共事业管理问题有什么特点?

3. 导致公共事业管理问题出现的因素有哪些?

4. 公共事业管理问题的主要提出者有哪些,其提出公共事业管理问题的基本原因是什么?

5. 影响公共事业管理问题认定的因素有哪些?

6. 什么是公共事业中的公共项目,其基本要求是什么?

7. 制定公共事业产品政策方案的基本要求是什么? 为什么? 制定的技术要求有哪些?

8. 公共事业产品政策方案选择的基本标准是什么,选择的基本步骤和内容是什么?

9. 公共事业产品政策的类型与执行方式的内容是什么?

10. 公共事业产品政策执行的基本过程是什么? 各个阶段的主要内容是什么?

即测即评

请扫描右侧二维码,进行即测即评。

第五章　公共事业管理的技术与方法

当代公共管理面对的是公众不断增长的公共服务需求,以及日益复杂和多元的管理环境。为此,努力创新管理技术与方法以维护和增进公共利益,成为公共部门改革的基本需求,而公共部门管理技术与方法的创新也成为改革的一个重要成果与标志。公共事业管理是公共部门管理技术与方法创新的基本领域。

本章对公共事业管理领域中运用广泛且作用十分重要而突出的公共部门战略管理、公共部门项目管理两个管理工具,以及公共管理合同和公私合作方法进行阐述。

第一节　公共部门战略管理

在当代社会条件下,公共事业管理部门与外界环境的互动问题成为影响公共事业管理的主要因素之一。因此,能将组织任务、组织状况和环境有机相连的战略管理在公共管理领域内占有日益重要的地位。

一、公共部门战略管理的价值与特点

作为一个管理工具,战略管理成熟于企业,基于客观需求于 20 世纪 80 年代进入公共管理领域后,公共部门战略管理逐步形成,显示了其价值,形成了自己的特点。

(一)战略管理概述

1. 战略与战略管理的基本内涵

战略最早是一个军事术语,是指通过一定的谋划去实现或赢得战争胜利的目标。战略这一概念产生后,逐步在私营部门中得到广泛的应用,尤其是在第二次世界大战后,随着环境的复杂和竞争的激烈,企业通过制定相关的战略并进行战略管理,注重长远利益和周边环境,取得了满意的效益。

在企业运用战略取得成功的基础上,战略管理逐渐成为一项管理技术,并且被认定为带有全局性、长远性和根本性的重大谋划与对策。从管理过程看,战略管理是一个以战略计划的制定为起点,包括了计划的执行、追踪与控制等环节的完整的管理过程。从决策的角度看,战略管理是一种战略决策的制定及其执行,包含四个方面的内容:对组织未来发展产生冲击的内外环境进行分析的活动;将整体组织与对其发生冲击的议题进行分析的活动;关注组织目标以及发展方向的战略选择;促进战略的有效执行。

所以,战略管理是管理者有意识地选择政策、发展能力、解释环境,以集中组织的努力,达成目标的行为,或者说,战略管理是制定、实施和评价组织能够达到目标的艺术或技术。

2. 战略管理的基本特征

第一,战略管理具有强烈的未来导向性。组织的计划都是根据组织的目标确定今后要实现或完成的任务,因而在管理领域内,任何组织的计划都具有未来性。但是相比较而言,战略管理的这种未来性导向显然更为强烈。因为,战略管理的出发点就是根据外部环境的变化来为组织确定未来的发展,规划蓝图,而且通过战略管理,将这一指向未来的战略理念贯穿组织的所有人员和机构,使之理解组织的环境、要求和目标,并将这一战略理念落实于整个运行中,从而在组织的现在与未来之间架起桥梁。

第二,战略管理具有长期性、全局性和根本性。就战略本身来说,它是指带有全局性、长远性和根本性的重大谋划,它着眼的是组织长期的目标和宗旨的实现。因此,整个战略管理涉及的是组织发展的总的格局和问题,关注的是组织的长远发展。

第三,战略管理具有外向性。外向性是指战略管理是在面对复杂多变的环境时,通过制定战略,利用外部机会来化解或回避外部威胁,从而促进组织成长的发展。相当程度上,战略管理就是一个组织面对外部世界,寻求成长和发展机会及识别威胁的过程。

第四,战略管理是一个由外向内的实施过程。战略管理是从注重外部环境、寻求机会与回避威胁开始的,通过环境评估,确定战略规划,然后将这一战略目标贯穿整个组织的结构调整、人员安排和资源配置,进行整个组织管理运行。从组织过程来看,这是一个从外在环境的观点来看组织问题,而不是从自己组织内部的需求去解释外在问题。因此,战略管理在相当程度上是在由外向内的管理哲学理念指导下发生的管理过程。

第五,战略管理是理性分析与直觉的结合。一般来说,促成管理决策形成的人的思维因素主要是两种,即理性思维和直觉思维。在前者的推动下,决策是一个理性过程,它包括一些步骤,而在后者的推动下,决策主要是一种创造性活动过程。从决策的角度看,战略管理是在对组织外部和内部多种因素定性和定量分析的基础上,做出决策的过程。

（二）公共部门战略管理的价值

具体言之,战略管理对公共部门来说具有以下的价值:

第一,使公共部门的管理能适应越来越复杂的环境变化。在现代社会,不仅政治、经济、科技、文化和社会都发生了巨大的变化,而且各个因素间的相互作用也更为频繁和复杂,从而使公共管理面临的环境更加动态化和不确定,对公共管理提出了新的要求。

从各方面降低或减少环境的不确定性是完成组织目标的一个基本要求。在相对平衡的环境中,环境相对稳定使管理更多地体现为一种日常管理,即不必太多地关注环境,只要考虑组织内部的条件和要求,通过制定具体的政策、规章、条例等,按部就班地实施日常管理就能完成管理任务。但在更为动态化和不确定的环境中,管理部门必须具备一个适应性更强的反应系统,通过相应的管理工具予以应对。显然,战略管理的基本特性能使公共部门与其环境之间有一个良好的适应,能从环境的要求制定出合理的规划,发挥出组织的最大能力,同时组织内部结构与工作程序根据战略不断整合,随着战略的实施发展符合未来挑战的新能力。

第二,能促进政府公共管理改革的深入。自 20 世纪 80 年代以来,随着人们对政府与社会关系的重新认识,抛弃传统的"大政府",即政府在社会管理中对公众的生、老、病、死都直接负责管理而对"小政府"价值的追求,政府社会管理改革对职能进行了重新定位并深入进行了政府职能输出方式的改革,相应地也明确了公共管理的不同层次的管理内容及其方式。显然,无论是公共服务的宏观决策还是执行,战略管理都有独到的作用。

第三,使政府更好地维护和代表公共利益。现代公共管理社会环境的更加动态化和复杂化,其中一个重要的构成因素就是公众公共需求在总体上的增长与质量和规格上的多元化要求。政府进行公共事业管理的基本目标,是在公共领域代表和维护公共利益,而社会的公共利益是由若干区域内或若干社会阶层和团体的在基本方面具有共同性的利益构成的,这就决定了在整个公共利益的构成中,存在不同区域和团体的局部性的或质量要求不同的共同利益。显然,在现代社会中,政府对公共利益的维护和代表,就存在着必须处理的总体利益与局部利益、长期利益与当前利益的关系,这也就要求政府在进行公共管理中,必须要有相应的系统观念、整体观念和长期观念,从而能从战略的高度构建国家或地区的发展战略,以更好地维护和代表公共利益。可以说,正是战略管理的引入,使政府能通过这一管理工具的使用,在公共领域内最大限度地实现维护和代表公众利益的基本目标。

(三) 公共部门战略管理的特点

公共部门是与私营部门在基本的组织目标上完全不同的两种组织,因而在运用战略管理过程中也有其特定的要求,即在整个管理过程中体现出公共性。总体上看,公共部门在运用战略管理时,会受到一些私营部门不必考虑的因素的影响和制约。这些因素主要是管辖权限、稀缺资源、政治气候等,因而国外有学者认为在公共部门,"战略计划是在宪法规定的范围内,为确定政府行为性质和方向的基本决策所进行的专业性努力"[①]。因此,公共部门在运用战略管理时,具有以下特点:

第一,在开始制定战略计划的过程中必须取得一致意见。这里的"取得一致意见",主要是指公共事业管理部门在形成战略规划时,由于规划涉及公共利益,因而必须最大限度地注意公众的要求,力求使规划能得到公众的普遍认同。

第二,考虑公共管理部门的权限,或是关于公共组织立法的具体规定。这是公共部门与私营部门在进行战略管理时的一个重要区别。一般来说,私营部门的授权没有限定,如一个石油领域里的企业,其业务逐步拓展到钢铁、化工、电子等,是很正常的。但在公共部门却不能如此。因为公共部门所拥有的权限是法律所赋予的,这就决定了它的管理和服务范围。而在制定战略时,权限是最重要的。公共部门只能在法律规定的范围内,根据法律的授权进行战略决策。

第三,努力追求组织任务的明确性。由于公共部门管理对象是公共事务,目标是增进公共利益,但在现实中,公共利益通常是一个较为抽象的概念,因而公共部门往往很明确地决定自己去干什么尤其是达到一个什么样的指标是增进了公共利益的。因此,公共部门必须更加注意对任务和目标的说明和分析,并将战略任务和目标分解到较低的层次。

第四,注意战略绩效评估中的社会效益指标。战略绩效的评估无论是在私营部门还是公共事业管理部门都是战略管理中的一个重要环节,但两者的评估指标体系不完全相同。对公共部门来说,由于其组织的基本目标和法律的规定,因而在考虑战略是否与外部环境相一致时,首先必须注意对公共需求的满足,也就是对公共利益的维护和促进。

---

① [澳]欧文·E.休斯.公共管理导论.2版.彭和平,等,译.北京:中国人民大学出版社,2001:181.

二、公共事业管理部门战略管理过程

公共部门战略管理一般分为战略分析、战略规划、战略实施、战略评估四个阶段,并具有相应的内容和要求。这一过程如图 5-1 所示。

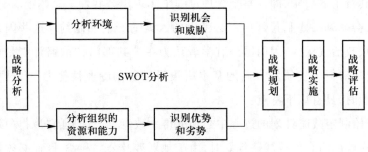

图 5-1 公共部门战略管理过程

(一) 战略分析

战略分析主要是对任务、自身组织和所处的环境进行分析,这是公共部门战略管理的第一步。公共管理环境是一个由多种交互作用的因素构成的系统,包括生态的、文化的、政治的、经济的等方面。战略分析的基本任务是运用系统思考和特定的分析模式或工具,分析影响组织的外部系统以及组织在这一特定外部系统背景下的优势与不足,了解外部的机会和威胁,从而奠定战略规划的基础。这一依靠特定工具所进行的环境分析通常被称为 SWOT 分析。

(二) 战略规划

战略规划是在环境分析的基础上形成战略的过程,也是将战略意图转化为战略决策的过程。从战略管理的角度看,公共事业管理部门的战略规划主要有以下几个方面的活动:① 确认重要的环境变化及趋势的议题。② 提出问题和确认目标、任务。主要内容是明确本身是什么组织并且组织将如何发展? 组织的服务对象是什么? 服务对象需要什么? 我们应当进入什么样的领域进行服务? 等等。③ 决定组织在一定时期内所注重或强调的主要价值。④ 通过战略分析,选择组织应当进入的领域,并设定基本的明确的策略方向。⑤ 通过战略选择,确定组织应当采取的战略类型。⑥ 设定执行所选择的战略的行动方案,即将战略选择的结果进一步体现在公共服务的品种规格、功能战略和资源分配等方面。

(三) 战略实施

战略实施是通过建立和发展行动的能力和机制,将战略规划转化为现实绩效的过程。

战略实施的首要问题是组织保证。组织是手段,是实现战略规划的手段,"战略决定结构"是战略实施阶段所必须依据的原则,不同的战略要求不同的组织结构与之相适应。一般来说,战略实施主要有以下几个方面的活动:① 确定实际目标与实施的具体指标。② 进行功能战略的选择。所谓功能战略,就是针对所确定的总体战略中的关键因素,强化组织提供公共产品和服务中的关键环节。③ 进行有效的资源配置。④ 根据战略规划的要求,建立有效的组织结构,使组织结构与战略相匹配。⑤ 建立和发展有效的沟通与协调机制。⑥ 促进变革,克服变革的阻力。⑦ 通过政府及社会营销,促进战略实施。

（四）战略评估

所谓战略评估,就是对战略实施进行监控,并对战略实施的绩效进行系统评估的过程。从战略管理的整体来看,战略评估主要是建立一种反馈机制,是整个战略管理的一个重要组成部分和环节。战略评估主要包括以下活动:

1. 检查战略基础

为了把握战略基础的状况,可以通过了解这样一些关键问题:优势是不是优势,优势是否得到加强?内部劣势是否还是劣势,在实施过程中又出现了哪些新的劣势?内部机会是否变化,是否有新的机会?外部是否有新的威胁,等等。总之,就是要通过弄清上述关键性问题,以了解构成现行战略的机会与威胁、优势与劣势等是否发生了变化,发生了怎样的变化,以及发生这种变化的原因,从而为进行战略的适时调整奠定基础。

2. 衡量战略绩效

就是将战略规划中的目标与实际结果进行比较,找出实施战略规划过程中已取得的成绩。衡量战略绩效有赖于确立明确的并尽可能量化的绩效评价指标。同时,战略绩效衡量还要通过对成绩的评估,进一步深入并回答这样一些重要的问题:组织的结构是否与战略的要求相一致?战略是否与外部环境要求相一致?战略规划的制定及实施是否达到了资源的最佳配置?战略涉及的风险程度是否合适?战略实施的时间表是否恰当?等等。

3. 战略的修正与调整

这是一个对已有战略进行重新决策的过程,即通过战略基础检查和战略绩效评估,决定是否继续实施战略,或是调整战略,或是重组战略甚至终止战略。

三、公共部门战略管理规划中的 SWOT 分析与 PEST 分析

战略分析是公共部门战略管理的第一步,也是整个战略管理基础性的环节。在进行战略分析过程中,一般要使用 SWOT 分析和 PEST 分析两个管理工具。

（一）SWOT 分析

1. SWOT 分析的基本含义和目标

SWOT 分析是目前战略管理与规划领域中广泛使用的分析工具，其中的 S 是指优势（strength）、W 是指弱势（weakness）、O 是指机会或机遇（opportunity）、T 是指威胁（threat）。SWOT 分析是指在了解自己组织的优势与弱势的基础上，将组织内部的资源因素与外部因素造成的机会与风险进行合理的、有效的匹配，从而制定良好的战略，以掌握外部机会、规避威胁的一种方法。

SWOT 分析的目的，是通过给出一个有关组织内外环境、问题的有效的信息，清晰地展示现有情况下组织的优势与不足，并激励组织调动其优势，从而最大限度地利用机会，规避风险。内部环境分析包括以下几种：① 资源因素，即人力资源、物质资源、财务资源、技术资源、市场资源、隐性资源；② 管理因素，即计划、组织、指挥、协调、控制；③ 能力因素，即供应能力、生产能力、营销能力、研发能力。外部环境分析包括宏观环境分析、行业环境分析和区域环境分析，其中宏观环境分析包括：政治法律环境、经济环境、技术环境、社会文化环境；行业环境包括：行业发展状况、行业竞争力量。

2. SWOT 分析的使用

在进行战略管理与规划中，通常可以通过编制 SWOT 矩阵图来进行 SWOT 分析。具体来说，SWOT 矩阵由九个格子组成，构建 SWOT 矩阵、进行 SWOT 分析的过程一般有如下 8 个步骤：① 列出组织的关键外部机会；② 列出组织的关键外部威胁；③ 列出组织的关键内部优势；④ 列出组织的关键内部劣势；⑤ 将内部优势与外部机会相匹配；形成 SO 战略；⑥ 将内部劣势与外部机会相匹配，形成 WO 战略；⑦ 将内部优势与外部威胁相匹配，形成 ST 战略；⑧ 将内部劣势与外部威胁相匹配，形成 WT 战略。

由此构成的 SWOT 矩阵如图 5-2 所示。

在 SWOT 分析过程中，最重要的就是确定什么是关键的内部因素和外部因素，因为所谓内部优势和劣势、外部机会和威胁，是由关键问题构成的或以关键问题为形式表现的。对关键问题的确定，要求战略规划制定者要有良好的判断力。良好的判断不仅来自知识、经验，也要靠理性思维能力和非理性的直觉能力。因此，这也是整个 SWOT 分析中最为困难的部分。

经过 SWOT 分析，一个公共事业管理部门可以有如下不同的战略匹配和选择：

第一种是优势—机会（SO）战略。SO 战略是一种将组织内部的优势与外部环境的机会相匹配，发挥组织内部优势，利用外部机会以达到组织目标的战略。从进行战略管理的

保持空白	优势——S	劣势——W
保持空白	1. 2. 3. 4. 5.列出优势 6. 7. 8. 9. 10.	1. 2. 3. 4. 5.列出优势 6. 7. 8. 9. 10.
机会——O 1. 2. 3. 4. 5.列出机会 6. 7. 8. 9. 10.	SO战略 1. 2. 3. 4. 5.发出优势 6.利用机会 7. 8. 9. 10.	WO战略 1. 2. 3. 4. 5.利用机会 6.克服劣势 7. 8. 9. 10.
威胁——T 1. 2. 3. 4. 5.列出威胁 6. 7. 8. 9. 10.	ST战略 1. 2. 3. 4. 5.利用优势 6.规避威胁 7. 8. 9. 10.	WT战略 1. 2. 3. 4. 5.减少劣势 6.规避威胁 7. 8. 9. 10.

图 5-2 SWOT 分析矩阵图

过程看,任何一个组织及管理者都希望充分利用自己的优势并避免自己的劣势,抓住外部环境所提供的机遇以求得发展。但是,要充分发挥自己的优势实际上与其他因素的控制和转化有关,因而这一战略的采用往往需要以其他战略如 WO、ST 或 WT 战略来奠定基础。

第二种是劣势—机会(WO)战略。WO 战略的含义,是利用外部机会来弥补内部的劣势。通常是在这样一种情况下使用这一战略,即组织存在着外部的机会,但内部却存在着劣势,妨碍着外部机会的实现。实际上,这是当外部环境中具有组织发展机会时,以利用这一机会达到发展为目标指向和契机,来进行组织内部的更新。

第三种是优势—威胁(ST)战略。ST战略是利用优势回避或减轻外部威胁影响的战略。

第四种是劣势—威胁(WT)战略。WT战略是在减少内部劣势的同时规避外部环境威胁的战略。这是一种防御性战略。一个处于内部有许多劣势而外部面临大量威胁境地的组织,往往对外界机会的利用效率是很低的。

(二) PEST 分析

1. PEST 分析的内涵

一个组织的战略决策是在政治法律环境(political factors)、经济环境(economic factors)、社会文化环境(social cultural factors)、技术环境(technological factors)的共同作用下形成的。因此,对组织的外部环境进行分析是 SWOT 分析的前提。PEST 分析是战略外部环境分析的基本工具,是对由政治(P)、经济(E)、社会(S)和技术(T)等因素构成的组织外部环境进行分析,是用来帮助组织检阅其外部宏观环境的一种方法。

2. PEST 分析对象的具体内容

政治法律环境包括一个国家的社会制度、执政党的性质、政府的方针、政策、法律等,不同的国家有着不同的社会性质,不同的社会制度对组织活动有着不同的限制和要求,即使社会制度不变的同一国家,在不同时期,由于执政党的不同,其政府的方针特点、政策倾向对组织活动的态度和影响也是不断变化的。

经济环境主要包括宏观和微观两个方面的内容。宏观经济环境主要指一个国家的人口数量及其增长趋势,国民收入、国内生产总值及其变化情况以及通过这些指标能够反映的国民经济发展水平和发展速度;微观经济环境主要指企业所在地区或所服务地区的消费者的收入水平、消费偏好、储蓄情况、就业程度等因素,这些因素直接决定着企业目前及未来的市场大小。

社会文化环境包括一个国家或地区的居民教育程度和文化水平、宗教信仰、风俗习惯、价值观念、审美观点等。文化水平会影响居民的需求层次;宗教信仰和风俗习惯会约束或影响某些活动的进行;价值观念会影响居民对组织目标、组织活动以及组织存在本身的认可与否;审美观点则会影响人们对组织活动内容、活动方式以及活动成果的态度。

技术环境除了要考察与企业所处领域的活动直接相关的技术手段的发展变化外,还应及时了解国家对科技开发的投资和支持重点;该领域技术发展动态和研究开发费用总额;技术转移和技术商品化速度;专利及其保护情况等。

第二节 公共部门项目管理

对公共部门而言,在公共事业产品政策执行中,无论是公共项目还是常态化的管理,在规定的时间和空间中都是一个项目的运行过程。因此,为提高管理效率以回应公共服务需求,公共部门项目管理逐步形成并日益受到重视。公共部门项目管理主要包括项目目标和计划的确立、运作方案的拟定和选择、运作方案的实施和修正等环节。

一、公共部门项目管理的内涵与基本要求

项目管理产生于私营部门,在 20 世纪 80 年代后随着公共管理改革进入公共部门,并逐步形成了相应的公共部门项目管理的内涵与要求。

(一)公共部门项目管理的基本内涵

公共部门项目管理是指在限定时间、资源和质量目标内对项目进行从立项、执行、交付到维护全过程的综合管理以实现预定目标。公共部门项目管理有三个基本要素,即时间、成本、绩效,追求的是在符合标准的时间内用最低的成本完成预定目标,获得最大绩效。

(二)公共部门项目管理的基本要求

第一,控制时间,即进行项目时间管理。在当今这个高速发展的社会,时间对于项目而言成为一种重要的资源和制约因素,控制时间成为关乎项目管理生死的内容之一,缩短时间成为提高项目价值和竞争力的重要手段。严格的时间要求需要项目团队从项目定义之初就明确界定项目时间极限,然后运用各种技术制定合适的项目时间计划;在项目执行时,跟踪项目时间表执行状况并根据情况变化调整项目进度计划;最后,在项目终结时,做偏差分析以总结该项目的时间控制经验和教训。

第二,控制成本,即进行项目成本管理。项目运行的另外一个制约因素是成本。无论该项目为营利性或者非营利性的,都不能抛开成本谈项目。超额的成本消耗给项目运行带来巨大的压力,并直接导致项目效率的降低;过度的资源结余同样表示项目的效率低下,意味着在项目成本预算阶段没能尽量控制预算额度。优秀的项目管理能够严格控制项目成本,在此要求项目团队重视项目科学预算、节约成本消耗。通过使用估算和预算技术规划项目成本消耗总量和结构;运用事中审计和控制的方法,在适当时机调整预算表,盘活流动资金和项目净现值;最后是项目决算、终结审计并做偏差分析,总结经验教训。

第三,追求绩效,即进行项目优化管理。单独关注项目时间或者项目成本,是与项目管理最终追求绩效的目标不相符合的。因此,必须处理时间、成本和绩效三者的关系。如在项目计划时,可以用优先级矩阵解决三者冲突状态下的决策问题,用时间—成本图解决时间和花费的换算问题,等等。由此,追求绩效就是进行项目优化管理,要求明确时间、成本和绩效相互关系,在掌握这些关系的基础上调整项目计划和执行过程。[①]

(三) 公共管理中确立项目的基本要求

在公共管理中要将常态化的管理转换为一个公共项目以实施项目管理,一般来说主要包括以下要求:

一是必须把所要实施的公共管理活动划分为必要的行为步骤或阶段,以便有效地实现公共管理的目标。

二是必须仔细考虑每个步骤之间的关系,尤其是与特定的结果之间的关系。也就是说,它指向于达到某种与一定社区所有人利益相一致的结果。

三是明确每一步的实施者和责任者,即完成该项目而组织起来的管理人员应当有清楚的分工与责任。

四是有明确的时间表,包括每步骤所需要的时间及完成期限。整个项目的完成日期和每一步骤的完成日期都应该是事先预定好的。

五是经常检查资源分配与预先规划是否相符合。首先,整个项目的预算应当是确定而合理的,不能模糊不清或不切实际。其次,应对每一步骤使用的资源情况和预算执行情况进行动态检查。

二、公共部门项目管理的目标确立与计划形成

在对公共政策的目标确认后,公共管理机构根据有关政策及战略要求,确立本机构的完成政策任务的管理目标和计划,是整个公共部门项目管理的第一步。

(一) 目标的确立

公共部门项目管理的目标就是将一定的政策或目的具体化,变成可掌握、可衡量、可操作的东西。不同的公共事业管理层的任务是不同的,作为执行者的中低层管理人员的主要任务则是实施、执行、运作和评估。因此,中低层公共部门项目管理的目标确立,就是根据公

[①] 以上对项目管理的基本要求的论述,可参阅:林茂松,王东亚.项目管理理论回顾和思考.农村经济与科技,2008,19(7).

共政策或一定的公共管理战略,针对具体的公共问题或需求,选择一个公共管理行为所要达到的具体目的和所期望的实施效果。这一目标属于微观层次,是具体操作的指定性管理。

在这一形成公共项目的目标确立中,必须考虑这样一些因素:一是要考虑有关的公共政策、公共事业管理战略,以及有关本机构及其管理权限和职责的法律规定;二是要考虑本机构管辖范围内具体的社会需要和现实条件;三是要考虑本社区内人们之间的各种利益关系,并考虑综合人们利益的最佳方法;四是要进行效果预测,包括对目标实现障碍的估计等。

(二)计划的形成

管理目标确定后,应根据目标制定详细的计划。作为公共项目的项目管理,计划一般完成时间在一年以内,属于计划分类中的短期计划。

一般来说,完整的计划应该包含对以下问题的明确回答:① 我们必须做什么? ② 我们在何处? ③ 我们面临的主要问题是什么? ④ 我们可能做些什么事情? ⑤ 我们采用哪种行动方案? ⑥ 谁在何处? 干些什么? ⑦ 如何得知我们做得如何? 等等。

通常,在一个计划中可以通过确立以下几个方面的内容来回答上述问题:① 阐述目标,即要具体而明确阐述,而且应尽可能把目标量化,表明所选择的目标究竟是什么;② 对客观的环境和各种主观条件进行分析和评估,确认有利条件与不利条件,考虑如何运用有利条件,回避或改善不利条件;③ 根据分析列出可能的运作方案,经过比较后选择适当的运作方案;④ 确定实施这一项目管理的方法,以达到管理的高效率和资源的节省。

在形成计划后,还必须进一步拟定具体的项目计划书,即根据计划制定切实可行的行动步骤。这是一项必要的基础性工作。项目计划的合理制定,必须根据上面所说的确立公共事业中公共项目的基本要求进行。通常,在项目计划制定好以后,应将主要的操作步骤用直观的项目计划流程图展示出来。项目计划流程图是公共项目管理中制定项目计划最常用的工具。比如,如果要建立一所非营利中学,其项目计划流程如图5-3所示。

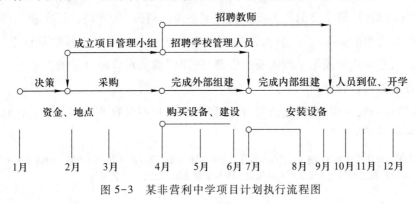

图 5-3 某非营利中学项目计划执行流程图

（三）目标管理

为有效地进行公共部门项目管理中的目标管理,可以采用目标管理的方法。目标管理是以科学管理和行为科学理论为基础形成的一套管理制度,其基本内涵是将一个项目的总目标,分解为若干与总目标相连的具体目标,即一种树状式的目标体系,并以目标即具体的管理结果为依据,明确每个具体目标的负责人、完成时间和资源配置等。

目标管理作为一种管理方法,其运用是以目标体系的确立为基础的。因此,在公共项目的目标确立和计划形成阶段,如果确定实施目标管理,就必须在目标确立和计划形成过程中进行相应的工作。这一工作主要就是建立一套完整的目标体系。即在中低层管理机构的公共项目的总目标确定后,从该管理机构的最高主管部门开始,由上而下地逐级分解和确定目标,而且上下级的目标之间保持一种"目的—手段"的关系,某一级的目标,需要由一定的手段来实现,这些手段就成为下一级的次目标,按级顺推下去,直到最低一级的操作目标,从而构成一种锁链式的目标体系。在这一个管理目标体系中,上一级的管理人员应该时常注意下一级项目的进度,关注下一级管理人员在完成项目目标时可能遇到的种种问题,并对项目进行评估等。

三、公共部门项目管理方案的拟订

从公共部门项目管理的过程来看,项目的运作方案的形成和决策,是在目标确立阶段完成的,即当项目管理的目标确定后,接下来的任务就是运作方案的制定和决策,然后形成相应的管理计划。①

（一）基本内涵和价值

所谓公共部门项目管理方案的拟订,就是指对项目管理的目标进行深入而具体的分析、假设、推理和判断,着眼于解决该项目管理的"做什么""谁来做""什么时间做""什么地点做""用什么方式方法做"等问题,为实现决策而准备方案。

拟定方案的价值,最主要的是为决策提供了必需的资源,从而提供了实现项目管理目标的途径。因为,决策的关键在于选优,而选优必然是在对多种方案比较的基础上进行的,拟定方案的结果,正为决策提供了所需要的资源,进而明确实现管理目标的途径。

（二）方案的可行性分析

方案的拟订一般来说,需要遵循可行性、详尽性和互不兼容的基本要求。在这一过程中

---

① 对公共部门项目管理方案的选择,其基本要求、过程等与一般政策方案选择大致相同。请参阅本书第四章"公共事业管理的基本过程"第二节 公共事业产品政策方案的制定及选择。这里不再重复。

特别重要的,是要进行方案的可行性分析,以保证和增加拟订方案可靠性和可行性的一个重要步骤。

可行性分析主要是侧重于操作性的角度,分析方案是否具有可执行性,是否可以达到目标。实际上,这是在通过分析寻求一条实际可行的达到目标的道路。可行性分析通常的形式是由研究人员、专家和实际工作人员对方案的可行性提出问题,由方案制定人员进行答辩论证。可行性分析主要从以下几个方面进行:

(1)限制因素分析。任何一个方案都是在一定条件下进行的,因而必须分析论证方案受限制的资源、时间、技术及其他相关条件。分析方案在哪些条件下可以实施,在哪些条件下不能实施。

(2)对潜在问题进行分析。即分析方案实施可能发生哪些问题和障碍,若发生这些问题或障碍,是否有补救的可能性和如何进行补救。

(3)对结果进行综合分析。即对方案所设定的预期结果与公共项目的基本目标的一致性及其程度,以及这一公共项目运作方案的社会效益、经济效益及其影响等进行分析。

可行性分析为方案的选择进行了周密的评估和慎重的论证,增加了方案的科学性和实施的可操作性,从而也就增大了公共项目实施成功的可能。

四、公共部门项目管理方案的实施

公共部门项目管理方案的实施通常包括以下三个主要阶段:

(一)实施的准备阶段

这主要是为决策的贯彻落实作先期准备工作、创造必要的主客观条件。这一阶段必须做的基本工作主要是:

第一,制定实施方案。即进一步把决策目标分解为具体的执行目标或阶段目标,从而确定具体的、具有操作性的行为步骤。

第二,思想准备。即运用新闻媒介、会议、公文等多种形式进行广泛的信息沟通与传播工作,使公共项目的具体执行者、决策所影响的相关公众充分理解公共项目所包含的价值、内容及产生的影响,从而对所要实施的公共项目产生认同感,从心理上、精神上和思想上做好参与和配合公共项目实施的准备工作。

第三,组织与人力准备。应根据所抉择的运作方案的要求,进行公共事业管理机构内的组织重组,并按目标管理的要求将任务层层落实到具体的组织机构、部门和管理人员。同时,制定出相应的规章制度。

第四,财物准备。根据决策目标和实施方案,进行详尽的开支预算,筹措所必需的各种物资材料。

(二)实施的落实阶段

在进行了必要的充分准备后,运作方案进入实施阶段。在这一阶段通常要做的是根据需要可以设立一定的指挥中心,努力做好沟通、协调工作,并进行有效的控制。其中最主要的工作就是控制。

从实施及其有效性的角度看,这一阶段的所有工作所围绕的重点,就是对运作方案的可靠性的验证。对运作方案可靠的验证关键是控制失效。运作方案的失效可能贯穿整个实施过程,分为早期失效、偶然失效和耗损失效。

第一,早期失效是指在决策实施早期所发生的失效。早期失效大体来自两个方面:一方面来自传统习惯的阻力和人们对公共项目的不了解;另一方面则可能来自政策本身制定上的失误或脱离实际。针对不同的原因应该进行不同的控制和调整,如果是前者所致,则应进一步进行宣传、解释和推动工作,如果是后者所致,则应当撤回或修订已作出的决策。因此,这一阶段应着重对方案失误的原因作出质的分析、区别情况、分别对待。

第二,偶然失效是指运作方案实施进入中期的失效。进入实施中期后,由于经过前期的控制和适度调整,实施情况趋于正常,失效会大大下降。这时当然也会出现失效,但这些失效往往是由一些偶然因素所造成的,需要视失效的影响大小决定是否进行相应的调整。

第三,耗损失效是指方案的贯彻进入后期出现的失效。当方案的实施进入后期,由于环境和情况都发生较大变化,而这一后期的变化往往是方案拟订时虽然努力预测,但实际上是较难预测准的,因而运作方案与实际情况不适应的状况会不断加剧,方案的失效率也就会随之上升。耗损失效应着重对失效的程度作出量的分析,从而决定是否有必要制定新的决策方案。

运作方案实施中的早期失效、偶然失效和耗损失效构成了一条所谓的"浴盆曲线",如图5-4所示。

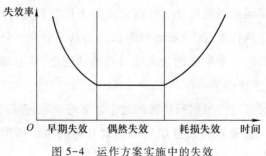

图 5-4 运作方案实施中的失效

（三）实施的评估阶段

运作方案落实之后,应对整个活动过程及其效果进行检查和评估,以总结经验教训,为今后的决策实施工作提供借鉴,同时也对决策本身的正确与否加以检验。评估阶段的主要内容有效果检验和绩效考核。前者指将落实后所产生的结果与预定的决策目标相对照,观察分析实施的效率与效果如何,而后者主要是对整个公共项目实施中有关组织机构和人员的贡献、能力、控制与管理水平等进行评价。

第三节　公共管理合同与公私合作

随着当代公共事业管理市场模式的逐步形成,必须有相应的技术和方法来处理政府与公共部门其他主体的关系,明确各自的职责与权利,共同完成好公共服务的任务。公共管理合同和公私合作就是当前公共事业管理市场模式下以政府为主体的达成管理目标的重要的管理方式和方法。

一、公共管理合同

（一）公共管理合同的概念与特点

1. 公共管理合同的概念

公共管理合同又称为公共管理契约,是指在公共管理过程中,政府与参与公共事业产品生产和提供的非政府组织、事业单位以及个人等主体之间,为实现公共管理目标,经相互协商所达成的协议。

在公共事业的科学、文化、教育、卫生、体育及城市公用事业等领域中所用的国家订购合同、公共设施建设合同、国有资源开发利用合同、公共征用合同、环境保护合同、科学研究合同、行政管理责任合同等都是常见的公共管理合同。

2. 公共管理合同的特点

公共管理合同的特点主要有:

第一,与一般的商业合同双方法律地位平等、权利义务对等不同的是,公共事业管理合同双方当事人的法律地位平等,但权利义务不均衡对等。其中,行政机关一方的权利明显多于对方的权利。行政机关的行政主体地位是形成这一特点的直接原因,现实中,政府是作为公共权力的实际执掌者、公共利益的代表者和维护者出现的,代表着社会和公众对参与公共事业产品的生产和提供者提出要求并进行监督。

第二,与一般商业合同的目标首先是利润不同,公共管理合同的目标是维护和增进公共利益。虽然在现实中,公共管理合同的形成使政府以外的多元主体进入公共管理过程的直接目标是营利,但公共管理合同的基本目标,仍然是提供好公共服务,维护和增进公共利益。

(二)公共管理合同的基本内容

为了规定政府与承担公共事业产品生产和提供者双方的权利,公共管理合同一般应具有以下内容:

一是规定政府一方的权利主要有监督权、合同单方面变更(解除)权和制裁权。

二是公民、法人和其他组织一方的权利主要有取得报酬权、损失补偿和损害赔偿请求权、额外费用偿还请求权等。公民、法人和其他组织有权要求行政机关按约定提供履行合同的各种条件,例如拨款、津贴、担保、减免税赋等;有权要求行政机关对其合法的行政行为所造成的损失予以补偿,对非法行政行为所造成的损害予以赔偿;有权要求行政机关偿还为更好地履行合同所支付的额外费用。

公共管理合同的缔结,目前主要有招标投标方式、邀请发价方式、拍卖方式和直接磋商方式。

(三)公共管理合同的授权方式

公共管理合同实际上就是基于管理的多元主体和丰富而复杂的公共事务,针对一定管理主体的性质和能力,以及相应的管理和公共服务事项,进行授权。从实际情况看,所涉及的事项和方式主要有行政授权、行政委托和公私合作。这里对行政授权和行政委托进行阐述。

1. 行政授权

(1)行政授权的定义。

行政授权是指行政机关依法将某项或某一方面公共管理权明确授予行政机关以外的其他组织或个人行使的法律行为。在当代,随着公共事业管理市场模式的逐步形成,行政授权方式已被普遍使用。这一变革的发生主要原因在于:

第一,随着公众对公共事业产品需求的不断扩大,政府垄断公共事业领域已难以维系,必须引入政府以外的组织参与公共事业产品的生产和提供。在这一过程中,为了使参与者更好地承担起责任,需要使事与权对等,因而必须采用政府与其他组织分权的方法。

第二,随着公众需求的增加,公共事务日益复杂化,管理难度在不断加大,从而使得公共事业管理越来越专业化。这样,政府就有必要借助其他具有专业优势的组织来处理复杂的公共事务。但是,由于行政机关以外的其他组织和个人并不享有公共管理职权,不能作为行政主体,因此,只有通过法律法规授予其公共管理职权,使其取得行政主体资格,才能以自己的名义实施公共管理行为并承担法律责任。

(2)授权组织。

享有行政机关依法授予的公共管理权力,能够独立实施公共管理行为,并承担相应的法律责任的组织或个人统称为"授权组织"。在我国,政府进行公共事业管理过程中,对政府以外的组织授权范围是广泛的,主要包括:

① 依法设立的处理专项公共事务的专门行政机构。法律法规直接设立的处理专项公共事务的专门机构具有行政主体资格。例如,《中华人民共和国国境卫生检疫法》第 2 条规定,设立国境卫生检疫机关,依照本法规定实施传染病检疫、监测和卫生监督。

② 行政性公司。行政性公司指以公司的构成要件,从事经济活动,但同时又承担一定行政管理职能的组织。这种行政性公司是我国经济体制转型时期的产物,即在改革过程中,为适应市场经济的需要,原来的一些政府主管部门转变或改建而成的企业性质的公司,由于专业或行业管理的需要,这些公司又被授权承担一定的行政职能,对专门的领域进行管理,总体上看,行政性公司应该是一种经济社会转型时期的产物。

③ 企业、事业组织、社会组织。在政府进行公共事业管理过程中,还可以依据相关法律对企业、事业组织、社会组织授权,使其可以在特定范围内行使公共事业管理职权,成为行政主体。例如授权县级以上卫生防疫站和食品卫生监督检验所从事食品卫生监督;授权各种行业协会管理本行业事务,等等。

(3)授权组织的地位。

在法律上,授权组织的地位等同于行政机关,即可以独立行使行政管理职权的机构,但在具体隶属关系上,授权组织则隶属于与其公共事业管理业务有关的行政机关。行政机关对隶属的授权组织有领导权、管理权和监督权。

2. 行政委托

(1)行政委托的概念。

行政委托是指行政机关和法定授权组织在其职权范围内,将某项或某一方面公共事务的管理权委托给其他机关、社会组织或个人行使的法律行为。依法取得行政委托的其他机关、社会组织或个人统称委托组织。

行政委托和行政授权形式上都是行政权力的转让行为,但二者在权力来源、权力性质和管理后果承担方面具有明显的差别。其一,在权力来源上,委托组织的权力来源于行政机关和法定授权组织的委托,而授权组织的权力来源于法律法规的明确授予。其二,在权力性质上,委托组织获得的权力不能独立行使,必须以委托的行政机关或法定授权组织的名义行使,而授权组织获得权力能够以自己的名义行使。其三,在行为后果方面,委托组织的行为后果由委托的行政机关或法定授权组织承担,而授权组织的行为后果由授权组织独立承担。

(2)行政委托的规则。

在公共管理实践中,由于政府人、财、物不足,或由于地理条件限制等原因,或由于政府遵循回避原则而不能实施某种公共管理行为,政府可以将自己不履行某项公共管理职能委托给其他机关、社会组织或个人,但行政委托必须遵循必要的规则。这些规则主要有:① 委托的行政机关或法定授权组织必须依法委托,有法律、法规的依据,不得自行决定是否委托和如何委托;② 委托的行政机关或法定授权组织必须在其职权范围内委托,超越职权范围的委托属于无效委托,受委托的其他机关、社会组织或个人亦必须在委托的职权范围内实施公共管理行为;③ 委托的行政机关或法定授权组织对委托组织具有监督职责,可以依法收回委托或撤销委托;受委托的其他机关、社会组织或个人必须符合法定条件,如具有专业技术优势、有公共管理经验、熟悉行政法律法规等;④ 受委托的其他机关、社会组织或个人接受行政委托后,不得再委托给其他机关、社会组织或个人。①

二、公私合作

在当代公共服务管理过程中,公私合作是公共服务或者公共事业产品提供中政府与其他组织合作的最常用的方式,而这一方式的确立通常是通过相应的公共管理合同来完成的。②

(一)公私合作的概念

公私合作是民营化的一种方式。所谓公私合作,是当代西方公共服务管理改革中的一项探索,相当程度上可以说是一项改革成果,英文为 Public-Private Partnerships,简称为 PPP,中文直译为"公私合伙制"。对于公私合作的界定,国外比较公认的提法主要有以下三种:③

一是英国财政部的界定,认为公私合作包括以公开发行股票或引入战略投资者等方式

---

① 汪玉凯.公共管理,北京:中共中央党校出版社,2003:104.
② 公私合作的具体合作方式在本书的第四章阐述企业参与公共事业管理,以及第八章公共事业的经费与配置效率分析中阐述企业参与公共事业产品提供中的效率时均有分析。本章主要对概念及相关问题进行论述。
③ 叶晓甦,徐春梅.我国公共项目公私合作(PPP)模式研究述评,软科学.2013,27(6).

向私人机构出售国有公用事业的小部分或者大部分股份;与私人机构签订长期购买服务协议以充分利用其市场化管理技术,包括向私人机构授予特许经营权;其他出售政府服务或开发私人机构经营与融资能力的方式。

二是美国公私合作国家顾问委员会的界定,认为公私合作分为狭义和广义界定,狭义公私合作是传统政府采购和私有化的混合物,包括为满足公共需求对公共设施所进行的设计、建造、融资、运营、维护以及对公共服务的运营;而广义公私合作则还包括传统的政府采购和私有化。上述界定的核心在于产权的私有化与经营的市场化。

三是经济合作与发展组织(OECD)的界定,认为公私合作通过充分利用私人部门的商业和技术知识、经验,实现高效、低价的城市环境基础设施建设与服务,缓解政府部门财政紧张。

综合国内外的研究,公私合作是指公共部门通过与私人部门建立伙伴关系提供公共产品或服务的一种方式、一种运行机制。

公私合作制所包含的具体内容,目前学术界的看法并不一致。本书所选取的是目前认可度比较高的一种看法,即认为当前我国公私合作的主要的形式是特许经营。同时,与特许经营相关的公私合作方式,还包括一系列项目融资模式,如 BOT(build-operate-transfer)模式,即建设、经营、转让;BOO(build-own-operate)模式,即建设、拥有、经营;TOT(transfer-operate-transfer)模式,即转让、经营、转让;DBFO(design-build-finance-operate)模式,即设计、建设、融资和运营,等等。这也是目前大家比较认同的。

(二)公私合作具体方式

1. BT

BT 是英文 build-transfer(建设—转让)的缩写,是政府利用非政府资金来承建某些基础设施项目的一种投资方式。其含义是:政府通过合同约定,将拟建设的某个基础设施项目授予企业法人投资,在规定的时间内,由企业法人负责该项目的投融资和建设,建设期满,政府按照等价有偿的原则向企业法人协议收购的商业活动。

2. TOT

TOT 是英文 transfer-operate-transfer(移交—经营—移交)的缩写,通常是指政府部门或国有企业将建设好的项目的一定期限的产权或经营权,有偿转让给投资人,由其进行运营管理;投资人在约定的期限内通过经营收回全部投资并得到合理的回报,双方合约期满之后,投资人再将该项目交还政府部门或原企业的一种融资方式。即:政府投资建设的项目,在一定时期内有偿转让于非政府投资主体经营,政府回收资金可用于新项目建设,并最终拥有项目所有权。

3. BOT

BOT 是英文 build-operate-transfer(建设—经营—转让)的缩写,是一种适用于基础设施建设的投资、融资方式。BOT 投融资模式的典型形式是项目所在地政府授予一家或几家私人企业所组成的项目公司特许权利,就某项特定基础设施项目进行筹资建设,在约定的期限内经营管理,并通过项目经营收入偿还债务和获取投资回报;约定期满后,项目设施无偿转让给所在地政府。简而言之,BOT 一词是对一个项目投融资建设、经营回报、无偿转让的经济活动全过程典型特征的简要概括。BOT 投融资模式适应了现代社会工业化的城市化进程中对基础设施规模化、系统化发展的需要,是政府职能与私人机构功能互补的历史产物。它作为公共基础设施建设与私人资本的特殊结合方式已引起世界各国的广泛关注。

在 BOT 投融资模式的实际运用中,由于基础设施种类、投融资回报方式、项目财产权利形态的不同等因素,已经出现了以下不少变异模式。

(1)BOOT(build-own-operate-transfer)形式。

这一模式在内容和形式上与 BOT 没有不同,仅在项目财产权属关系上,但强调项目设施建成后归项目公司所有,因此增加了一个词"own"(所有)。

(2)BTO(build-transfer-own)形式。

这一模式与一般 BOT 模式的不同在于"经营(operate)"和"转让(transfer)"发生了次序上的变化,即在项目设施建成后由政府先行偿还所投入的全部建设费用、取得项目设施所有权,然后按照事先约定由项目公司租赁经营一定年限。

(3)BOO(build-own-operate)形式。

其含义为某一基础设施项目的建设、拥有(所有)、经营。在这一模式中,项目公司实际上成为建设、经营某个特定基础设施而不转让项目设施财产权的纯粹的私人公司。其在项目财产所有权上与一般私人公司相同,但在经营权取得、经营方式上与 BOT 模式有相似之处,即项目主办人是在获得政府特许授权、在事先约定经营方式的基础上,从事基础设施项目投资建设和经营的。

(4)ROT(renovate-operate-transfer)形式。

其含义为重整、经营、转让。在这一模式中,重整是指在获得政府特许授予专营权的基础上,对过时、陈旧的项目设施、设备进行改造更新;在此基础上由投资者经营若干年后再转让给政府。这是 BOT 模式适用于已经建成、但已陈旧过时的基础设施改造项目的一个变体,其差别在于"建设"变为"重整"。

（5）POT（purchase-operate-transfer）形式。

其含义为购买、经营、转让。购买，即政府出售已建成的、基本完好的基础设施并授予特许专营权，由投资者购买基础设施项目的股权和特许专营权。这是 BOT 模式的变体，其与一般 BOT 的差别就在于"建设"变为"购买"。

（6）BOOST（build-own-operate-subsidy-transfer）形式。

其含义为建设、拥有、经营、补贴、转让。发展商在项目建成后，在授权期限内，既直接拥有项目资产又经营管理项目，但由于存在相当高的风险，或非经营管理原因的经济效益不佳，须由政府提供一定的补贴，授权期满后将项目的资产转让给政府。

（7）BLT（build-lease-transfer）形式。

其含义为建设、租赁、转让。发展商在项目建成后将项目以一定的租金出租给政府，由政府经营，授权期满后，将项目资产转让给政府。这一方式与融资租赁非常相似，仅是客体由一般的大宗设备换成了基础设施而已。

从 BOT 及其变异模式看，BOT 投融资模式的核心内容在于项目公司对特定基础设施项目特许专营权的获得，以及特许专营权具体内容的确定。而建设（重整、购买）、转让则可以视项目不同情况而有所差异。这样既能解决政府在公共事业建设方面财政资金不敷项目需求的困难，又能保证项目公司在经营期间的获益权和国家对公共事业设施的最终所有权。

（三）运用公私合作的相关问题

1. 公众利益与公共治理

运用公私合作方式，目的在于引入新资源，并提高公用事业的运行效率，提供好公共事业产品。公共事业产品的"公共用"显示出，不管是谁生产、谁提供，以什么样的方式提供，但对消费者来说仍然是公共和公用的。显然，归根到底，使用公私合作的最终目标不是民营化或者说市场化，而是满足公众不断增长的对公共事业产品这一现代生活的"必须消费品"，保障和促进社会稳定和发展，简言之，要维护和增进公共利益。

因此，在使用公私合作过程中，有必要重申维护和增进公共利益这一改革的目标，通过相应的制度和机制设计，落实好这一价值取向。这一制度和机制设计，必须逐步确立一个公共事业的公共治理框架，走向公共事业的公共治理，也就是必须以维护和增进公共利益为基点，深刻地理解公共治理的价值和意义，建立一个以政府为核心的包括各类利益相关者的公共治理体系。在这一现代治理体系中，通过相应的机制和程序搭建沟通平台，信息公开透明，利益相关者通过充分的表达、协商、协调乃至博弈，共同解决公共事业改革和运行中的问题，在维护公共利益的基础上，努力追求帕累托最优，形成"多赢"的格局。

2. 公私合作与促进竞争

在公共事业管理过程中,通过以公私合作为基本方式的民营化改革,如对我国来说,其中一个目标就是使政资分离进而是政企分离和政事分离,形成公共事业领域的竞争,提高效率。

需要注意的是,在公共事业领域,民营化并不必然产生竞争。对城市公用事业而言,从技术经济的角度看,公用事业是具有规模性、外部性、成本弱增性以及公共性的服务性产业。例如英国学者约翰·斯图尔特·密尔认为,公用事业是具有规模经济的产业,托马斯·法勒认为,公用事业是具有公共性、垄断性以及产品无法储存的产业。其中,有两个特性尤其值得注意:一是规模性,主要指生产规模越大,单位产品的成本就越小,因此,具有规模的产业,由少量企业生产比由大量企业生产更有效率,更能有效地利用资源。二是垄断性,主要是指公用事业中诸多领域具有供给的物理网络,谁占有网络,谁就取得了供给的最佳条件,进而排挤竞争对手,形成垄断。这就是说,公私合作带来的市场化,并不会自然产生竞争。竞争是否存在并发挥作用,取决于市场化的形式和有关市场结构。

因此,在公共事业领域使用公私合作,关键是市场结构的改变与市场竞争的形成。同时,应该努力通过各种方式促进和保证公共事业领域中竞争的存在和发挥作用。就公私合作而论,这实际上是政府与私营部门通过契约共同承担公共产品的生产和提供之责,风险共担,利益共享,同时相当程度上,公私合作所涉及的 BOT、BOO 等形式,相当程度上就是一种"临时私有化"。据此,应该在推进合同专业化的同时,致力于通过制度和技术,在公共事业市场化过程中引入有限竞争,以解决公共事业市场结构的垄断问题。这种有限竞争既可以在地理空间上引入有限竞争,也可以在产权结构上引入有限竞争,同时在时间纬度上也可以引入有限竞争,即通过多纬度的调整,引入有限的竞争,从而提高公用事业的运行效率。

3. 分类改革与阶段式发展

使用公私合作的直接目标是提高效率,而公私合作能促进民营化但并不必然促进竞争,影响提高效率的主要因素是市场结构而不是产权或所有制,因而要考虑分类改革与阶段式发展的改革方略。

分类改革是指在明确现阶段公共事业并非公有或私有非此即彼的情况下,应该根据公共事业领域具体行业的特性,进行分类改革:① 对具有竞争性的经营性事项,如公共交通、供水、垃圾处理和污水处理等设施,应该创造条件,进一步推进公私合作改革。② 对竞争性的非经营性事项,如街道清扫、道路绿化等,政府可以代表社会公众作为需求方,向不同的生产主体购买产品和服务。2013年9月,国务院办公厅印发《关于政府向社会力量购买服务的指导意见》,有力推动这一改革的发展。③ 对具有自然垄断性的经营性事项,如供水、供热、供气等(其中有的事项与上述第一类重复),由于具有自然垄断性,对政府的监管有较高的要求,在改革的条件下,首先要维持现状,但需要在改善市场结构,促进竞争方面进行改革。④ 对具有自然垄断性的非经营事项,如城市道路、公共绿地、园林绿化、雨水排放、防洪等设施,可以尝试把政府提供和组织生产两个环节分离。

推进分类改革中,应该注意在一个总体目标下,即在形成合理的市场结构和管理体系,提高公共事业运营效率,保障和促进公共利益的总体要求下,政府可以结合本地经济社会发展情况和公共事业的现状,具体确定公共事业改革的阶段,如对具有自然垄断性的经营性业务领域,如供水、供热、供气等网络性业务,第一步可以保持现有的国有企业经营为主的格局,第二步待时机成熟后,即政府监管体系和能力提升后,展开公私合作的改革。

4. 法制建设与政府责任

当代公共管理改革发展的鲜明特点,是主体多元,各司其职,层次明显,内容丰富,法制为基,管理规范,政府主导,引导服务。这一格局既展现了多元主体参与,协同完成社会治理与公共服务之责,又体现了法制的基础性作用和政府在多元主体构成的管理和服务体系中的核心作用。多元主体参与的公共治理格局是解决公众需求无限而政府财政有限矛盾,有民主化发展的要求,而法治化则是涉及公众利益的决策事宜,是市场经济的"永恒禁区",必须通过法制的建立,提供平台,规范操作,多方协商来予以解决。从公共事业的公私合作改革来看,无论是私人企业进入前的招标和合同形成,还是进入后的价格监管、质量监管和退出管理,都需要有法可据。

当代政府对公共事业的管理是依法管理,而在管理过程中政府的职责,来自政府角色的定位和政府责任的确立。实际上,这也是关于公共事业公私合作法律中的重要内容。就此而论,政府责任的定位与相关法律的形成是相辅相成的。就当代公共事业的进程来看,随着公私合作改革的深入,政府在整个公共事业领域中,正从传统的决策者、管理者和直接经营者的角色,转变为宏观决策者,过程监管者的角色,承担着通过对公共事业产品生产和提供政策执行的过程监管,最终维护和增进公共利益的责任。这一点,必须主动地有意识地落实到政府的职能设计、监管内容和监管流程的设计和实施中。

✅ **本章小结**

当代公共事业管理的公众需求发展变化和环境的日益复杂,使得公共事业改革发展中必须关注经济效率和社会效率在内的管理效率,为此,必须解决外部环境与内部环境的关联问题,并在这一基础上确定管理战略,整合资源,科学地设计和把握管理流程并有相应的管理工具。公共部门的战略管理、项目管理、公共管理合同和公私合作,就是适应这一需要或者从私营部门引进,或者根据客观需要创新,并逐步成熟的新的管理技术与方法。这些新的管理技术与方法,各自均有相应的管理程序和技术,以及需要注意的运用中的相关因素与关系。

✅ **概念和术语**

战略 战略管理 战略规划 环境分析 战略评估 战略实施 SWOT 分析 PEST 分析 优势——机会战略 弱点——机会战略 优势——威胁战略 弱点——威胁战略 项目管理 公共管理合同 行政授权 行政委托 公私合作

✅ **复习思考题**

1. 什么是战略管理?战略管理和战略规划的区别与联系是什么?

2. 战略管理有什么特点?

3. 公共事业管理部门运用战略管理有什么价值?公共事业管理部门战略管理与私营部门战略管理有什么不同?

4. 战略管理的主要环节是什么?各自的作用和基本内容是什么?

5. 什么是 SWOT 分析?SWOT 分析的关键是什么?

6. SWOT 分析中的基本战略匹配有哪些?各自的目标或作用是什么?你认为公共事业管理部门在运用 SWOT 分析时是否与私营部门有区别?

7. 什么是 PEST 分析?PEST 分析的基本对象是什么?

8. 公共部门项目管理的基本内涵是什么?如何进行公共部门的项目管理?

9. 什么是公共管理合同?公共管理合同的基本内容和实施要求是什么?

10. 什么是行政授权？行政授权的基本要求是什么？

11. 什么是行政委托？行政委托的基本要求是什么？

12. 什么是公私合作？其基本形式有哪些？在公共事业管理中运用公私合作需要注意哪些问题？

 即测即评

请扫描右侧二维码，进行即测即评。

第六章 公共事业管理费用及配置效率

公共事业管理的基本任务是公共事业产品的生产和供给,是一个消耗资源,生产和提供公共事业产品的投入产出的过程。公共事业管理作为中国特色社会主义公共服务管理,这一特定公共服务的提供,或者是具有生产规模较大,资金投入额度大、周期长、回报率低等特征,或者是由于回应公共服务需求的多样化与服务效率的保障和提升,服务的承担者已走向了社会化和多元化。在当代公共服务的变革中,基于配置效率的当代公共事业管理多元资金投入的市场模式,回应了公共事业产品生产和提供的需求。

第一节 公共事业产品的生产方式与提供方式的基本组合

一、公共事业产品的生产与提供方式及其价值

当代公共事业产品基于公共产品决定方式构成的生产和提供方式组合,是当代公共管理创新的基本内容,也是最为典型的表征。这一组合方式决定着公共事业管理经费投入、运行方式和效率,决定着整个公共事业管理的结果。

(一)公共事业产品生产与提供方式组合的基本含义

公共事业管理的最直接的目标,就是为公众提供尽可能多的优质的公共事业产品。因此,在公共事业管理中,如何投资和投多少资,都是围绕公共事业产品提供这一核心来展开的。从确认公共事业管理问题,到制定公共事业产品政策,再到执行和评估政策,存在着谁生产、谁提供,以及生产者和提供者是同一的还是分离的问题。因此,所谓公共事业产品的生产方式和提供方式的组合,就是指在公共事业管理过程中,围绕生产和提供两个关键环

节,生产者和提供者之间的关系和结构。

如果生产方式和提供方式是唯一的,那么,生产方式和提供方式的组合也就是唯一的,而如果生产方式和提供方式中只要有一个是非一元的,那么,生产方式和提供方式的组合就是多元的。因此,从公共事业管理过程来看,生产方式和提供方式的组合,实际上表达的是生产者和提供者是单一还是非单一,也相应决定了公共事业产品生产和提供过程中资金来源的可能范围。

(二)公共事业产品生产与提供组合方式在公共事业管理中的价值

本书前面已指出,以当代公共产品的基本理论为运行机理的公共事业管理市场模式,在决定一个产品是不是公共产品的提供方式这一关键环节上,具有公共提供、混合提供和市场提供三种基本方式。这三种方式的特定含义和规定,从根本上保证了通过这三种方式提供的产品是满足公共消费需求的公共产品。

必须指出,提供方式本质上是对消费方式的规定,它直接规定的是以何种方式去消费,而没有直接也没有必要说明是谁生产,依靠何种资金进行生产。因此,虽然当代公共事业管理市场模式下的公共提供、混合提供和市场提供保证了公共事业产品的基本供给,但却没有直接给出对多元生产者和多元方式的规定。

所以,根据当代公共管理市场模式下公共提供、混合提供和市场提供三种方式及其组合所给予的生产者和生产方式多元存在的支持,具体明确可能存在的生产者和提供者,尤其是明确可能存在的生产者与提供者不同的组合方式及机制,通过一定的生产方式和提供方式的组合,明确了当代公共事业管理过程中可能有的投资数量和投资方式。实际上,当代公共事业管理市场模式下的公共事业产品生产和提供方式的组合,既构成了公共事业产品的不同的管理方式,也形成了管理过程中的资金投入方式,从而以多元的资金投入为基础,构成了当代公共事业管理多元主体参与的基本格局。

二、当代公共产品的生产方式与提供方式的组合

那么,当代公共事业管理市场模式下,公共事业产品的生产和提供有哪些可能的组合?不同的组合适应哪些公共事业产品的生产和提供呢?从公共产品的提供方式的分析中可以看出,公共产品可以是公共生产,也可以是私人生产,公共产品的提供方式可以是公共提供,也可以是市场提供或者混合提供。因此,其生产方式与提供方式可以有不同的组合模式,如图 6-1 所示。

具体言之,根据图 6-1,在理论上,公共产品的生产和提供的组合方式为:

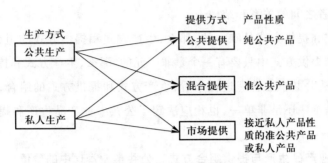

图 6-1　公共事业产品的生产和提供方式组合

第一,公共生产、公共提供。即由政府依靠公共财政支出,直接投资并组织公共产品生产,然后无偿地向社会提供。

第二,公共生产、混合提供。即由政府组织公共产品生产,并通过收费方式向社会公众提供。这种收费不以营利为目的,而是对成本进行补偿。如事业单位以及行政机关为公众提供的一些产品和服务。

第三,公共生产、市场提供。即由公共企业生产,按营利原则定价,并向使用人收费的提供方式。通常,具有政府垄断性质的私人产品,或者接近私人产品性质的准公共产品,如燃气、水、电、电信、公共交通等在一定情况下也可以采用这种方式进行生产和提供。

第四,私人生产、公共提供。即由非营利组织乃至私人部门生产,通过政府采购方式由政府获得产品的所有权,并无偿地向社会提供的公共产品。如国防产品、公共工程建设等。

第五,私人生产、混合提供。即在政府相关的法规、行业政策和规划的指导和监督下,由非营利组织或私人部门投资和组织生产,并由其自行向社会提供。一般来说,涉及教育、医疗、文化等事业产品生产的非营利组织的事业产品就是以这种方式提供的。

第六,私人生产、市场提供。这主要是指对那些可以比较好地进行"选择性进入"的产品,甚至为俱乐部生产的产品,如上述的私人与社区通过契约而进行的社区内的公共产品的生产和提供,如付费后可以进入的音乐厅、高尔夫球场等。

当然,如前面的分析,对具有俱乐部性质的产品,目前人们存在不同的看法,有的将此作为准公共产品的范畴,有的则作为总体上属于私人性质的产品。但这种产品显然是一定范围内的互益公共产品,因而宽泛地说,可以将其作为公共产品的一种,从公共产品的生产和提供模式的组合上进行相应的分析说明。

第二节　不同类别的公共事业经费投入分析

公共事业产品的生产与提供方式及其组合,构成了相应的资金来源的多元化。这一多元化的资金来源,可以分为公共支出和非公共支出两大类别。前者属于政府投资,主要来源于税收,后者则属于社会投资,主要由非营利组织收入及承担公共事业产品生产的企业资金构成。在现实中,这两类资金可以通过不同的筹资模式投入公共事业产品的生产和提供中。

一、公共事业管理中的公共支出

政府对公共事业的投入即公共支出,是公共事业管理中基本的经费来源,在当代的公共产品的生产和提供的组合模式中具有重要的地位。在投入公共事业产品的生产和提供过程中,公共支出的投入和运行有相应的原则要求。

(一)公共支出的概念和分类

公共支出也称为财政支出或政府支出,是指政府为履行其职能而支出的一切费用的总和,换言之,公共支出是政府进行公共事务管理的成本。如果从公共产品的角度看,就是政府向社会提供公共物品或服务所付出的成本。

在公共财政中,公共支出根据不同的目的和标准,可以进行不同的分类。常见的主要有以下几种:

第一,消耗性支出与转移性支出。这是按是否有直接补偿为标准来进行的划分。前者是政府各部门的消费和投资性支出,后者指政府用于养老金、补贴、债务利息、失业救济等方面的支出。

第二,预防性支出和创造性支出。这是按支出目的进行的划分。前者指用于维持社会秩序和保卫国家安全,保障人民生命财产安全与生活稳定的支出;后者指用于提高公民生活水平、完善社会环境等方面的支出,主要包括经济、文教、卫生和社会福利等方面。

第三,一般利益支出和特殊利益支出。这是按支出的受益范围进行的划分。前者指全体成员都可以享受其所提供的效益的支出,如国防支出、警察支出、司法支出等;后者指对社会中某些特定居民或企业给予特殊支出,如教育支出、医药支出、企业补助支出、债务利息支出等。

（二）公共事业管理费用中的公共支出结构分析

公共支出是由不同的项目支出构成的，其中有相当的部分是用于公共事业管理的。由于消耗性支出和转移性支出在社会经济运行中所起的作用不同，这种分类具有较强的经济分析意义，因而可以依此对公共事业管理费用中公共支出的结构作进一步的分析。

第一，公共事业管理费用中的公共消耗性支出。

公共消耗性支出又可以分为公共消费支出和公共投资支出。前者主要是指政府为提供公共产品和准公共产品而进行的支出，后者是指政府通过投资基础设施等以保证和改善社会经济和生活条件的支出。两者的区别主要表现在前者往往是向公众提供一定的社会公共服务，后者的使用往往形成资产。

公共消耗支出中比较重要的项目是国防支出、教育支出和公共保健支出，其中后两项就属于公共事业费用支出。如在教育支出中，由于教育总体上是一种准公共产品，因此教育支出的资金通常应由政府和受益者个人共同承担。一般政府公共支出中的教育支出方式主要有两类：一是直接开设公立学校，对学生免费或收取较低学费；二是鼓励国家机构以外的社会组织或个人兴办教育的同时，提供各种形式的间接补贴，如对私立学校的免税、对助学贷款的利息免税及对助学贷款给予担保或财政贴息等。

公共投资是一种以国家为主体，以财政资金为来源的投资活动，它能带来未来的产出。公共投资的领域主要是在市场失灵的领域，如自然垄断行业、基础产业、高科技产业、农业等。通常是投资大、周期长的项目。这其中容易形成垄断的行业，同时也是公共事业管理的基本对象的行业，如水、电、燃气、通信等，传统上往往是由政府投资来组织生产和提供的。

第二，公共事业管理费用中的公共转移性支出。

公共转移性支出直接表现为政府资金的无偿的单方面的转移，包括各种财政补贴、补助、养老金、失业救济金、债务利息等。其最重要的内容是社会保障支出和财政补贴，且后者与公共事业产品的生产和提供直接相关。财政补贴是指国家为了实现特定的政治、经济和社会目标，在一定时期内向生产者或消费者提供一定的补助或津贴，不要求接受者支付对等的代价。财政补贴通常分为价格补贴、企业亏损补贴、财政贴息、职工和居民生活补贴、税收支出和税前还贷等。

财政补贴中，尤以企业亏损补贴与政府公共事业管理的费用支出最为密切。企业亏损补贴是国家财政在企业发生政策性亏损等情况时，为了维持企业的生存而给予的财政补贴，相当程度上是政府为了维持某种产品或劳务的低价格供给或者补贴国家政策给企业造成的损失而支付的代价。通常，政府所要维持的一定低价格的产品或劳务就是涉及公众基本生活所需要的产品,即公共事业产品,因而企业亏损补贴是公共转移支出中最主要的公共事业管理费用。

(三)公共事业管理费用中的公共支出原则

公共事业管理费用中的公共支出主要有以下三个原则:

第一,公平原则。即通过公共支出生产和提供的公共事业产品所产生的利益,应在各个阶层居民中的分配达到公平状态,能恰当地符合各个阶层居民的需要。由于公共事业产品主要是准公共产品,因此这一公平原则不是在数量投入或提供方面的绝对公平,而应包括两个基本内容:一是横向公平,即同等对待同一层次的居民;二是纵向公平,即差别对待不同层次的居民。如从理论上看,对公共教育和公共保健的政府补贴,应对不同阶层有所差别。

第二,效益原则。即通过公共支出生产和提供公共事业产品,一方面得到最大的社会效益,另一方面应有助于资源的优化配置。作为公共事业产品,求得社会效益自不待言,而资源的优化配置,主要是指这一支出能达到社会资源在公共部门和私人部门之间的最优配置,理论上,在完全竞争的市场,公共支出用在公共事业产品生产和提供中的收益应恰好等于用在私人产品投资所得的收益。

第三,稳定原则。即指公共支出应有助于防止经济波动过于激烈。公共事业产品是特定的社会产品,因此,政府通过公共支出直接进行公共事业产品的生产和提供,无论是消耗性支出还是转移性支出,其增减变化必然会影响到社会需求的总量。一般来说,为保证整个社会和经济的稳定,在安排公共事业产品生产和提供的公共支出费用时,应有利于达到较高的就业水平、较稳定的物价和较好的经济增长率等。

二、公共事业运行中的非营利组织投入

当代公共事业运行中包含着社会投入。所谓公共事业管理费用中的社会投入,是指在公共事业运行费用中公共支出以外的资金投入,主要由非营利性组织及承担一定的公共事业产品生产的企业的投入构成。社会对公共事业的投入,是当代公共事业运行经费中非公共投入的一个基本部分。公共事业运行中的社会投入有其特定的来源和支出原则,这里首先分析非营利组织的投入以及投入的基本原则。

(一)非营利组织投入的内涵

从事公共事业产品生产和提供的非营利组织的资金来源于其收入,这一收入主要分为以下方面:

一是溢余。即一定时期内公共事业产品和服务所产生的销售收入与支出相抵后的差

額,即净资产的增加,如学生向学校交纳的费用,病人向医院交纳的费用扣除成本后的剩余。根据非营利组织的基本宗旨及相关法律,非营利组织的收入除补偿成本外,是不能进行分红的,只能继续用于公共服务。

二是社会捐赠。一些非营利组织有捐赠基金,但这些基金的使用有明确的要求,即本金部分通常要求被永久保存,或至少要保存很长一段时间,而且利用本金的利息或用本金进行投资所赚取的收入的使用是有明确限制的,即通常是用于非营利的公益活动。

三是政府拨款。政府对非营利组织的拨款一方面是为了使非营利组织的持续发展,另一方面也有补贴的性质,即有些拨款属于这些非营利组织从事公共事业产品生产和提供中根据有关法律和政策采取的低价格、低收费服务的一种弥补。相应地,非营利组织使用这种政府拨款进行公共事业产品生产和提供也是有明确的法律规定和政策约束的。

(二)公共事业运行中非营利组织资金投入原则

社会投入中非营利组织的投入的基本要求是:

第一,非营利原则。这是非营利组织宗旨的一个最基本的表现,是现代社会非营利组织所应遵守的一个基本原则。如我国就对非营利组织的活动在这方面做出了明确的法律规定:《社会团体登记管理条例》中明确规定,社会团体不得从事营利性经营活动,《公益事业捐赠法》规定,不得以捐赠为名从事营利活动,《基金会管理办法》中也规定,基金会不得经营管理企业,等等。由于从事于公共事业产品的生产和提供是非营利组织最为基本的活动,因而非营利原则也就是非营利组织在公共事业管理活动中资金投入的首要原则。

必须注意的是,营利与收费不能画等号,因为现实中许多非营利组织还是收取费用的。实际上,非营利组织与企业性组织或私人部门的根本区别在于:非营利组织在开展活动时的合法收入,必须全部用于该组织有关章程所规定的业务活动,不得在组织成员中进行分配,即便在组织被注销后的剩余资产,也不能转移或私分。一句话,非营利组织的收入必须用于增进社会公共利益的活动。这也是非营利组织的基本道德行为准则。

第二,安全原则。即指非营利组织要确保其投资的安全性,也就是要求非营利组织成为基金资源的消极持有者(passive holder of economic resources),而不是财富的积极创造者(active creator of wealth)。为此,必须进行投资类型的必要限制。通常,如商品的买卖和昂贵艺术品的购置、投机行为和期货交易、房地产投资等都是不允许或不适宜的。就非营利组织来说,公共事业产品的生产和提供中的投资大、风险高、周期长的项目,是否投入或投入多少,在决策时必须认真分析。

三、公共事业运行中的企业资金投入

公共事业运行中的企业投入是非公共支出中的另一个基本部分。随着当代公共事业管理的市场模式的逐步确立,随着公共事业管理费用来源的多元化,企业资金在公共事业运行中发挥出越来越重要的作用。

企业资金运行的一个最基本的目的就是营利,这也是企业资金进入公共事业产品生产和提供领域的一个基本条件。但是,由于公共事业产品在社会消费中的特殊要求,因而企业资金在这一领域中的营利是特定的,即是在有关法律和政府政策所给定的空间中进行营利的,企业通常是根据生产成本而不是根据生产价格来制定所生产的公共事业产品价格的,政府通过各种优惠政策如生产资料价格上的一定的优惠,或一定的财政补贴等,对企业生产公共事业产品并维持政府所要求的价格进行支持。

一般来说,在现代公共事业管理中,在政府各种优惠政策的引导下,企业资金进入公共事业产品的生产主要有以下两种方式:

(一)投资公共事业产品生产企业

投资公共事业产品生产企业通过投资建立或将资金投入某一生产公共事业产品的企业,将企业资金较为长期地投入某一公共事业产品的生产中。这类公共事业产品主要是上述所说的适宜于私人生产、公共提供,或者私人生产、混合提供的产品,如一定范围内的教育产品、医疗产品、文化产品,以及水、电、邮政、电信、铁路等产品。

这里要进一步对水、电、邮政、电信、铁路等公共事业产品的生产和提供与私人资金的关系进行说明。在现实中,从资金投入来看,私人资金投入这类公共事业产品的生产主要有两种方式。一种是主要由私人进行投资生产,政府进行管理,如对价格进行控制,并通过进行一定的政府补贴,即非公共生产,混合提供。以往这种方式只是在美国等少数国家中运用。

另一种是在改革中,企业资金进入公共企业。所谓公共企业,是指由政府投资建立起来的、特殊的法人机构,它由政府投资建立,但建成后大多数不纳入公共预算,它向公众大规模地出售商品和服务,盈利首先归其自身所有。因此,这类企业被称为公共企业,成了公共部门的重要组成部分。在现实中,大多数发达国家(如欧洲的许多国家)和发展中国家,传统上都采取这一方式生产和提供相关的公共事业产品。但从 20 世纪 80 年代开始,以英国的政府改革为起点,不少国家通过出售公共资产、放松管制、合同转包方式以及直接交由私营部门生产提供等方式,进行了民营化改革,即相当程度上将这些公共事业产品的生产直接交由私营部,或公共部门和私营部门共同承担,从而为企业资金进行这些公共事业产品的生产提供了新的渠道,同时形成了非公共生产、公共提供或混合提供模式。

（二）通过项目融资方式进行公共事业产品的生产

所谓项目融资,是指以项目本身的资产和未来的收益作抵押来筹措资金的一种融资方式。国际上通行的做法是,为了进行某一项目的建设,可以成立项目公司,该公司是具有独立法人地位的法人实体。一般项目公司可以进行负债经营,负债通常占总投资的65%～70%,项目公司是借款的直接债务人,贷款方对债权的追索权仅限于项目的资产或项目的潜在资金流量(如产生的收益)。因此,从资金来源看,项目融资主要是私人资金或银行贷款,即通常企业进行生产的资金。

项目融资首先在美国出现,然后流行于欧洲,近年来也在发展中国家的建设中广泛使用。从使用范围来看,开始主要是在私人产品的生产中,近年来随着政府管理方式改革的深入,也进入了公共事业产品的生产和提供中,尤其是一些适宜于由私人部门进行生产的公共事业产品的生产中。从资金的投入看,这一项目融资模式也成为企业资金投入公共事业产品生产和提供的一个基本的渠道。

第三节　公共事业管理经费的配置效率分析

不同来源的经费在公共事业产品的生产和提供中如何配置,即在生产和提供的不同环节主要应使哪种类型的经费、各种经费的额度如何配置,等等,存在着一个资金的配置效率问题。所谓公共事业管理资金的配置效率,即指在确定公共事业产品生产和提供政策时,应当把效率放在优先地位,而这一效率既要考虑经济效率,也要考虑社会效益。公共事业产品的资金配置的效率,实际上是一定的公共事业产品"政府提供与市场提供孰优"。

公共事业管理经费的配置效率,通常从公共事业产品主要是准公共产品这一基本点入手,根据准公共产品的基本特点进行分析。①

一、具有非竞争性和一定排他性的公共事业产品的配置效率

具有非竞争性和一定的排他性的事业产品,是指在某一区间内,其边际消费成本为零,而消费具有一定的排他性的事业产品。如在设计流量内,对公路、桥梁来说,其通行车辆的

---

① 马国贤.中国公共支出与预算政策.上海:上海财经大学出版社,2001:370-380.

边际成本可以视为零。无疑,生产和维护这类公共事业产品需要资金投入,但在设计的服务容量内,生产和管理这一产品所投入的费用与使用的人数较少有联系。当然,这些产品一旦超过设计容量限度,就会产生"拥挤现象",出现使用者的成本问题。

那么,以什么样的方式提供这类公共事业产品,能取得最好的资金配置效率呢? 我们可以桥梁为例,来分析这类公共事业产品不同提供方式下的效率问题。

(一)公共提供

图 6-2 表示了桥梁这一产品在公共提供下的效率。

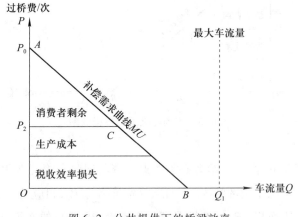

图 6-2 公共提供下的桥梁效率

在图 6-2 中,纵轴 P 为价格,指每辆汽车的过桥成本。横轴 Q 为车流量,其中 Q_1 为设计最大车流量。假设消费者对于过桥的成本的估价为 MU,其中,P_0 为消费者愿意接受的最高价格,这实际上是如果不修建这座桥梁,汽车绕道行驶的成本,因而又叫补偿价格。需求曲线 AB 是消费者对桥梁效用的估价,也称为补偿需求曲线 MU。受边际效用下降规律制约,该线向下倾斜。OB 为边际成本曲线,由于边际核算为零,故 OB 与横轴重合。在不考虑桥梁的建设成本和维护成本的情况下,该桥梁的消费者剩余为三角形面积 AOB。

如果这一公共事业产品采取公共提供的方式,由于一切相关费用是政府的公共支出,即通过税收的方式取得收入,然后无偿供给的,因此,它实际上存在着以下损失:① 生产成本,即建设费用和日常维护费用;② 税收和征收费用,包括税务机关的征收成本和纳税人缴纳的税收;③ 税收超额负担所造成的效率损失。

这样,如果把上述三项成本相加,则消费者剩余的面积就缩小为面积 AP_2C。而且,由于是公共提供,桥梁不收费,还可能产生车流量过大而引起的拥挤现象,会相应抵消消费者剩余。

（二）市场提供和混合提供

第一，市场提供。市场提供下的桥梁使用效率如图 6-3 所示。

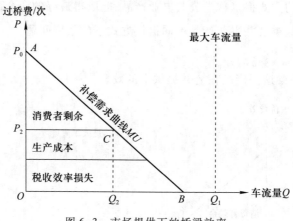

图 6-3　市场提供下的桥梁效率

在市场提供的情况下，由于供给者必须考虑投资的回收和管理费用，因此它必须通过收费来分摊成本。在不考虑盈利的情况下，如果收费价格为 P_2，相应的供求均衡点为 C，这时，消费者剩余面积缩小为面积 AP_2C，而投资商的收入为 OP_2CQ_2 的面积，即每辆车的收费价格 P_2 与总车辆 Q_2 的乘积。其中，P_2＝生产成本＋收费成本。

可以看出，由于收费而限制了一部分消费，使消费量由原来的 Q_1 减少为 Q_2，这样，就出现了"收费效率损失"，表现为三角形 CQ_2B 的面积。这一损失既没有为投资者所得，也没有为消费者所得，是社会收益的净损失。

第二，混合提供。在混合提供的情况下，如我们前面的相关分析中所指出的，这一公共事业产品的价格即桥梁的收费是由政府来控制的，同时通过政府补贴进行必要的调节。因此，虽然相较公共提供限制了一定的消费，也存在效率损失，但相较市场提供则损失相对较小。

（三）与提供方式密切相关的其他条件

对上述公共事业产品来说，不同的提供方式中收费效率的损失大小，还与下述两个因素密切相关：

一是该公共事业产品的可替代性。一般来说，在同等条件下，这类公共事业产品的可替代性越高，收费效率损失就越大。如图 6-4 所示，替代性越高，公共事业产品用阴影表示的收费效率损失面积就越大。因此,替代性及其可替代性程度的大小,是确定这类公共事业产品提供方式时必须加以考虑的。例如,两座相隔不远的桥梁采用统一的提供方式更合适,或同时公共提供,或同时混合提供。同理,收费的高速公路与不收费的普通公路平行建设也是不适宜的。

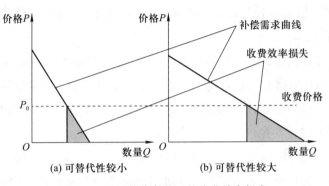

图 6-4　不同替代条件下的收费效率损失

二是收费价格。这类公共事业收费的效率损失的大小,还取决于收费价格,即一般来说,收费价格越高,则效率损失越大。当收费达到某一程度时,就会出现消费者剩余面积与收费的效率损失的面积相等,这样,该产品的社会收益为零,如图6-5所示。

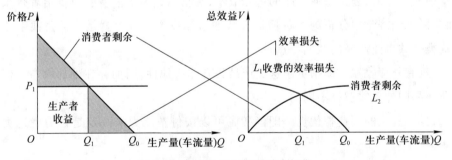

图 6-5　收费价格与收费效率损失

在图 6-5 中,左图为公共事业产品的收费价格与收费效率损失的关系模型。这一模型显示,随着收费价格提高,消费者剩余的面积在减小,而相应的收费的资金效率损失面积在增大。右图为总收益与生产量的关系模型,它表示,消费者剩余为曲线 L_2,而收费的效率损失为曲线 L_1。当生产量(车流量)小于 Q_1 时,L_2 小于 L_1,即收益大于损失;但是,当生产量(车流量)大于 Q_1 时,则 L_1 小于 L_2,这时,处于无效率状态。

（四）结论

通过上述对不同提供方式，以及密切相关的其他因素的分析，对于具有非竞争性和一定排他性的公共事业产品的配置效率，可以得出如下结论：

第一，对于具有一定排他性的公共事业产品来说，可以采取公共提供、混合提供和市场提供三种提供方式。公共提供与市场提供孰优，还必须结合收费与税收的成本及效率损失的综合对比来衡量。

第二，对不同可替代性的这类公共事业产品来说，应采取不同的财政政策，引导不同类别的资金进入。从效率的角度，可替代性较小的公共事业产品（如城市间的高速公路、一个城市中的水、电、燃气等），采取市场提供方式比较合适；而对可替代性较大的公共事业产品（如城市道路），则通过公共提供方式比较合理。

第三，收费会导致效率损失，收费越高，效率损失越大，但收费可以限制人们滥用这类公共事业产品而产生"拥挤现象"。因此，合理地制定这类公共事业产品的收费标准具有重要的意义。

二、具有非排他性和一定竞争性的公共事业产品的配置效率

具有非排他和一定竞争性的公共事业产品，是指具有一定边际成本的公共事业产品。如第一章中所指出的，公共事业产品的边际成本，是指增加一个消费者对供给者带来的边际成本，而非微观经济学中分析的产量增加导致的边际成本。教育就是这类公共事业产品的典型。这类公共事业产品的共同特点是：

第一，具有外部收益。即指由于这类产品具有非排他性，因而存在外部收益。但不同的公共事业产品的外部收益是不同的。

第二，具有一定的消费替代性。即消费者可以按付费能力来决定是否消费这类公共事业产品。

第三，供给上存在一定的垄断性。这一垄断可能主要是由信息的不对称造成的。例如教师与学生、医生与病人在知识和专业方面的差异，使其地位不对等。

我们以教育为例来分别对不同的提供方式的效率进行分析。

（一）市场提供

在市场提供条件下，这类公共事业产品的价格及供求关系如图 6-6 所示。

在图 6-6 中，消费者的私人需求曲线为 D，它说明消费者是根据价格来决定消费的。MU 为社会边际效用曲线，代表了社会对教育产品价值的估价，由于存在外部收益，因而 MU

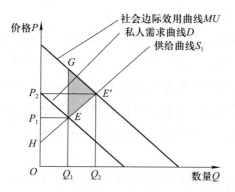

图 6-6 市场提供下的教育产品效率

在 D 的上方。供给曲线为 S_1,它是由生产成本决定的。在正常情况下,供给曲线 S_1 与需求曲线 D 相交于 E,这时的供求均衡价格为 P_1,均衡数量为 Q_1。然而,由于教育产品具有外部收益,从而存在着消费者低估收益的问题。按社会合理的供求,该教育产品的社会边际效用曲线就为 MU,最佳均衡点就应是 E',最佳消费量应为 Q_2。但是,由于教育产品的外部收益会引起损失,所产生的效率损失为阴影构成的三角形 GEE' 的面积。

所以,分析所得出的结论是:以市场方式提供这类公共事业产品会带来效率损失。

(二)公共提供

对教育产品的公共提供可以用图 6-7 来表示。

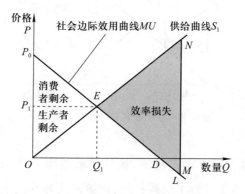

图 6-7 公共提供下的教育产品效率

公共提供下的教育产品的生产成本即教育经费来自政府拨款,但其成本仍然存在,供给曲线为 S_1。这样,由于消费者没有支付价格,因而不存在需求曲线,但社会边际效用曲线为

MU，其均衡价格为 P_1，这时的最适生产数量为 Q_1。

但是，由于在这种条件下消费者是不付钱进行消费，因而消费者就会尽可能地使用这一资源，甚至发生超额使用。然而，政府为了满足需求，仍会加大投入。假定这时的消费数量达到 OM，相应的效率损失为三角形 ENL 的面积，这就会发现，除非其供给规模已达到每个消费者的要求都能满足，否则会产生因效率损失超过社会利益而出现不经济，即教育产品是不适合以公共方式提供的。而实际上，在现代社会中，任何一个政府也不能完全承担整个教育。

所以，分析所得出的结论是：以公共方式提供这类公共事业产品同样会带来损失，而且可能是更大的损失。

（三）混合提供

混合提供是指政府采取财政补贴方式供给公共事业产品。以教育为例，由于教育具有外部收益，如果采取市场提供方式，会因公众低估其收益而降低消费量，因而有必要通过财政补贴来降低售价，扩大消费。同时，也由于一定的收费，可在一定程度上避免因效率损失超过社会利益而出现不经济。这一混合提供模式如图 6-8 所示。

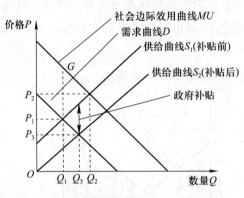

图 6-8　混合提供下的教育产品效率

图 6-8 显示出，在混合提供的条件下，虽然需求曲线 D 和社会边际效用曲线 MU 较图 6-6 并未发生变化，但由于进行了财政补贴，供给曲线却发生了下移。这表明，在政府财政补贴后，生产者因成本降低而使供给曲线由 S_1 下移至 S_2，相应地，收费价格由 P_1 下降为 P_3，消费量也就从 Q_1 增加为 Q_3。从而，教育产品的消费量已经比过去更接近理想状态 Q_2 的水平。

所以，分析所得出的结论是：这类公共事业产品以混合方式提供，有利于扩大社会对这类产品的消费,同时也有较好的效率。

（四）供给弹性问题

供给弹性是指产品的供给量对价格变动所作出的反应程度。由于具有非排他性和一定竞争性的公共事业产品存在着一个收费的问题,即有一个选择三种不同的提供方式而具有不同效率的问题,因而供给弹性是影响这类公共事业产品提供的一个重要因素。一般来说,如图6-7所示,在同等条件下,供给曲线的斜率大,即供给弹性小的事业产品采取市场方式提供的效率损失较小;反之,则较大。

具体来说,从图6-9(a)反映出,对于那些供给弹性大的公共事业产品,比较适合混合提供或者公共提供;而从图6-9(b)反映出,对于那些供给弹性小的公共事业产品,则采取市场提供的效率损失较小。实际上,供给弹性大的公共事业产品是指非排他性的产品。非排他性越强,则越适宜采取公共或接近公共提供的方式。

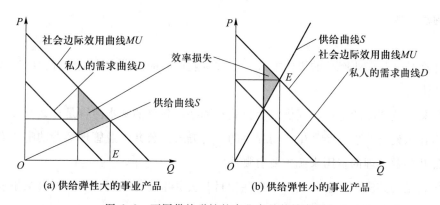

(a) 供给弹性大的事业产品　　　　(b) 供给弹性小的事业产品

图6-9　不同供给弹性的事业产品的效率损失

✔ **本章小结**

1. 以准公共产品理论为基础的公共事业产品的提供方式,是决定公共事业管理费用来源及其配置效率的关键。公共事业产品有公共提供、市场提供和混合提供三种基本方式。同时,由于相应的公共事业产品有公共生产和非公共生产,所以公共事业产品的生产和提供有六种组合方式。公共事业产品生产方式和提供方式的组合,从根本上决定着公共事业管理中费用投入的可能与基本格局。

2. 公共事业管理的费用有公共支出和非公共支出两大来源,其中公共支出源于税收,而非公共支出由非营利组织资金和企业资金构成。各种资金在投入公共事业管理运作中都有各自的支出方式和原则。

3.替代性、收费价格及公共事业产品的供给弹性等都会影响公共事业产品的资金配置效率。

☑ **概念和术语**

公共事业产品生产方式与提供方式组合　公共支出　非公共支出　消费性支出　转移性支出　预防性支出　创造性支出　一般利益支出　特殊利益支出　公共投资　溢余　社会捐赠　项目融资

☑ **复习思考题**

1.什么是公共事业产品的提供方式？公共事业产品的提供方式主要有哪些？各自的基本含义是什么？

2.公共事业产品的生产和提供组合方式有哪些？各自的基本内容是什么？

3.为什么说公共事业产品生产与提供的组合方式是公共事业管理经费的配置方式？

4.公共事业管理的费用来源主要有哪些？

5.什么是公共支出？公共支出中哪些项目与公共事业管理密切相关？公共事业管理中的公共支出的基本原则是什么？

6.公共事业管理费用中的非营利组织支出的内涵和原则是什么？

7.公共事业管理费用中的企业资金一般是通过什么方式投入的？各种方式的基本内容是什么？

8.如何决定具有非竞争性和一定排他性的公共事业产品的配置效率？一般哪种方式最具效率？为什么？

9.如何决定具有非排他性和一定竞争性的公共事业产品的配置效率？一般哪种方式最具效率？为什么？

10.可替代性、收费价格及供给弹性在决定公共事业产品价格中各有什么影响？

即测即评

请扫描右侧二维码,进行即测即评。

第七章　公共事业绩效管理与评价

公共事业产品的生产和提供是一个投入产出过程,因此,在给定的投入或既定的产出的条件下,为了生产和提供更多更好的公共事业产品,决定了公共事业管理过程必然是一个通过绩效管理追求服务绩效的过程。同时,公共事业管理的最终目标是满足公众公共服务的基本需求,因而公共事业管理的绩效不仅必须以社会需求的满足程度和公共利益的增进水平为标准来进行内部管理,而且管理的绩效必须放到整个社会发展的背景下,结合公众的满意程度来做出评价。

第一节　公共事业绩效管理内涵与价值

公共事业绩效管理作为公共服务绩效管理,是公共部门绩效管理的重要构成,也是当代公共部门绩效管理改革的表征①。公共部门实施绩效管理,是当代公共管理改革的重要内容,也是公共管理改革的推进器,而新型绩效理念的确立和绩效管理理论的形成,则是改革的成果和推进改革不断走向深入的工具之一。

一、公共部门绩效管理的形成

公共部门绩效管理的出现,是当代社会发展和民主进步对政府管理的要求,也是新型公共管理体制逐步确立过程中管理的内在要求。

---

① 由于公共事业管理的基本内涵就是公共服务管理,而在我国的公共管理改革中,公共服务改革是政府管理改革,以及整个公共部门改革的基本内容,因而为了叙述方便,在本章中除标题外,在很多地方主要以公共部门绩效管理、公共服务绩效等来表示公共事业绩效管理,特此说明。

（一）公共部门绩效管理是当代社会发展和民主进步条件下公众对公共服务供给的基本要求

目前,政府的基本职能是政治管理、经济管理、社会管理和公共服务。纵观 20 世纪 80 年代以来世界范围的公共管理改革可以发现,改革的直接动因和政府管理改革的直接目标,就是在经济和社会发展尤其是在民主进步的条件下,提供好公共服务以满足公众日益增长的需求,获得统治的合法性。这样,当代的公共管理改革实质上就是一场政府经济管理、社会管理和公共服务改革,现代社会稳定与发展的逻辑重构,实际上也是国家的治理逻辑的重构,是将传统的重阶级统治和阶级斗争,转向常态的政治管理,并在努力发展经济的条件下,将政治管理落脚于社会管理与公共服务。

如何提供好公共服务? 公共服务的提供过程是一个管理过程,管理需要成本,管理的投入与产出间存在着关系。对公共服务的主要提供者和提供主体的核心的政府而言,虽然自 20 世纪初政府管理走向专业化后,行政效率就一直是政府管理追求的基本目标,但却一直没有得到很好解决。而进入 20 世纪 70 年代后,提高政府管理绩效变成了政府面临的重大任务。其原因在于,随着公众对公共服务数量的增加和质量要求的提高,政府面临前所未有的挑战:一方面,由于政府提供公共服务是由公众通过纳税支付所需成本的,因而政府功能的扩张与强化必然增大政府的管理成本,造成公众负担的加重或政府财政赤字压力;另一方面,随着民主化的进程,公众又要求政府以有效的方式和手段,花最少的钱,提供更多更好的服务。这样,如何提供好公共服务对政府而言,首先表现为如何提高自身在提供公共服务中的效率。

所以,从 20 世纪七八十年代至今的世界范围内的政府管理改革实际上也是公共服务改革,追求绩效成了首要的改革目标,绩效管理成了政府改革的重要策略。如英国在 20 世纪 80 年代初展开了以追求绩效为核心的财务管理改革,并被认为是政府绩效改革的起点之一,随之新西兰等国也推行了绩效管理运动;美国专门开展了绩效管理运动,并发布了《政府绩效与成果法》和《绩效基础组织法》等。

实际上,绩效管理作为一种新的管理理念和专门的管理技术,已在 20 世纪 50 年代以后在私营部门中得到了极大的发展并走向成熟,因而客观上也为政府部门推行绩效管理改革提供了必要的条件。因而在这一已有的技术平台上,公共部门绩效管理改革的基本内容有二:一是更加注重绩效,并明确地树立起新的绩效理念。二是引进私营部门的绩效管理并结合公共部门的需求和特点,形成公共部门的绩效管理技术。

（二）新型公共管理体制的形成，使绩效管理成为公共服务管理的必须

自 20 世纪 30 年代以来的社会公共事务管理中，大多数国家的公共服务都是由政府直接负责的，政府是公共服务管理唯一的主体。但是，随着公共产品理论尤其是其中的准公共产品理论的形成和发展，人们对公共服务规律认识的深入，随着公共管理社会化改革的推行，以新型的公共服务提供方式为基础，以政府为核心，包括非政府组织等在内的多元管理主体系统开始形成。

新型公共服务体制的逐步形成，使重视和推行绩效管理成为必需。其中，政府不仅需要通过新的绩效理念的确立和绩效管理的推行，既注重社会效益，也注重公共支出的资金效率，从而以不断提高的公共服务效率来回应公众需求，而且，也需要以绩效管理和评价为工具，对公共部门的其他公共服务的提供者进行管理与评价。相应地，对承担公共服务的非营利组织来说，无论是以自有资金还是运用公共支出资金来提供公共服务，注重绩效成了组织存在的关键问题；而对于涉足公共服务提供的企业来说，注重绩效本来就是其存在和发展的基本要求，而且在涉足公共服务领域后，其绩效还融入了社会效益的内涵，从而使得公共服务绩效管理成为必需。

二、公共事业绩效管理的基本内涵

在确立了新的绩效理念的基础上，为了提高公共服务绩效，公共部门绩效管理也逐步形成。以下从公共部门绩效管理的角度进行介绍和分析。

（一）公共部门绩效管理的概念

在传统的政府管理中，虽然追求行政效率一直被列为组织的目标，但由于认为在设计精密的官僚制组织中，组织本身已含有将组织目标落实于每个组织成员并作为他们的职责，因而更多的是考虑如何让组织成员执行命令，而不考虑政府部门在公共服务领域生产了什么、公共产品的好坏，以及在组织中与公共产品的生产和提供相联系，谁将受到奖励，谁将受到责备或惩罚，即没有将组织管理的任务明确地分解为成员的职责，也没有将结果完全与成员所负责任相连。而且，一般认为，绩效测量主要是针对决策者和指挥者而言的，因而组织中对各种管理方案和成员的评估缺乏必要的制度化的保证。一句话，在传统的政府管理中，绩效管理是缺乏的。

公共部门绩效管理是在 20 世纪 80 年代以后政府管理改革的实践中形成的，其基本做法就是将组织目标分解为组织成员的职责，并与资源的配置和整个组织系统的控制、评估相结合。例如在英国的财政管理改革中，就以提高每个部门的绩效为目标，提出了在一个组织

和一个制度中,各级管理者都具有如下职责:

第一,对其目标有清楚的认识,在任何可能的地方都可以评估与这些目标有关的方法、产出和绩效。

第二,为最大限度地使用资源而明确规定的责任,包括对产出和资金价值的严格监视。

第三,有效地履行其职责所需要的信息(特别是成本方面的)、培训以及获得专家建议的渠道。

正因为如此,绩效指标被认为是测量组织在实现既定目标时所取得的进步情况的方法,绩效管理在相当程度上被视为组织系统整合组织资源达成其目标的行为,并认为它与其他方面纯粹管理的最大不同,在于它包括了全方位的控制、监测、评估组织所有方面绩效的工作,强调系统的整合。由于管理工作的目的就是提高绩效,因而在这一意义上,绩效管理代表着公共部门全方位的管理工作,是公共部门管理者最主要的职责。

那么,什么是绩效管理呢?美国国家绩效评估中的绩效衡量小组曾对此提出过一个被人们普遍认可的定义:所谓绩效管理,是"利用绩效信息协助设定同意的绩效目标,进行资源配置与优先顺序的安排,以告知管理者维持或改变既定目标计划,并且报告成功符合目标的管理过程"。可见,绩效管理的重点不是政府的"投入"而是"产出",它在相当程度上是根据所确定的"产出"反过来进行职责分配和组织整合,并进行管理和评估的"结果导向"过程,它既是对公共服务目标进行设定与实现的过程,也是公共管理部门的自我评估过程,是绩效和评估的互动过程,它寻求和代表的,是公共部门追求和提高绩效的制度化。

(二)公共部门绩效管理活动的基本构成

包括公共事业管理在内的整个现代公共部门的绩效管理活动,可以从发生顺序和功能活动两个方面进行分析。从发生的前后顺序来看,公共部门的绩效管理是一个从绩效目标的确立到实施再到检查评估是否达到目标的完整的系统过程。

1. 绩效目标的确立和分解

绩效目标的确立,就是根据相关绩效信息和公共服务的要求,依据一定的指标和方法,将组织目标转化成可测量的绩效目标或指标。而绩效目标的分解,就是将绩效目标根据组织的部门和人员岗位进行分解,即转化为具体的部门和人员的责任要求,同时进行必需的资源配置。

2. 绩效目标的实施

即组织中各个部门和人员从根本上所承担的绩效责任,依其责任展开管理实施工作。

3. 绩效目标的评估

这一评估实际上分为两个方面:一是在实施过程中的评估,这实际上是一种根据绩效指标进行的控制、反馈工作。二是在整个管理过程结束后,对最终结果是否达到目标进行的评估。

三、公共事业绩效管理的价值

公共部门的绩效管理在公共服务中具有十分重要的价值。这一价值主要体现在绩效管理既是公共部门提高管理绩效的重要管理工具,同时也是科学的评估工具。

（一）绩效管理是促进公共服务绩效提高的重要工具

公共部门管理客观上存在投入与产出的关系,公共部门提供公共服务的数量和质量,根本上取决于这一投入和产出的比例的高低,而绩效管理的核心正是将成本与效益相连,力求以最低的成本获得最大的效益(当然,这一效益不单单是经济效益)。因此,作为一个管理工具,绩效管理最重要的莫过于在公共部门的管理中引入了成本—效益机制,切合了公共部门管理的基本需要。尤其是对新型的多元管理主体、多元资金投入的现代公共服务供给来说,就更显出其重要和必需。这一绩效管理的成本—效益机制及对绩效的促进,主要是:

1. 结果导向

传统的政府管理强调和重视投入、过程,而不重视结果,更没有相应的制度化的措施对结果予以保证,虽然一直都在追求行政效率,但往往导致形式主义、浪费和官僚主义。绩效管理不否认程序和规则,但一切必须以公共服务的数量和质量是否满足公众的需求来衡量,并根据结果的需要来组织、落实和协调管理,从而为减少或克服以往管理的种种弊端开辟了一个路径。

2. 责任机制

这是"结果导向"的体现和落实,上面已进行了阐述。责任机制内含的管理人员的责任落实、资源的优化配置及整个组织系统协调等,在相当程度上,为促进绩效提供了可能。相应地,责任落实,过程和结果评估,与绩效相连的奖励或惩罚,也成了对提高管理者个人积极性的激励机制。

（二）绩效管理是公共服务科学的评估工具

公共部门一直存在对管理结果的评估,但是传统上更多的是注意过程、投入而不重视结果。在这一情况下,结果在实施具体的管理之前往往缺乏量化指标,是模糊的,因而常常是根据最后所出现的结果再形成标准进行评估,带有随意性,也缺乏客观性和科学性,失去了评估的意义。确定科学的可量化的指标进行管理目标分解和评估是绩效管理的基本方式,显然,作为一个评估工具,绩效管理为公共部门内部的科学管理提供了可能。

不仅如此,公共部门由于管理的最终结果必须与公众的基本生活和公众满意度密切相关,随着时代的发展,公众要求政府对公共服务的总体框架构成负责,并承担起这样一些责任:一是关于公共事业产品生产和提供的组合方式的公共政策制定是否合理;二是公共支出必须获得公众同意并按正当的程序支出;三是资源的配置是有效率的;四是资源必须使用在预定的结果方面。

如此,就需要以一定的方式对公共部门是否承担好了这些责任进行评判,如果不能测评,则很难知道公共部门是否负起了应负的责任。显然,绩效管理在公共部门中的应用,也同时为公众从组织外部正确地认识和评价公共部门管理的结果提供了可能,并在相当程度上也成了公众对公共部门进行监督,促进公共部门提高绩效的有效工具。

第二节　公共事业绩效评价指标与标杆管理

发挥绩效管理作为公共部门一个重要的管理工具和评估工具的作用,关键是要确立起一个科学的绩效评估的指标体系,有能促进的相关管理工具,同时,还必须具有相应的条件。

一、公共事业绩效评估指标

绩效评估是整个绩效管理的核心,因而公共部门绩效管理能否成功在相当程度上取决于绩效衡量指标及其体系构成。

(一)公共部门绩效的基本指标

目前,从公共管理既要重视经济效率,又要注重社会效率的基本要求出发,公共部门的绩效指标一般有四个基本方面,即 4E:经济(economic)、效率(efficiency)、效能(effectiveness)、公正(equity)。

1. 经济

这一指标一般是指公共部门投入管理项目中的资源规模,涉及的问题是:一个公共组织在既定时间内,获取一定收益或实现一定产出花费了多少钱?而且,作为公共组织,尤其是对于政府部门来说,这一指标还包含其支出是否符合法定的程序。经济指标关注的是绩效管理中的"投入"项目或"投入"的方面,以及如何使投入作最经济的利用。按法定程序进行投入,以最低的投入或成本,生产和提供了既定数量和质量的公共产品或服务的公共管理,在经济水平方面是好的管理。这一指标并不关注服务对象问题,而是如何生产保证既定公共产品的数量和质量,又消费最少的资源。经济指标通常可以用货币的形式来表示。

2. 效率

这一指标所要评价的是一个公共组织在既定的时间和预算投入下,产生了何种公共服务结果。如果说经济指标所追求的是在既定的收益下所付出的成本最小的话,那么,效率指标追求的则是以一定的代价获取最大的收益。因此,效率是投入与产出之间的比例关系,它关注的同样是如何生产即手段的问题,而这种手段通常也可用货币方式进行表达。公共部门的效率指标通常包括服务水准的提供、活动的执行、服务与产品的数目、每项服务的单位成本等。

公共部门的效率包含两个方面的内容:一是生产效率,即生产和提供公共产品或服务的平均成本;二是配置效率,即公共组织所提供的公共产品或服务是否满足了利害关系人(即其利益与公共产品的生产和提供相关的个人和群体)的不同的偏好,也就是在公共组织所提供的公共产品或服务的项目中,如国防、社会治安、文化、教育、卫生、社会福利、环保等,其预算比例及投资的先后,是否符合公众的偏好顺序,即公众的需求顺序和需求水平。

3. 效果

效果是衡量公共管理结果的另一个重要指标,它关注的问题是:通过实施管理后,公共服务的情况是否有了改善?效果指的是公共服务实现公共管理目标的程度,如福利状况的改变程度、公共产品使用者满意程度等,在相当程度上,是公共服务符合政策目标的程度。就对公共部门管理的结果的衡量而言,效率指标适用于可以量化的或货币化的公共产品或服务,但在公共管理中,有不少服务是很难量化的,且分配效率也不易理解,因而只能从管理实施前后状况或行为的改变来进行衡量或评价。效果指标能衡量出公共服务实现既定目标的程度,因此,效果指标在公共管理中亦具有十分重要的地位。

效果关注的是公共管理的目标或结果,通常是以产出与结果之间的关系进行评价的。效果可以分为两类:一是现状的改变程度,如国民受教育的状况、环境质量变化程度、交通状况改变程度等;二是行为的改变幅度,如社会犯罪行为的改善幅度等。

4. 公平

这一指标关注的基本问题,是接受公共服务的团体或个人是否都受到公平的待遇,弱势群体是否得到了公平对待并享受到所需要的更多的服务。因此,公平指标是对享受公共服务团体或个人所质疑的公正性来说的,是对公共管理最重要的本质的实现程度的衡量。但必须指出的是,一方面公平指标在市场机制下较难进行界定,另一方面也是更为重要的,公平的内涵是与政治和社会制度密切相连的,在不同的社会制度和政治制度下,公平具有不完全相同的内涵和指向,因此,公平的指标相当难以制定。

(二) 公共事业绩效指标制定分析

上述的 4E 指标规定了公共部门绩效指标制定的基本方面,但也只是指导公共部门绩效评价的一般性标准。在实际中,公共服务的对象是不同的,其管理主体系统中不同组织的性质和要求也不完全相同,因而在进行评价中受到的影响或限制因素就不一样,相应地,进行绩效评价的指标乃至同一指标的量化程度也就不可能完全一致。这就是说,在具体的管理中,不同的公共部门在进行不同的管理时,还有一个绩效指标的制定问题。

在当代,诸多的由准公共产品所构成的公共服务的特定生产和提供方式,决定了它与私营部门相比具有公共性,而与提供纯公共产品的部门如国防等相比,又具有明显的市场性,因此,在其绩效指标的制定中,必须重点考虑以下因素的影响或制约:

1. 社会因素

公共服务的最终目标是为公众服务,这是对涉及公共服务一切组织的基本要求,因而应从这一侧面制定指标如公平、效果指标对其绩效进行评价。

2. 经营因素

当代的公共服务过程中,一方面整个公共服务是以特定商品的形式向公众提供的,是存在交易形式的,即不是完全免费的,另一方面不仅经营效率是非政府组织和涉足其中的企业存在的关键,而且政府机关也必须注重公共支出的资金价值,因此,必须有相应的经营性指标对绩效进行评估,甚至一些涉足公共服务的企业如邮电、通信、铁路等,还应该根据相关的公共政策和要求,制定出特定的营利性指标进行绩效评估。

3. 竞争因素

由于公共服务在当代是一种特定的商品,因而在一些公共服务的提供中,如非政府生产、公共提供的公共服务,就存在生产者争取公众的竞争。在正常的竞争情况下,生产者的竞争性强,就表示其产品的质量高,赢得了更多的公众,同时,也在一定程度上显示出其管理的绩效水平高低。因此,通常可以从考察竞争性出发,设定一些非财务性的绩效指标进行评价。

4. 公共服务公共性纯度因素

在不同经济社会发展条件下的不同的公共服务的公共性纯度是不一致的,在非竞争性和非排他性方面的表现也不相同,就是同一类别中的不同的具体产品的公共性也不完全相同,如就教育产品而言,在总体上其公共性与社会科学研究就不相同,而在其内部来说,普通教育产品和高等教育产品的公共性也不同,在当前社会高等教育产品相当程度上甚至超出了公共服务的范畴,等等。因此,涉足具体的公共服务的组织必须有符合自己产品特点的绩效评估指标。

二、标杆管理在公共事业绩效管理中的应用和作用

要建立良好的公共部门绩效指标,实际上不仅需要明确组织目标,需要进行单位内部或组织内部的比较,更需要进行组织与外部的比较,从而保证所制定的绩效指标体系能通过评估能真正促进组织绩效的提高,即不仅仅是组织内部纵向的提高,在组织所在的地区或行为中也获得提高。标杆管理就是具有这一功效的重要的管理工具。

(一)标杆管理的基本含义及在公共事业管理中的价值

标杆管理又称基准比较,是在工商企业界形成的一种卓有成效的管理方法。标杆一词原系地质人员在测量时,在地形上所作的作为测量参考的符号,因此,所谓标杆管理或基准比较的基本含义,是指实施基准比较方法的单位或组织,主动寻找参照对象,以之为基准或标杆进行比较。比较对象并不一定是全面先进的,在某一方面成就突出就可以作为参照的基准,而且,比较不是简单的参观和经验模仿,而是围绕管理需要进行深入的比较和分析。它是"寻求达成卓越表现所需要的最佳经营方法、创新概念及高效操作程序的一套系统过程"。这一方法在 20 世纪 80 年代初期经美国施乐公司成功地发展和应用后,于 90 年代后在政府管理改革中被引入公共部门的管理中,成为推动政府绩效改进的一个重要的管理工具。

从管理的角度看,所谓标杆管理,即追求卓越的管理模式,并将这一卓越管理模式学习转化,设为标杆或基准并实施管理,以提高组织绩效的一个管理工具。从绩效管理的角度看,由于标杆的设定向组织提供了绩效改进的信息,因而组织绩效标杆的设计在绩效管理中有十分明显的作用:对一个组织来说,虽然可以在组织内部从完成既定目标来衡量绩效,但从根本上说,绩效的高低、卓越与否,实际上是与其他组织相比较而言的,因此,为了真正提高

组织绩效,在组织的绩效管理中,可以寻找某些表现优于自己的组织,或在某些方面优于自己的组织作为绩效比较的对象,即绩效比较的基准,分析它们优于自己的原因,它们哪些方法、程序是需要学习并引进的。

可见,标杆管理实际上是促进组织学习与改革,提高绩效的重要途径。

(二) 标杆管理的程序

目前,对标杆管理的程序包括哪些步骤,人们有不同的设计,对于哪种标杆管理程序具有最好的管理效果,人们也有不完全一致的看法。下述程序模式被认为是比较适合于公共管理者的设计:① 决定哪个单位或流程将会是比较的标的物;② 找出衡量成本、品质及效率的指标;③ 针对每个标杆,找出表现最好的其他单位;④ 衡量这些表现最好的单位的表现;⑤ 衡量或界定自己的组织和最好的表现者之间的绩效差距;⑥ 决定缩小绩效差距的行动方案;⑦ 执行方案并追踪考核。

三、公共事业绩效管理成功的必须条件

绩效管理在公共部门管理中占有十分重要的地位,但实施却较之企业部门有难度。一般认为其中最困难之处在于,绩效管理的一个重要前提是必须将所有绩效都以量化的方式呈现,然后再进行绩效衡量,而公共部门总体上要精确地算出投入与产出的数量化比例关系则不容易。

有难度并不意味着绩效管理在公共部门不可实行,在 20 世纪七八十年代开始的政府管理改革中,不少国家政府绩效管理取得成效即说明了这一点。尤其是就公共服务来说,由于其中不少服务以准公共产品生产和提供为主的特点,以及相应的现代公共服务管理体制,进行绩效管理时在绩效量化方面虽然仍有难度,但却是整个公共管理中最容易推行的部分。

认识到进行公共服务绩效管理既有难度但又可行,其意义在于更加注意到实施存在的困难之处,努力创造条件保证绩效管理取得成功。公共部门尤其是其中的政府部门要获得绩效管理的成功,必须努力创造出下列实施绩效管理的必备条件:

第一,组织领导必须有对绩效管理的价值有足够的认识和重视,必须对组织实施绩效管理积极支持。众所周知,组织领导对组织的整个组织管理理念的确立,相应管理文化的形成,以及管理目标和规划的确立具有关键性的作用。因此,要在公共服务组织中推行绩效管理,首先就必须组织领导对绩效管理在整个公共服务管理中的价值有足够的认识,在这一理性认识的基础上产生对组织实施绩效管理的重视。而且,这一重视不仅仅在于向

组织阐述绩效管理的重要性,更必须将其领导作用融入绩效管理的整个过程中,即从绩效目标和绩效规划的制定,到定期和不定期的审查组织及组织管理的绩效,促进组织成员对绩效的负责。应该说,组织高层的认可和明确的支持,可以使组织绩效改进具有合法性和有效性。

第二,必须具有制定绩效指标的专业性人才。绩效管理的关键是科学的绩效量化,尤其是对首先体现公共性并且以公共服务作为其产品的公共服务管理部门来说,科学地将绩效量化就较之企业更具难度,因而必须由专业的人员来完成。一般来说,由于绩效管理进入公共管理领域的时间较短,公共部门内部较为缺乏具有分析背景的专业人才。因此,要取得绩效管理的成功,公共服务管理部门必须首先培养或引进绩效指标的专业人才。

第三,要将绩效管理制度化。公共部门绩效管理的制度化,主要应具有如下要求:一是必须确定明确的绩效目标、绩效规划和绩效衡量指标。绩效目标是整个组织进行绩效管理的起点和归宿。绩效规划是将绩效目标具体化为可操作的行动方案,它应该有不同的层次,即既有整个组织的绩效规划,也有组织中各个部门、科室的绩效规划,还必须有组织成员个人的绩效规划。绩效衡量指标基本要求,是不一定要面面俱到,但必须是易于理解和计算的,并且对组织和组织成员都有意义。

二是要有绩效规划落实的责任机制。作为一个行动方案,绩效规划的价值不在于理论而在于实践,制定从组织到部门再到个人的绩效规划,正在于要开辟绩效落实的必备途径。同时,还必须通过阐明预期绩效,定期比较现有绩效与预期绩效的差距等方法,形成一个适合自己组织的绩效责任体系,促进绩效责任的落实。

三是形成绩效管理中心,同时不断地发现问题,提供改进绩效的机会。绩效管理中心根据不同的组织规模和绩效管理的任务,既可以是一个群体,也可以是个人,其任务主要是收集和传递绩效信息(组织内部和外部的),向高层提供绩效数据,同时,绩效管理中心的存在也有助于整个绩效管理的制度化。通过绩效评估(组织的评估和根据绩效指标的管理者自我评估),发现绩效管理中存在的问题,组织应及时改进。这实际上是管理中的控制和反馈在绩效管理中的具体体现。

第三节　公共事业绩效的外部评价

公共事业管理的最终结果与公众的基本生活与生存需求、与社会公共利益息息相关,因此,公共部门管理的结果是否满足了公众的需求和社会发展的需要,还必须结合外部评价来分析。事业管理的外部评价主要有社会评价和公众满意评价。由于公众利益客观上存在差异,因而不同的利害关系人对同一公共事业管理的绩效或结果极有可能做出不同的评价。因此,无论是对公共服务结果的社会评价,还是公众满意评价,都需要以客观而科学的评价标准和方法来进行。

一、公共事业管理的社会评价

公共事业管理的社会评价,是从公共事业管理结果对社会发展目标所作贡献与影响进行的评价。这是从公共事业管理外部,并主要由非公共事业管理机构来进行的评价。这种评价是把公共事业管理的结果放在整个社会的发展中,从全社会的角度出发,分析评判公共事业管理的最终结果对社会发展目标的影响程度,从各个方面综合评价其结果对社会发展的贡献。

（一）公共事业管理社会评价指标

1. 公共事业管理社会评价的基本指标

对公共事业管理的社会评价,其基本的指标是效率、效果和公共职责的履行。

社会评价中的效率,仍然是公共事业管理机构的投入和产出的问题,但与公共事业管理机构内部对效率评估不同的是,社会评价中关注的效率,是公共事业管理的投入产出与整个社会投入产出的关系。

社会评价中的效果,主要是看公共事业管理机构管理结果与目标的吻合程度,这在一定意义上是对公共事业绩效管理相关指标的认可,是对绩效衡量的再评价。同时,作为一种社会评价,更重要的还必须分析公共事业管理特定的管理结果对社会所产生的影响。

社会评价中的公共职责的履行,一是看公共事业管理机构管理结果是否体现了公共事业管理的本质要求,同时要分析公共事业管理机构是否对管理结果负责;二是看其管理的程序是否公正并具有合法性,三是考察公共事业管理机构是否公开回应了来自社会各方面的要求,同时,是否回答了公众的查询和提问,因为公共事业管理机构作为涉及公共利益的管理机构,除涉及国家机密或法律所规定的保密内容外,其工作应该是公开的。

2. 公共事业管理社会评价中的社会指标

为了保证公共事业管理社会评价的科学性和公正性,通常可以通过社会指标及相应的评价方法来进行。

社会指标是指观测各部分人口的社会情况与长期变化趋势的统计数字,其中的社会情况包括特定社会中社会成员生活的外在与内在的环境。社会指标是以统计数字来表示的,既有主观的,也有客观的,它们可以反映公众对公共事业管理满意程度的主观情况,也反映着社会变化的特定内容,从而提供了公共事业管理所需要的相关信息。这些信息可以大致分为两类,一类是公共管理形成原因分析,另一类是公共事业管理实施的结果分析。

反映公共事业管理对象的信息的社会指标,只是构成整个社会指标体系的一个部分。一般来说,涉及公共事业管理社会评价的社会指标,可以公共事业的对象为基本方面,根据公共事业产品的特点来确定具体的测量指标,比如在教育、卫生、环境保护、公共交通等方面,可以确立这样一些指标,如表7-1所示。

表7-1 公共事业管理社会评价指标举例

项目	指数
受教育程度	25岁以上人口中具有高中学历的比例
健康与疾病	在精神病院的人数
公共交通	每万人平均公里数
文化	每万人拥有的电视台、电台、图书馆、博物馆数等
公共体育	每万人拥有的运动场馆、设施等,参加日常锻炼的人数等
环境保护	空气污染指数等

必须指出的是,就我国公共事业管理的社会评价而言,由于新型的公共事业管理体制正在形成和完善过程之中,因而有关公共事业管理社会评价的指标体系建立还处于起步阶段。如何制定科学的公共事业管理指标体系,全面而正确地反映出公共事业管理对社会发展的影响和意义,正需要努力。

(二)公共事业管理社会评价的方法

公共事业管理社会评价的基本方法,是将管理之前和之后的情况进行对比分析,来判断和评价公共事业管理的结果对社会发展的影响,即通常所说的前后比较法。在公共事业管

理的社会评价中,这一方法的运用通常有以下三种形式:

1. 简单"前—后"对比分析法

这是最基本的前—后比较法,如图7-1所示。

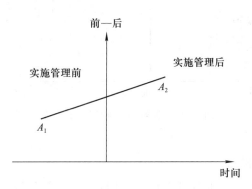

图7-1　简单"前—后"对比分析

在图7-1中,A_1代表实施管理前的情况,A_2代表实施管理后的情况,A_1、A_2连线表示的是公共事业管理的效果。这种方法简便易行,但是,由于公共事业管理不是社会政治系统中能对社会现象变化起作用的唯一因素,而社会现象的变化通常又是由多种因素引起的,因此,这种简单的前后描述法难以确定所观察到的社会现象的变化究竟是由公共事业管理引起的,还是由其他因素导致的,或者哪一种因素起主导作用。

2. "投射—实施后"对比分析法

这种方法是将实施管理前的基本情况作为基点,假设没有实施管理,将原有的情况按照既有的发展趋势所可能有的发展,投射到公共事业管理实施后的评估点上,并将所得到的投影与管理后的实际情况进行对比,从而对公共事业管理的效果作出评价。这一方法的基本原理如图7-2所示。

在图7-2中,O_1O_2是根据实施公共事业管理之前各种情况建立起来的倾向线,A_1为该倾向线外推到实施管理后的某一点的投影,即如果没有实施管理在该点会发生的情况,A_2为实施管理后的实际情况,A_1A_2即是实施公共事业管理后的效果。可见,这种方法是在前一种方法上的改进和发展,其优点是,通过投射已尽可能将其他影响因素都滤掉了,分析得出的结果可以完全归于所要评价的公共事业管理。运用这一方法的关键,是必须在尽可能收集公共事业管理实施前与公共事业管理目标相关环境等方面的数据的基础上,建立起正确的实施公共事业管理前的倾向线。

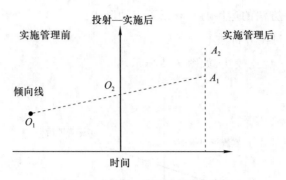

图 7-2　"投射—实施后"对比分析

3. "有—无"对比分析法

这种方法是在实施公共事业管理前后的时间点上,分别有和没有实施管理两种情况进行比较,然后再比较两次对比的结果,从而确定公共事业管理的效果,如图 7-3 所示。

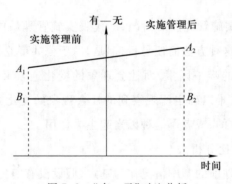

图 7-3　"有—无"对比分析

在图 7-3 中,A_1 和 B_1 分别表示公共事业管理实施后有和无公共事业管理两种情况,A_1A_2 为有公共事业管理条件下的变化结果,B_1B_2 为无公共事业管理条件下的变化结果,这样,($A_1A_2 - B_1B_2$)就是公共事业管理实施的效果。

(三)公共事业管理社会评价的主要内容

在公共事业管理社会评价中,在分析评价其效率和对公共事业管理职责的履行的同时,应重点地对其社会效果进行分析,因为公共事业管理的效率及其公正性,在一定程度上是要落实到其社会效果上,是通过社会效果来表现的。这一社会评价,主要应注意在以下方面公共事业管理是否做出了贡献:

1. 公共事业管理与人们生活质量的提高

保证和提高公众的基本生活水平,这是公共事业管理最为直接的目标。在现代社会,随着经济的发展,人们对生活水平的要求日益提高,这不仅体现在基本的衣食住行方面,而且体现在要求健康以及丰富的文化生活等方面,而这一切主要依靠卓有成效的公共事业管理,生产和提高相关的公共事业产品来实现。如卫生产品的提供,可以改善公众的卫生保健条件,有利于提高公众的身体素质和健康水平;教育、文化、体育等产品的提供,可以保证必要的设施和机会、条件等;如建设或增加电视台、电台、图书馆、博物馆、运动场等,可以向公众提供学习、娱乐和锻炼的条件和机会,提高公众的科学文化水平,等等。所以,可以借助于一定的指标和方法,从公众生活质量是否提高入手,对公共事业管理的效果进行评价。

2. 公共事业管理与社会经济增长

公共事业管理是通过实施一定的项目和日常管理,生产和提供相应的公共事业产品为公众服务的,其中相当一部分产品具有溢出效应,如教育、文化、卫生等产品提供后,在满足公众的需求,提高其素质的同时,实际上也就是提高了劳动者的素质,从而也就从特定的角度对社会劳动生产率的提高起到了推动作用。因此,可对比相关的公共事业管理实施前后,全社会或某一地区经济增长速度等指标变化情况,运用一定的对比方法进行分析。

3. 公共事业管理与社会收入分配改善

公共事业的基本性质是公共性,即公共事业产品的生产和提供是面向社会全体公众,是以保证和提高全体公众的基本生活为目标的。因此,公共事业产品以特定的商品方式向社会公众提供,就在一定程度上促进了社会财富的均等分配,如在现代社会中,个人收入水平往往与其受教育的水平正相关,因此,随着义务教育的这一教育事业产品的提供,必然会在一定程度上改变社会成员收入的总体格局。另外,在一些国家,对非义务教育阶段如高等教育阶段,就采取奖学金等方式对来自不同社会阶层家庭的学生进行资助,也就进行了一种特定的收入分配的改变。因此,也就可以通过公共事业是否对社会收入的改变来进行评价。

二、公共事业管理的公众满意评价

公共事业管理是以公共事业产品的生产和提供来为社会服务的,社会和公众的意愿与要求是公共事业管理的出发点和归宿。因此,评价公共事业管理机构绩效的优劣高下,不仅仅是看其经济指标和效率指标的高低,也不仅仅是看公共事业管理机构对达成社会公正的自我评估,还必须考察评价其所做的工作在多大程度上满足了社会公众的需要,其绩效评估是否得到公众的认可,公众对其提供的公共服务是否满意。

（一）公共事业管理公众满意评价的产生及实质

以公众是否满意来对公共事业管理结果做出评价，这是 20 世纪 70 年代世界范围内开始的政府管理改革运动中，"行政就是服务，公众就是顾客"改革的必然结果。

在当代的政府管理改革中，作为对公众民主要求的一个回应，同时也为了提高政府管理的效率，以公共选择、管理主义等理论为基础①，以英国的政府改革为起点，一些国家开始在公共管理领域引入市场的理念和原则，一方面通过将政府与公众的关系视为产品提供者与顾客的关系，树立或增强服务公众的意识，改变和强化公共部门对公众的责任机制，另一方面主张并实施打破政府对公共服务的垄断，建立公私机构之间的竞争，使公众获得自由选择服务的机会，从而迫使公共部门降低服务成本，改善服务方式，提高效率，提高服务质量。

公共管理机构的宗旨是向公众提供公共服务，既然在相当程度上公共管理机构和公众是生产者和提供者与顾客的关系，那么，公共管理机构的服务就必须围绕公众的需求进行，只有当所提供的服务满足了作为消费者的公众的需要，只有当公众对服务满意时，公共管理机构的服务才是良好的服务，才实现了公共服务这一特殊"商品"的价值——公共管理机构才真正产生了绩效。因此，公众对公共管理机构的满意程度，也就必然是衡量公共管理机构绩效的指标，是一种将公共服务在一定程度上摆在了特定的市场后，用市场所要求的方法进行的一种市场检验。实际上，从公共管理的角度看，公众满意程度评价通过公共服务对象的主客观感受，融经济、效率、效果和公正为一体，不仅显示了被服务者对服务的满意程度，而且能与公共服务机构内部评价和社会评价相结合，对公共服务效果做出全面的、综合的和终极性的评价。

（二）公共事业管理的公众满意评价的基本方法

既然公共事业管理公众满意评价在基本机理上是一种市场检验，尤其是现代公共事业产品生产和提供的特定方式本身的经济性及与市场的联系，因而对公众对公共事业管理满意程度的衡量，我们认为可以采取以下方法：

---

①　公共选择理论是一种经济学理论，同时又可以被视为行政学中的一个思潮或学派。作为经济学理论，公共选择被定义为"对非市场决策的经济学研究"；作为行政学中的一个思潮或流派，公共选择的特点是用经济学方法来研究政府的管理活动及各个领域公共政策的制定和执行，因此它又被称为"官僚经济学"。

管理主义是西方政府管理改革中一些比较一致的改革主张所构成的一种思潮。其基本观点主要是认为公共部门与私营部门之间在管理上并无本质的差别；认为私营部门管理具有优越性，这主要体现在管理上的创新能力、经济、效率、质量、服务水平等各个方面，主张借用私营部门的管理模式来重塑政府。

1. 通过调查,分析公众对公共事业管理的满意程度

就对公众关于公共事业管理满意程度的调查而言,这实际上是获取公众对公共事业管理的一种主观评判。这是评价公众满意程度的一个重要的指标。公众对公共事业管理的主观评价,主要来源于对公共事业产品生产和提供亲身感受,以及根据所获得的间接的信息在其知识范围内的理性的判断。这些判断或评价,主要包括了公共事业产品生产和提供的公正性、效率,以及具体的产品的数量、质量等。

对公众进行调查的主体,应该是非公共事业管理机构。调查的方法可以分为直接调查法和间接调查法。这些方法我们在前面有关章节中已进行过介绍。

2. 对公共事业产品进行"市场分析"

公众对公共事业管理的满意程度,是通过对公共事业产品的评价来反映的。在一个有关法律和政策保证了公共事业产品生产和提供公正性,并且对同一公共事业产品有一家以上的公共事业产品生产者提供,也就是公众对公共事业产品有选择自由并且能够选择时,公共事业管理机构在公共事业产品这一特定市场上的状况,也就折射出公众的满意程度,进而反映出公共事业管理的绩效。

对公共事业产品的"市场分析",主要应考察公共事业产品的市场占有率。一般来说,公共事业产品的市场占有率高,就意味着该公共事业产品的规格适合公众的需要,质量好,同时也包括一个良好的服务体系,这一服务体系既表示能及时对公众的需求做出回应,又可显示公共事业产品的服务和售后服务是否存在问题。

（三）实施公共事业管理公众满意评价的条件

公众满意程度是现代公共事业绩效管理中的一个重要的评价手段,而要实施这一评价,至少具备如下条件:

1. 必须建立新型的公共事业产品生产和提供体制

这里所说的"新型",基本含义是指必须以符合准公共产品特点为基础建立的公共事业产品生产和提供方式的公共事业管理体制。在这一体制中,既有以政府为核心的多元管理主体系统,又有包括公共支出、社会投资等的多元的资金投入。公共事业产品的生产和提供既体现出公共性,又保有内在的与经济的联系。

2. 公共事业产品生产企业有竞争的自由和公平竞争的环境

既然存在一个公共事业产品生产和提供的特定的市场,既然要让公众真正享受到优良的公共服务,获得满意,对从事公共事业产品生产和提供的组织来说,其中必须要有竞争。为此,在法律和政策构成的制度空间下,从事公共事业产品生产和提供的各类组织,不管是

政府组织还是非政府组织,乃至涉足公共事业产品生产的企业组织,在获取进入生产的机会和进行顾客竞争时,不会由于组织类型的不同,也不会由于与政府的关系不同而得到不同的条件,受到不同的待遇。

3. 公众有选择的自由和必须的民主意识

同样,要真正反映出公众对公共事业管理的满意程度,公众首先就必须有在不同的公共事业产品生产和提供者之间选择产品或服务的自由。有比较才能有鉴别,才能有真正的满意。公众的这一选择自由,既依赖于面前有不同的公共事业产品的生产和提供者,也取决于公众可以在不同的公共事业产品生产和提供者中进行自主的挑选。这实际上是民主的需求。同时,作为公众来说,其做出自主的选择不仅仅是一种制度的安排逻辑结果,更是自身民主意识的理性的必然。唯其如此,才能对公共事业管理绩效做出深入的认识和评判。

✓ 本章小结

1. 公共事业的绩效管理过程也是公共事业管理部门的自我评估过程,是绩效和评估的互动过程。绩效管理,是对公共服务目标进行设定,并对实现结果进行系统评估的过程,分为绩效目标确定、绩效目标分解与实施、绩效目标评估三个基本环节。公共事业的基本绩效指标是经济、效率、效果和公正,同时应根据公共事业管理特点具体分析。标杆管理在公共事业管理中有重要作用。

2. 公共事业管理的外部评价主要有社会评价和公众满意评价。社会指标是社会评价科学性的重要保证,而前一后对比分析法是评价的基本方法。公众满意评价是在公共事业产品这一特定市场上的市场检验,可以通过对公众调查和特定的市场分析进行,公众满意评价可与内部评价和社会评价有机结合,对公共事业管理的效果做出全面的、综合的和终极性的评价。

✓ 概念和术语

公共事业管理绩效　绩效管理　绩效目标　结果导向　责任机制　经济　效率　效果　公平　标杆管理　基准比较　社会指标　社会评价　公众满意评价

复习思考题

1. 什么是公共部门的绩效管理？其是如何产生的？有何价值？

2. 公共事业绩效管理的基本构成是什么？

3. 公共事业管理的基本绩效指标是什么？各自的基本内涵是什么？

4. 确定公共事业管理的具体绩效指标应注意什么？

5. 什么是标杆管理？这一管理工具在公共事业绩效管理中有何作用？

6. 进行成功的公共事业绩效管理需要什么基本条件？

7. 什么是公共事业绩效的社会评价？其基本方法和评价的基本内容是什么？

8. 什么是公共事业的公众满意评价？其价值何在？

9. 公共事业管理公众满意评价的基本方法是什么？

10. 进行公共事业管理公众满意评价的基本条件是什么？

 即测即评

请扫描右侧二维码,进行即测即评。

第八章　公共事业分类管理概述（上）

公共事业是满足公众基本公共服务需要的活动，其涉及科技、教育、文化、卫生、体育、公用（由水、电、燃气、公共交通等构成）等领域。本章从公共事业管理的基本属性和要求出发，分析科技事务、教育事务和文化事务的管理。

第一节　科技事务管理

发展科学技术是人类社会生存和发展的共同需要，是人类的共同事业。在现代社会，科学技术已成为继土地、资本、劳动之后的第四种重要的生产力要素，它推动着社会经济的全面发展，改变着人们的生活方式和思想方式，提高人们的生活质量和水平，在相当程度上，科学技术已成为现代社会中的第一生产力。要充分发挥科学技术在社会经济发展中的作用，必须在正确认识科学技术活动的基本特征和认识政府在科技发展中的地位的基础上，形成和完善中国特色社会主义的科技管理模式。

一、科技活动的类别划分

科学技术产品对现代社会发展的重要推动作用，源自无数具体的科学技术产品。在现代社会，科学技术活动既可以按其研究的性质进行分类，也可以按其活动的目的和功能进行划分。

（一）按研究性质对现代科技活动的类别划分

根据研究性质不同，现代科技活动可以分为以下四类：

1. 基础科学研究

基础科学研究主要是指自然科学中的基本问题和基础理论的研究。基础科学研究要回答的是"是什么""为什么"的问题，与具体的技术研究相比较，它提供的是物化的可能，它是科技与经济发展的源泉和后盾,是新发明或技术研究的先导。这一类研究活动的特点是其研究成果难以在较短的时间内实现商品化,无法推向市场,但又是社会生存与发展必需的东西。

2. 人文社会科学研究

这一类研究关注和解决的是人类本身的知识,以及整个社会政治、经济和文化的发展问题。其中,除社会科学研究中的可以归为软科学的行为科学研究和微观经济研究成果可以直接为企业等应用外,更主要的是公众整体的以及社会存在和发展的研究。这一研究的基本特点是,其研究的结果关系到整个公众和全社会的利益,是人类社会存在和发展必不可少的东西,价值巨大,但是,除涉及微观领域的经济和管理的研究成果外,其余成果的价值通常难以量化,且与企业的营利活动没有直接的联系,因而不可能市场化。

3. 应用技术研究

这一类科技活动即通常所说的技术发明活动,它回答的是"做什么""怎么做"的问题。它是在一定的基础科学研究的基础上,根据现实的需要综合利用知识,将科学研究提供的物化可能变为现实。这一类研究活动的特点是直接针对现实的尤其是企业的需要,产品比较容易商业化,并通过市场方式提供。

4. 公益性研究和技术推广

公益性研究是指一些涉及公众整体利益,难以分割的技术研究和运用,如关系到气象服务、灾害等方面的技术和研究等;技术推广主要是指涉及公众利益和社会整体的社会经济发展的技术,如农业方面的种子改良技术等,这类技术是社会发展的一种基础性需要。在相当程度上,公益性研究和技术推广都属于技术研究或技术发明的范畴,但由于涉及公众的共同利益和社会的发展的这些基础性或长期的需求,难以实现或不能市场化。

(二)按目的和功能对现代科技活动的类别划分

在不同的科技产品的生产中,从事科学技术研究的主体、研究的目标是不同的,因而某一特定的科学技术活动所具有的对社会发展的作用也不完全一致。因此,根据科技活动的目的和功能,可以将科技活动分为两大类:

1. 以满足企业或市场需要为主要目标的科技活动

这一类科技活动主要就是上面所说的应用技术研究。在现代社会中,技术发明活动在社会经济发展中的作用,最主要的是在企业生产中得到了广泛的应用。其原因在于,现代社会企业间的竞争,是企业实力的竞争,这一实力不仅取决于企业的资金实力,还取决于企业的技术和管理的水平,而技术和管理水平的提高的基础就是科技成果的取得和运用。具体

言之,企业之所以重视科学技术成果,其原因在于:

（1）科学技术成果或产品可以提高企业的生产效率和产品的市场竞争力。现代企业在市场中的竞争,其最基本的方式之一就是要降低产品的单位成本和提高产品的品质,而要达到这一目标的一个最有效的方式,就是运用科技成果提高劳动生产率和改进产品的质量。因此,现代社会中,企业作为一种产业组织,必然不断地开发、吸收和运用各种先进的科学技术成果,开发新产品、改进产品质量,提高生产效率。

（2）科学技术成果或产品可以为企业带来巨额利润甚至是垄断利润。追求利润是企业存在的基础,也是企业组织活动的最根本目标,而科学技术成果或产品正是在这一点上使企业的目标成为可能。这不仅在于通过科学技术成果的应用可以增强企业的产品的市场竞争力,从而通过扩大产品的市场占有率增加企业利润,更突出的还表现在,由于科技产品往往是独创的、单一的产品,受专利的保护,具有垄断性,尤其是一些重大的技术创新活动,往往会引起一系列相应的产业变化和消费革命,为企业开辟新的市场领域,创造可观的垄断性利润。

这就是说,在现代社会,企业为了生存和发展,必须依靠科技,企业是科学技术成果或产品的最重要的需求者之一。这样,就必须有这一类科技产品的生产活动,企业或者不断地从事研究与开发活动,或者从特定的科学技术产品市场上购买所需要科技产品。因此,从事这类所需科技产品生产的主体,既可以是企业自身,也可以是企业以外的组织,如专门的科研机构或个人等。相应地,存在着科技产品市场,这些技术产品总体上是应用性的科技产品,而且也是可以商品化和产业化的科技产品。对这一类科技活动或这一类科技产品的生产,主要由企业或其他相关组织完成。

2. 以满足社会共同需要为主要目标的科技活动

在现代社会中,还存在以满足社会共同需要为主要目标的科学研究活动。

这类科技活动的基本特点是:一方面,这些研究所要解决的是整个人类社会生存和发展的基本问题,同时也是整个应用技术研究的基础,因而反映的是社会的共同利益要求;另一方面,这些科技活动的结果,或者很难量化而不能商品化,或者具有垄断性,或者由于涉及全社会整体的技术进步和社会发展而不应该商品化,因而都不能以市场的方式提供。

此外,还有一些重大的开发应用性研究,本身可以市场化,但由于投资和风险大,一般企业无力或不愿从事研究,但又关系到国计民生,具有重要的经济和社会效益,因而也难以市场化,从而在相当程度上成为满足社会共同需要的活动,必须公共生产。

二、科技产品的准公共性分析

作为一个整体,公共事业产品具有突出的准公共产品特性,但是,相对于其他公共事业产品来说,科技产品的公共性纯度差别是较大的。科技产品的准公共性可以从以下方面来认识:

（一）一些科技产品具有较突出的非排他性和非竞争性,另一些科技产品则具有一定的非排他性且具有一定的消费竞争性

非排他性和非竞争性是一般公共产品的基本特点,即纯公共产品所具有的特点,而相当部分的科技产品就具有这种特性。这些产品主要是基础研究产品、人文社会科学研究产品、公益性和技术推广产品。如基础研究所得出的科学定律或原理,它的表现形式是抽象的,反映人类在认识自身和世界本质方面的深化或突破,其社会和经济的价值在于为应用技术的研究和开发开辟了新的领域或空间,而且,科学研究的基本目标是对人类未知领域的探索而不是盈利,因而科学的定律或原理一经得出或确正,是公开发表和公布的,难以商品化也不会商品化,任何人都可以学习和应用,任何人的学习应用也不会影响他人的学习和应用。这种学习和应用也不存在竞争。

应用技术研究产品则具有一定的非排他性,而且有一定的消费竞争性。因为应用技术研究结果是具体的,有时是具有独创性的,大都可以商品化,且其中一些技术商品在现代社会是受专利法保护的,因而,虽然一项技术可以在一定范围内共享,但这种共享是受专利法或技术转让合同保护的,而且,基于市场竞争的需要,一项技术的使用范围是有限的,且具有消费竞争性。应用技术研究产品公共性是很低的,接近俱乐部产品,有时完全就是私人产品。

（二）科技产品具有突出的外部性

我们第一章中论及准公共产品的特性时已指出外部性是准公共产品的特征,并曾以科学技术的运用为例,说明了公共事业产品是典型的具有外部性的产品。实际上,科技产品的外部性即外部收益不仅体现在基础研究、人文社会科学研究、公益性研究和技术推广在具体的部门或个人运用时,会极大地促进社会发展,而且,就是接近于俱乐部产品的应用技术的使用,也会给社会某一生活领域乃至全社会带来生活质量的提高、观念的更新等,从而在一定程度上推动社会前进。一般来说,基础性研究、人文社会科学研究、公益性研究和技术推广的外部性高于应用技术研究的外部性。

根据科技事业产品的公共性纯度及外部性,可以对科技事业活动及产品作图8-1的排列：

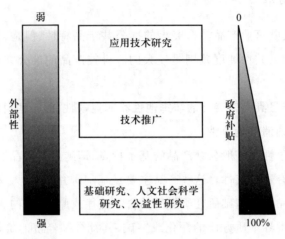

图 8-1　不同科技事业产品的公共性

三、政府在科技发展中的作用

科技对社会发展的作用是以科技产品的生产和提供来体现的，而从其活动的基本特征来看，其作用的发挥离不开政府。这不仅体现在基础性研究等方面必须由政府直接负责，而且，虽然在应用开发性研究中政府不应该具体涉足，但应用性研究能否进行正常的生产和提供也与政府密切相关。具体言之，在科技发展中需要政府干预，需要政府发挥作用的主要原因有：

（一）政府能保证科学研究尤其是基础性科学研究的顺利进行

1. 政府对科学研究尤其是基础性科学研究的保证作用，首先体现在科学研究所具有的外部性的需求

科学研究的外部性主要表现在科学研究具有强烈的溢出效应。在人类历史发展过程中常常可以见到这样的情况：一项科学研究成果在促进某一领域的生产发生重大变化的同时，可能改变其他领域的生产乃至整个社会的观念和生活方式，从而影响社会发展的进程。这就是科学研究的溢出效应。这一外部性通常是无法用金钱来衡量的。随着现代科学研究类别的细分和企业组织活动的基本属性，基础科学研究通常难以市场化，不能以市场的方式来生产和配置，因而必须发挥政府的职能予以保证。

不仅如此，科学研究的外部性也表现在一些应用性研究中。比如，一些科研成果虽然可以获得发明专利，得到法律的认可和保护，但由于其本身具有的易复制等特点，具有向外发

散的性质,因而在实际中往往难以用商业化的方式进行提供,如农业生产科研中的种子改良就是如此,因为种子改良工程的成果一经推广,就会产生巨大的经济效益,也会产生社会效益,但社会效益对于种子改良者个人来说是难以完全得到的。因此,对这一类技术的生产和推广,政府应进行必要的支持和保障。

2. 政府对科学研究尤其是基础性科学研究的保证作用,体现在一定程度上降低科学研究的市场风险

科学研究是一种没有先例的探索活动,往往具有投资大,而成果能否形成以及形成后的用途却具有不确定性。这就是科学研究的市场风险所在。因此,以营利为目标的企业一般只愿意投资于与自己的生产有关的应用性开发研究,而不愿介入科学研究尤其是纯科学研究。而科学研究尤其是纯科学研究对整个科学技术的发展具有基础的作用,是以提高社会整体利益为目标的研究,任何一个国家和社会,没有科学研究尤其是基础科学研究的突破,也就难有科学技术的真正提高。因此,必须由政府来支持这一研究,也只有政府有能力支持这一研究。

相应地,人文社会科学的研究也具有这种特点和需求。人文社会科学研究的基本目标是保证和提高社会的整体利益,即研究如何提高人们基本人文素质,如何通过制定公共政策和进行制度设计,解决社会问题,促进社会政治、经济的整体发展。这其中,除了社会科学中的某些可以称为软科学的研究,如行为科学的研究、微观经济或企业经济的研究,由于与企业的生产经营有关而会受得企业的关注或青睐,从而企业愿意进行一定的投资研究,或者除了企业进行带有自身形象宣传目的的公益性投资,企业一般是不愿也不可能介入人文社会科学研究的。因此,对公共性纯度较高的人文社会科学研究,政府必须进行必要的支持和保障。

（二）政府能保障科学技术成果的生产和提供的顺利进行

1. 政府对科学技术研究成果生产的保障,体现在政府对科研人员的劳动做出公正评价,并予以必要的支持

在现代社会中,科学技术的研究主体是多元的,多元的科学技术生产主体是以科学技术市场的需求为核心来进行生产和交易的。市场交易的基础是对科学技术产品的市场价值的评估,即市场评价,是以货币方式来确定和奖励其成绩的。科学技术研究往往投入巨大,这一巨大的投入不仅包括资金,还包括人力,而且人力的投入是一种高智力的活动,包括巨大价值的复杂劳动,但在科技产品的交易中,市场只是以该科技成果的直接的可预见的效用来进行估价的,而不会涉及这一技术开发中投入人力物力的多少。这就决定了企业不会投资

于基础性研究和人文社会科学研究,而且不会关注科研成果中的劳动价值含量。这种"功利主义"的奖励方式有合理的一面,但却也有无法正确对科研的价值做出判断、无法对科研人员的劳动做出公正评价的一面,表现出市场的失灵。因此,需要政府对基础研究和人文社会科学研究予以必要的支持和保障。

不仅如此,在现代社会中,除个别有实力的企业会投资与自己企业生产相关的技术研究外,一般企业往往是在科学技术市场上按需要进行科技成果的购买和消费的,而上述市场评价方式的存在无法对科研人员劳动进行公正评价,意味着市场缺乏对技术研究的有效激励机制,这对整个社会的科学技术进步是不利的。解决这一问题的办法是政府可以根据科学技术成果对社会贡献的大小,通过一定的方式如根据需要建立一定的政府支持的技术研究机构,对研究人员提供一份不低于同类在市场工作的人员的基本报酬,从而保证整个科学技术研究的正常进行。

2. 政府能促进形成与社会经济相适应的科技产品的提供方式的建立,并建立和维护技术市场的基本规范

现代社会的科学技术的生产者是多元的,既可以是属于政府的科研部门,也可以是企业,还可以是其他的非政府的专门从事科学研究的机构,但是,如何向社会提供科技产品,则取决于科技成果的基本性质以及政府所制定的公共政策。总体上看,科技成果的提供可以有公共提供(即政府提供)、市场提供和混合提供三种基本方式。基础科学研究、社会科学研究和技术推广的成果具有非排他性和非竞争性,因此,科技产品不仅可以公共生产,而且也需要采用公共提供的方式。同时,进入市场提供的科技产品,要保证其提供的顺利进行,必须有良好的科学技术市场的规范和相应的管理机构,这就与政府维护市场交易的职能密切相关。

总之,由于上述原因,政府介入科学活动是现实的需要。因而在现代社会,政府需要自觉地将发展科学作为自己的重要职能之一。

四、现代社会科技管理基本内涵

科学技术活动的不同特点和功能,既决定了现代社会科学技术活动主体的多元性和活动的丰富性,也决定了政府在科学技术发展中具有导向和支撑作用。因此,现代社会的科学技术管理体制,必然是一个以政府为核心的、包括多种主体的生产和提供有机结合的系统。这一系统是以相关的公共政策的制定所形成的制度框架,并执行相应的管理职能所构成的。其基本内容主要如下:

（一）建立适合科学技术产品特点的生产和提供的制度

科技产品是由不同性质、不同目的的科学研究活动所产生的,因此,应按科学技术活动的不同性质或科学技术产品的不同分类,制定相应的科学技术产品的生产和提供的公共政策:

1. 科学技术产品的生产政策

科学技术活动按其研究的性质,可分为基础科学研究、社会科学研究、应用科学研究和技术推广四类,其中的基础科学研究、社会科学研究和技术推广具有非排他性和非竞争性,且满足社会的共同需要是其主要的活动目标,因此,这些科学技术产品的生产宜采用公共生产方式。公共生产方式的基本内涵是以公共财政作为研究的主要支撑。公共生产的主体既可以是政府的科研机构,也可以是大学科研机构和非营利的科研机构,甚至可以通过合同委托的方式交由私人工业企业科研机构承担。对在一定条件下承担这些研究的私人工业企业的研究机构,政府可以采取补贴措施,也可以通过所得税减免等措施进行支持。必须指出的是,在现代社会中,承担这些基础性研究或这些科技产品生产的机构的性质是必须考虑的,但是,更重要的是建立一个公平竞争的机制,提高公共财政支出的资金价值,促进科学技术的发展。

应用科学研究总体具有一定的竞争性,且其产品具有信息不对称性,产品的可替代性小,因而一般来说可以采用非公共生产的方式。但是,不同的应用技术的外部性是不同的,有些属于能够大面积推广的技术,而有的则属于专门技术。因此,应用科学研究成果的生产也相应地可以采取两种方式,即公共生产和私人生产。公共生产的基本含义与上面相同,而私人生产则是指私人承担研究并完全由私人投资的生产。

2. 科学技术产品的提供政策

科学技术产品的提供是指社会以何种方式将科学技术产品提供给应用者。根据科学技术产品的性质和特点,其提供包括公共提供、市场提供和混合提供三种方式。

公共提供是指以公共财政支撑,政府以无偿或者基本无偿的方式向社会提供科研成果,以使这些成果在最大限度内获得推广应用。科学技术产品中的基础科学研究成果、社会科学研究成果和技术推广适宜于公共提供。当然,在任何一个国家中,公共财政是分层次的,因而应该根据这一科学成果的受益范围,由相应层级的政府承担所需的费用。

混合提供是指科技产品通过有偿的方式向使用者提供,但这一科技产品的价格不是市场条件下的价格,而是通过政府补贴的方式,使生产者以低于成本的价格进行推广。一般来说,有重要应用价值的社会普遍需要的科技成果,可以通过这一混合方式进行提供。

市场提供是指科技产品通过有偿的方式向使用者提供,而且这一科技产品的价格是市场价格,即根据市场对这一科技产品使用价值的认可程度所决定的价值补偿,其价格的高低完全由市场需求决定。一般来说,专门性的技术,在生产中应由企业或者专业单位去自主承担,在提供上也应由市场来解决。就此而论,从事应用技术研究开发的机构,应该是营利性的、实行公司化管理的机构。当然,为了促进科学技术的发展,政府对这些机构也可以通过相应的方式进行鼓励和支持,如直接的财政补助,或低息甚至无息贷款,或税收上的减免等。

（二）科学技术市场的管理

在现代社会,由于科学技术产品生产的多元化,以及市场提供和混合提供方式的存在,决定了科学技术产品市场在整个科技发展中占有极为重要的地位,也决定了管理科学技术市场是现代科技管理的一项基本任务,是执行和落实相关公共政策的重要保证。

科学技术市场的管理主体是政府机构,另外,社会如一些非营利组织也可以承担一定的管理任务。技术市场管理的内容包括对技术商品的管理、对技术市场参与者的管理和技术市场的其他管理。科学技术市场管理是一种专业性较强的管理,特别是对其中的技术商品本身的管理,专业性极强,需要由技术市场的专业管理机构,如政府的科学技术委员会、专利局等承担主要任务,另外的市场管理机构如工商行政管理、税务、物价等则需要配合和协助这一工作。

科学技术市场管理的具体内容如下:

1. 技术商品的管理

技术商品是整个技术市场活动的核心,技术商品的管理状况直接决定着技术市场的发展规模和发展速度,影响着整个科技事业的进步和国民经济的发展。技术商品的管理任务是确定技术商品的身份,即对是否是技术进行鉴定,并按国家的有关规定可否进入市场交易,如涉及国家安全或重大经济利益需要保密的技术不得进入市场,或应按有关规定办理。

管理的基本内容,一是技术商品的鉴定;二是对专利商品转让的管理;三是对许可证贸易的管理(许可证贸易是指专利权人或者技术供应方,允许他人使用其技术的技术贸易手段);四是对技术商品价格的管理,即科学技术市场管理机构对技术价格的形成进行引导、监督和调整。

2. 技术市场参与者的管理

技术市场参与者的管理是指对技术商品的出让者、受让者和技术商品经营机构(技术交易中介组织)的交易行为进行协调和依法监督,以及调解行为的各种经济纠纷,依法惩处各种不法行为,维护技术市场的正常秩序。

管理的基本内容主要有：一是对技术出让方的管理，主要是审查转让技术权益的合法性，即技术商品的所有权和持有权。为此，需要根据专利法等，分清专利技术权益和非专利技术权益，以及职务发明和非职务发明的关系。二是对技术受让法的管理，主要是使其严格信守技术转让或技术实施合同。三是对技术中介方的管理，主要内容是对其资格及经营服务范围进行管理，中介机构具有经营和管理服务的双重身份。四是技术合同管理，主要内容是技术商品的交易必须依据国家的有关法律，订立书面合同，按照合同进行技术商品交易的实施。合同必须到管理机构指定的公证机构进行公证。市场管理机构即按照交易合同进行监督管理。五是技术商品交易的税收管理，即按法律和政策对技术商品的交易进行规定税费征收。

第二节　教育事务管理

从人类教育的发展看，进入近代社会后，随着教育与社会经济发展联系的日益加强，教育已从社会成员的个别行为转变成为一种国家行为，而在现代社会，尤其是面向知识经济时代，教育在绝大多数国家中都被列为优先发展对象，成为公共财政支出的最重要的部分之一。各个国家有不同的文化教育传统，也有不完全相同的教育管理体制。在当今社会，面对社会经济和科学技术发展的巨大需求，认识当代教育的特性，调整公共政策，建立相应的教育管理体制，是每一个国家都必须面对的公共事业管理改革发展的重要任务。

一、教育产品的准公共性

现代社会的教育，是一个由不同层次、不同类别的教育活动构成的一个庞大的体系。从公共产品的角度看，各类不同层次和类别的教育活动都表现出一个基本的特性——准公共性。

教育产品的准公共性在前面的相关章节中我们曾从不同的侧面涉及过。由于在我国过去很长时期内都将教育视为公共福利事业，采用完全或者基本上由政府拨款的方式发展教育，但却因财政难以支撑而使教育经费长期不足，影响了教育的发展，而在改革开放以后，在理论上和实践中都有将教育作为"产业"来办的主张和做法，将教育完全交由市场方式来解决，从而导致收费过高等问题。因此，基于公共事业管理的角度认识教育的管理时，首先需要系统而深入地认识教育产品的准公共性。

教育产品的准公共性主要表现在以下方面:

(一)教育产品具有一定的非排他性和一定的消费竞争性

教育产品的非排他性主要表现:在一定的范围内,一个人消费教育产品,并不排斥其他人同时消费,如在现代教育中,在班级教学这种特定的教育模式下,班级中的某一个学生听课,并不影响班级中的其他同学在同一时间和地点听课。这就是非排他性。但这种非排他性的产生是在一定条件下的,由于教师声音的传播范围是有限的,且学生的基础不同,班级教学下的教师也必须针对程度不同的学生进行因材施教,教师的精力是有限的。虽然现代科学技术的发展带来多样化的教学手段使教育的受益范围成倍扩大,但由于教育是一种包括知识、道德和情感等教育在内传授活动,教师与学生的面对面的教育和交流是不可少的。因此,为了保证教育效果,既需要有教室及相应的教学设备,也需要限制必需的班级学生人数,当超过一定的限度时,就需要增加班级、增加支出,这就产生了排他性。

同时,教育产品具有一定的消费竞争性。这一竞争性表现在,随着消费者(学生)的增加,教师数量、教学设施等也就相应增加,从而使教育的总成本增加,但在一定的范围或历史时期中,教育的投入是有限的即教育产品的供给能力是有限的,产生了教育产品量的需求竞争,加之消费者对教育产品质量的要求,数量有限的优质教育产品必然引发消费竞争。教育产品的市场竞争是一种特殊的市场竞争。

(二)教育产品具有外部性,教育是一种具有内部收益和外部收益的过程和活动

人是教育的对象,因而教育的直接结果首先是体现在受教育者身上,这是教育产品的内部收益。这一内部收益表现为受教育者在接受教育后,增加了知识、掌握了技术,从而提高了适应社会和获取工作的能力。相应地,随着个人教育程度的提高和能力的增强,用人单位获得的是质量相对较高的劳动力,因而愿意支付更高的劳动力价格,接受教育者也能获得较高的报酬。

同时,在现代社会,教育作为一种公共事业,其目标是建立在个性发展需求和社会发展需求有机结合上的,因而教育在产生内部收益的同时,也就通过对受教育者的培养,在让其适应社会获得自身发展的同时解决了社会发展的需求。这就是教育产品的外部收益。社会的政治、经济和文化等所有的活动都是人的活动,因此,教育的外部收益也表现在社会的经济、政治和社会发展的各个方面。

正外部性即外部收益是准公共产品的突出特点,而教育产品的正外部性即是公共事业产品外部性的一个典型表现。教育产品的这一外部性是制定教育公共政策的一个主要依据。

二、教育活动的类别

一定程度的非排他性和竞争性,以及外部收益是教育产品的基本特性,但是,在整个教育中,由于活动的目的和功能的不同,在一定的条件下,不同层次和不同类别的教育活动及其产品的公共性是不一致的,必须根据一定的标准来对具体的教育活动进行类别的划分。同时,这些不同层次和类别的教育活动由于目的和功能的不同,其公共性的纯度又不相同。总体上看,现代教育的鲜明特征是教育产品的公共性随着教育活动复杂程度从低向高逐渐递减。

(一)划分教育活动类别的标准

教育是培养人的活动,是一个有目的、有意识地使受教育者社会化的过程,是一个按受教育者社会化的完成程度和传授知识和技能的程度分为不同阶段或层次,即分为初等教育、中等教育和高等教育的过程。在这一过程中,使人社会化并掌握作为特定的社会人的知识和技能的目标是一以贯之的,前一阶段是后一阶段发展的基础,后一阶段是前一阶段发展的继续。

因此,在现代社会教育活动通过对个人的培养,在完成个人的社会化的同时,也表现出对整个社会的正外部性,即通过对人的培养,对社会生活的各个方面、各个领域和各个环节产生广泛而深刻的作用和影响,从而提高全民族的文化素质,促进经济、科学、文化、卫生、体育及其他各项社会事业的发展,提高社会生产效率、提高国民经济增长的速度和质量,提高社会文明程度。并且,教育的外部收益在教育的每一阶段都有所体现,最终的外部收益也就是每一阶段的积累。

一个国家或社会的稳定、经济发展和社会发展,是个人发展的基础和条件,因而是社会的共同需要。因此,从教育的外部收益来看,各级各类教育都是为适应社会共同需要而建立的,都具有为社会的共同需要服务的基本特性。就此而论,在现代社会,一个国家或社会的教育都有利于满足社会共同需要,都应该由社会的公共支出来承担。但是,由于下述原因或事实的存在,一个国家或社会的各级各类的教育完全由公共支出承担,是不可能的,或者是难以取得预期结果的:

第一,在现代社会,一方面由于人口数量激增,另一方面随着社会经济发展的需要和公众民主的要求,教育规模不断扩大,公众受教育需求也日益提高。这一需求不仅是以义务教育为标志的教育的普及面的扩大,而且还有随之而来的对教育质量的提升,以及满足教育个性化的要求。在这种情况下,如果教育经费完全由公共财政承担,任何一种经济体制都难以支撑。众所周知，我国在改革开放前，政府几乎包办了所有类型和层次的教育，其结果不仅由于政府包办过多、缺乏灵活性，学校缺乏自主权和自我发展的活力，使教育发展与社会经济发展相脱离，而且财政负担过重且教育经费严重不足，影响了整个社会教育规范的扩大和教育质量的提升。

第二，实际上，不同类别和不同层次的教育，其内部收益（即对个人发展和企业的贡献）和外部收益是不相同的，因此，在财力有限的情况下，由公共支出承担那些更直接地或更主要地促进个人不同的发展和企业发展教育经费，对另一些个人或企业显然是不适宜的，也是不公平的。

因此，在现代社会，教育活动应该根据特定条件下的教育活动的直接目的和功能来进行类别划分。所谓直接的目的和功能，即这一教育活动最直接的是其于社会的共同需要，还是首先是个人发展或企业发展的需要。

（二）教育活动的类别划分

根据上述标准，教育活动可以分为两个主要类别：

1. 以满足社会的共同需要为主要目标的教育活动

这里的社会共同需要，是一定条件下的社会共同需要，即保证该社会的稳定和发展，其是社会成员必须具有的最基本的素质要求。在现代社会，这一社会共同需要是由社会发展程度和公共财政能力决定的。根据社会和经济发展的需要，以及公共财政所能提供的支持，国家通常规定公民有义务接受一定程度的教育，即义务教育。

义务教育阶段的教育经费主要由公共财政负担。义务教育主要是普通教育，其内涵包括必须开展的道德教育、为公民必须具有的知识和能力而开展的智育，以及保证受教育者体质发展而开展的体育，以及相应的法治教育、国防教育等。此外，一些必要的特殊教育也由公共财政负担。义务教育根据国家的不同社会经济发展程度，有的包括了初等教育和整个中等教育，即小学、初中和高中，有的则是小学和初中，如目前我国实行的是九年义务教育，即小学和初中。

2. 以满足个人需要和企业需要为主要目标的教育活动

第一，这里的个人需要包括两个方面：一是个人和家庭的物质生活提高的需要；二是个人和家庭精神生活提高的需要。

就前者而言，在现代社会生活中，个人及家庭的各种物质需要得到满足的程度，越来越取决于个人及家庭接受各种相关教育的程度。这主要表现在，随着人类社会知识的积累和技术的发展，职业对就业者素质的要求越来越高，因而个人就业的机会就在相当程度上取决于个人的就业能力,实际上相当程度上也就取决于个人受教育程度。随着科学技术的发展和知识经济的到来,就业能力中科学知识和科学技术的构成越来越高,相应地,也就要求就业者必须受到较高的专业的教育。而且,随着就业能力构成的改变和提高,个人及其家庭成员的文化教育水平也就成为决定其经济收入水平的一个重要因素。就后者而言,现代社会精神生活的提高,既是一种经济消费,又是一种知识消费,既需要消费者付出一定的时间和金钱,又需要消费者拥有相应的知识和文化。因此,个人和家庭成员的文化教育水平,也就决定了其精神生活提高的可能。

可见,在现代社会,满足个人需要的教育,就其程度而言主要是中等以上的教育,或者说是国家法定义务教育以外的其他各种更高层次的专业性的教育的受益者,首先是受教育者个人及其家庭。这类教育通常表现为义务阶段以上的高等教育,以及各种专门的消费教育,如各种成人或业余的提高其生活知识和技能的教育,如书法学校、绘画学校、健美学校等。在现代社会中,由于各种因素的影响,每个人接受教育的机会不完全相同,因而对这类直接作用和影响个人及其家庭物质生活和精神生活的教育,不应完全由公共财政承担。

第二,在市场经济条件下,企业作为独立的市场主体,必须以各种形式参与市场竞争,而随着科学技术的发展,现代企业之间的市场竞争虽然与企业的生产规模和企业的资金等密切相关,但同时也取决于企业的科技实力,企业的生产效率、经营管理能力和服务水平。无论是企业的研究与开发,还是企业生产效率等的提高,无不与企业员工的文化素质、技术能力和教育水平的高低有关。就此而论,现代企业之间的竞争实质上是人才的竞争,是科技与教育的竞争。

因此,企业为了保证自身的生存和发展,就必须不断地开展企业教育活动,以提高员工的素质、能力和水平。这些教育的基本形式,是企业的常设职业学校,以及不定期的员工培训班等。同时,适应企业专门的职责技能的养成,通常在义务教育阶段之后,也有一些教育活动专门针对企业的需要进行,如职业学校、区域性的技术学院等。这一类教育活动是一种以满足企业生存和发展需要为主要目标的教育活动,在其外部收益中最直接的受益者首先是企业本身,因而在公共财政能力有限的情况下,这类教育经费不应进入公共财政支出。

至此,结合教育产品的准公共产品特性和教育活动的类别,根据其外部性,我们可以对教育产品作出如图 8-2 的排列:

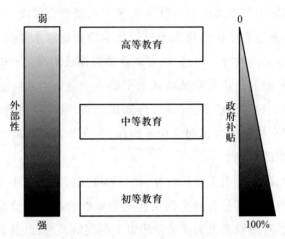

图 8-2　不同教育产品的外部性

三、政府介入教育产品市场的必要性

在教育领域中,公众对教育的特定需求及各级各类学校的存在,构成了一个特定的教育产品市场。由于这一市场的特殊性,决定了政府必须介入。

(一)教育产品市场

教育产品市场是在伴随着私有制的出现而出现的,是随着社会的发展逐步由私人产品市场而转化为特定的公共产品市场的。

从人类教育的发展来看,应该说,无论是在东方还是西方,进入私有制社会后,教育首先都是作为私人产品而存在的。究其原因,一是在社会生产力发展的特定阶段,科学和技术知识简单,且较少与社会经济联系,教育的外部收益主要集中在社会的文化传承和维持社会安定方面。这样,教育只是少数人的专利,教育规范小,教育基本上是私人行为,如由于封建社会对人才或者管理者的需求的有限,封建社会对人才只重选拔而不重培养过程,选拔人才前后出现的察举制、九品中正制和科举制,而人才的培养则是由民间自由进行的,教育是一种私人产品。从社会发展阶段来看,东西方的封建时代和西方的早期资本主义时期的教育都属私人产品。

教育产品市场性质的重大变化产生于 19 世纪以后,其标志是学校的出现。近代科学技术的发展提高了生产技术,改变了生产方式,推动了社会经济的突飞猛进。为适应机器化大生产的需求,一方面决定了教育必须将已有的科学技术融入课程,为现实的社会经济服务,加强与现实经济生活的联系;另一方面决定了必须扩大教育规模,快速地培养出大量生产所需求的人才。进而,现代意义上的学校教育,即以传授自然科学知识为主并融合社会科学知识,以班级授课制为主要形式,以快速而大批地培养社会所需要的人才的现代学校教育产生了。教育与社会经济联系的加强,决定了教育外部收益的扩大,因而 20 世纪 30 年代以后,在一些国家先后出现了由公共财政承担的公立教育,尤其在 20 世纪后半叶逐步推进义务教育制度后,教育产品由私人产品转化为公共产品(实际上是准公共产品),教育产品市场也从一个私人产品市场转变为带有公共性的产品市场,一个特殊的教育产品市场。

(二)现代社会教育产品的社会价值

随着社会的发展,教育产品由私人产品转变为带有公共性的产品,其外部收益也越来越明显,越来越重要。这一社会价值主要体现在如下方面:

(1)社会的优秀文化遗产通过教育得到更好的保护和发展。这不仅表现为教育过程中对优秀文化的直接传承,还包括对相关人才的培养,以及教育者对社会优秀文化的研究。

(2)随着教育普及程度的提高,人们的文化知识、法律知识和道德修养也会得到相应的提高,从而加大了遵守社会道德和法律的自觉性,加之教育普及程度的提高也能增加人们的收入,提高生活水平,从而使社会治安状况改善,政府社会管理的成本相对降低。

(3)随着教育普及程度的提高,一方面是社会的安定程度提高,另一方面是人们的知识增加和技术能力的掌握和提高,创造力得到激发,使整个社会的科学技术水平得到提高,进而促进了经济发展和社会进步。

(4)发展教育是实现社会公平的重要途径。公平是现代社会公民的基本要求,如果说民主是公平在政治上的要求的话,那么缩小经济活动结果的差距则是公平在经济领域中的表现,也是公平的基础和核心。在构成现代经济的资本、劳动、土地、技术四大要素中,教育是人们获得技术的主要方式。由于产权关系的存在,人们无力改变前面三个要素的分配格局,但却可以通过教育而获得相应的知识和技能,也就是获得第四个要素,从而增加收入,改变自己的社会地位。因此,扩大教育面和提高公众的教育程度是实现社会公平的积极措施。

(三)政府介入教育产品市场的必要性

教育对国家的经济发展和民族振兴有极为重要的作用,也就成为全体居民公共利益之所在,这就决定了政府必须关心教育的发展。如上所述,在现代社会,由于某些阶段或类别的教育必须主要由公共财政承担,这就决定了现代社会中政府对教育关心的重要方式就是介入教育产品市场,在教育发展中发挥作用。实际上,教育产品之所以由私人产品转化为公共产品,在相当程度上就是缘于政府对教育产品市场的介入。具体言之,政府对教育产品的生产和提供的介入,主要是基于教育产品市场本身难以保证教育产品的形成并发挥出重要作用：

第一，教育具有信息上的不对称性，因而它无法完全通过市场机制来获得，必须通过政府的干预来予以纠正或补充。

第二，教育既有内部收益也有外部收益，而外部收益作为受教育者个人来说往往难以认清，从而低估其价值，因而，如果教育经费完全由个人提供，则会出现教育投资不足的问题。而作为政府来说，作为教育受益的第三者，即代表社会接受教育的外部收益，也就必须代表社会按受益支付必需的经费。

第三，教育是通过对人的培养，使其成才或成为社会所需要的人来为社会服务的。培养人的过程是一个长期的过程，而其效果的显现所需的时间则更长，所谓十年树木，百年树人。而且，教育生产的对象是人，而人的活动是复杂的甚至存在一些不可控因素，因而较之非生命产品的生产来说，教育产品成才率往往具有不确定性。这就是说，教育具有迟效性和风险性。因此，完全靠市场机制，教育投资必定受短视利益的约束，出现投资短缺，因而必须由政府介入教育产品市场矫正短视行为。

第四，作为教育结果的人的培养不仅需要使其具有适应社会经济生产的知识和技能，还必须具有相应的思想和社会知识，其中的核心就是一定社会的思想意识形态。任何一个国家，统治阶级都必然要通过教育传授自己的思想意识形态以巩固其统治，因此，政府也就必然要以一定的方式介入教育产品的生产，以保证教育培养结果在其思想道德方面符合自己统治的需求。

四、现代社会教育事务管理的基本内涵

从公共政策的角度看，教育事务管理的基本内容主要分为教育产品的生产和提供两个方面。

（一）教育产品的生产制度

教育产品的生产制度包括如下内容：

1. 确立教育发展规划

教育发展规划，就是在一定的时期内教育的发展规模和所要达到的水平，包含了教育发展的数量和质量两个方面，这是教育产品生产中首先必须解决的问题。因为，教育事业产品是准公共产品，其所具有的外部性会使市场失灵，因而它不可能通过市场竞争达到均衡的供求。特别是，教育的外部性关系到公共需要，且教育本身具有迟效性，是立足于今天而又面向明天的事业。因此，为了确保教育资源的合理配置，保证整个教育事业的发展符合社会经

济社会发展现实的和中长期的需求,政府必须制定教育发展规划,对整个国家一定时期内教育发展的规模、各类教育产品(大学、中学、小学、成人教育,以及普通教育与职业教育)的构成,以及地区分布等,做出明确的规划。

2. 教育产品生产过程的管理

如上所述,教育生产是对人的培养过程,在这一过程中既要养成其适应和推动社会发展的知识和技能,也必须形成其与社会主导思想和意识形态相一致的思想和品德。为了保证各级各类教育按照国家的要求实施生产,也就必须对教育产品生产过程进行管理。在现代社会,对教育产品生产过程的管理不是要政府具体介入生产过程,而是政府教育管理部门要制定各级各类学校的总体的培养目标、基本的课程结构和基本的课程大纲等,要求各地区和各级各类学校结合自己的情况实施,并通过教育督导从外部进行检查和推进实施,在不削弱官方评估的基础上,发展非官方组织的教育评估作用,对其教育培养质量进行评估。同时,还要对教育投资、教育项目的执行等进行监督。

3. 教育市场管理

由于在教育过程中,学生与教师之间的资源和信息是不对称的,另如在实施义务教育后,通常有学区的划分,严格限制办学主体并要求学生必须在学区内就学,等等。故就其本质而言,教育具有垄断性。教育垄断性的存在会使学校失去质量压力和为学生服务的宗旨,缺乏竞争和改革的热情,从而降低教育效率,影响教育生产质量。为此,政府必须介入,管理教育市场。

政府管理教育市场不是介入微观领域,去管理学校,根本上是打破垄断,建立一种公平竞争的机制和环境,让竞争来约束学校和教师的行为。打破垄断的关键是要结合具体的教育发展状况和要求,去除不利于教育发展的限制,引入竞争机制,如在一些国家中,政府在建立对学校的质量考核指标的基础上,放宽了对办学的限制,允许私人组织办学,也允许公立学校的教师重新组合,政府按在校学生的标准,定额向学校拨款,同时,去除一些不利于竞争的规定,如规定学生必须在规定的学区内就读等,从而形成了质量压力,促进学校改革,努力提高教育质量。

4. 建立教育产品生产的合理模式

教育事业产品作为准公共产品,如我们在前面有关章节中所阐述的,通常可以有两种生产方式,即公共生产和非公共生产(私人生产)。在教育领域内,公共生产是指由政府办教育,以公共财政支出作为主要经费来源。所谓非公共生产,是指主要由非公共财政支出来承担教育经费的学校,即民办教育或民办学校。民办学校通常是非营利机构,即属于非政府组织的范畴,但在国外,也存在一些经营有明确的营利目的,并对之实行企业管理的民办学校。

那么,教育产品应当由公共生产,还是由私人生产呢?据不完全统计:

(1)各国关于教育产品生产的主体的公共政策及具体执行情况不同,但总体上看,无论是在发达国家还是发展中国家,公立学校的在校生数远远超过民办学校的在校生数,民办学校基本上处于补充的地位。

(2)初等教育以公立教育为主,而中等教育中民办教育的比重虽然仍然小于公立教育,但其比重却大于初等教育。

(3)民办教育在整个教育中的比重,除文化传统因素影响外,明显与经济发展水平有关,即许多发达国家公立教育的比重,在初等教育中就有很高的比例,而在中等教育中也高于发展中国家。相应地,一些发展中国家由于义务教育阶段主要是初等教育,因而在同一国家中,初等教育中公立教育的比重大于中等教育。

由于民办教育基本上不需要政府投资,从而在财政支出有限的情况下,在由初等和中等教育所组成的义务教育阶段,允许教育产品生产主体的多元化,可以在一定程度上减轻政府财政负担。当然,为了鼓励民办教育发展并更好地进行管理,可以对民办教育予以一定方式的补助,如直接进行一定的财政拨款、无息贷款、减免税费、给予优惠的办学土地等。

(二)教育产品的提供制度

在现代社会,对于具有准公共产品性质的教育产品,可以根据其公共性的纯度分布情况,采取混合提供与市场提供相结合、以混合提供为主的公共政策,构建相应的教育产品提供制度。这一制度主要有以下内容:

1.公立教育产品提供方式

现代社会的公立教育是从初等教育到中等教育,再到高等教育的完整的教育体系,一般来说,总体上应采取政府投资和向受教育者收取一定费用的混合提供方式。但是如前面分析及图8-2所示,教育产品按其层次,从初等教育到高等教育的公共性纯度和外部性是不同的,而外部性却是确定收费和政府补贴标准的重要依据。

具体言之,在初等教育、中等教育和高等教育三类教育中,初等教育的外部性是最高的,同时由于义务教育的实施,也是受益面最大且教育成本最低的。因此,初等教育应采用政府补贴为主的方针。这一方针以补贴为主,基本上是一种近于无偿提供的财政政策,即使收费,一般也不超过其教育成本的1/4。这一方针不仅有利于提高资金效率,也能使最广泛的人获得政府的教育补贴,有利于促进社会公平。

中等教育的外部性次于初等教育。但是,由于在现代社会中,诸多的国家都将初中阶段的教育纳入义务教育,因而往往在初中阶段就采取近于初等教育的以政府为主的补贴方式,而在高中阶段则适度扩大受教育者对教育经费的承担比例。

高等教育的外部性又次于中等教育,或者说高等教育的收益首先体现在受教育者身上或企业上,因此在现代社会,公立高等教育虽然有公共财政支撑,但经常性支出应当大部分来自收费,政府的财政拨款主要应解决设备购置和教室、实验室等投资性支出。

2. 成人教育与职业教育产品提供方式

在现代社会中,尤其是在市场经济条件下,成人教育与职业教育是关系到个人技能或全面素质的获得或继续提高的教育,就外部性而言,也是所有教育类别中外部性最小的一类教育。因此,成人教育与职业教育产品的合理提供方式是市场提供。因为,由于成人教育与职业教育的外部性最小,政府用大量资金去补贴外部性小的事业产品是不合适的,而且,成人教育的对象是工作后愿意读书的人,他们具有一定的支付能力,职业教育更经常是直接为企业服务的,应由企业直接支付教育经费才是合理的。

3. 民办教育产品提供方式

在现代社会,民办教育在大多数国家中都已发展为具有从小学到大学,从普通教育到各种专业教育类别的教育,成了公立教育的重要补充。对民办教育,当今世界中存在着两种不完全一致的产品提供方式:

(1) 私人生产,市场提供。即民办学校的收费标准由政府管理部门统一核定,或者完全交由办学者按市场供求来自行确定。就前者而言,实际上是一种计划与市场结合的指导价格。就后者而言,则是完全的市场价格。一般来说,在完全由市场决定教育收费的情况下,公立学校的存在,并且再加上政府如果能建立一个考核质量的公平而科学的竞争机制,即既不是以公立学校的标准为标准,也不是对民办学校降低标准或用另外的指标进行考核,而是对同一层次同一性质的公立教育和民办教育都用统一的标准进行衡量,那么,在可以自由选择的情况下,公众是可以通过收费与收益的对比来确定消费的。就此而论,在对待民办教育产品的提供上,政府"管其价格,不如管其质量"更符合市场竞争原则,也更能促进民办教育提供更好的教育产品。

(2) 私人生产、混合提供。即由民间投资建立学校,但政府通过对民办学校进行一定的补贴,将其收费、质量管理等纳入政府教育管理,形成民办教育与公立教育公平竞争的机制。实际上,就民办教育的绝大多数在注册和规范上都属于非营利机构来说,这种混合提供方式能更好地促进民办教育实现促进社会公共利益的组织目标,同时,也有利于政府教育管理部门从外部对民办教育进行有效的管理。

第三节 文化事务管理

在现代社会,文化活动的内容日益丰富,在社会生活中占有重要的地位,同时,文化活动也是经济增长的重要方面。文化产品具有鲜明的准公共产品特征,但不同的文化活动的公共性具有明显的差距,可大致分为公益性文化活动和营利性文化活动两大类,并且,文化产业化明显,文化市场成为文化产品提供的重要途径。因此,必须针对不同的文化活动的特点和规律,确立相应的公共政策,形成科学而合理的管理体制。

一、现代社会文化活动的类别和基本内容

文化活动是公众满足自身娱乐和精神需求的活动。在现代社会,随着社会进步、经济的发展尤其是科学技术的日新月异,公众对文化活动的要求日益提高,文化活动的内容也日益丰富,样式也日趋繁多。这些内容丰富、样态繁多的文化活动,可以结合其活动的目的和功能,大致分为公益性文化活动和营利性文化活动两大类。

1. 以满足社会共同需要为主要目标的公益性文化活动

文化是人类物质文明和精神文明的总和,是人类实践的产物,是人类社会进步和发展的标志。文化活动的主体是人,而从人的需要出发一般可以分为三大基本类别,即生存需要、享受需要和发展需要,而文化活动与人的三大需要都有关联,其中就有一类文化活动主要关注于一定社会条件下的作为社会人的生存的需要。

具体言之,在现代社会中,文化活动的主体是多元的,文化活动的目的和功能也是多种多样的,其中就存在这样一类文化活动,即生产和提供文化产品不以营利为目的,而是带有公益性的文化活动,即以满足社会成员的基本的文化生活需要为目标,着眼于提高全体公众的文化素质和文化水平,既给公众以一定社会所能提供的最基本文化精神享受,也保证和维持社会生存与发展所必需的文化基础和条件。因此,所谓公益性文化活动,是指一个国家或社会中,每一个公民都应该享有,而且能够享有的文化生活,或者说,是以大众为活动主体的,主要以满足社会共同的文化需要为目标的文化活动。

现代社会的公益性文化活动,主要有以下基本内容或活动形式:一是公共图书馆,即面向社会,向公众提供图书资料服务的图书馆。这是公众获取知识和信息,接受教育的一个重要渠道,也是一个国家或地区社会经济文化发展水平的重要标志。二是文物、博物馆和纪念

馆。三是公众文化事业,通常由群众性的文化机构及其活动组成,如我国的群众艺术馆、文化站及其开展的活动等。

2. 以满足个人需要为主要目标或具有营利性的文化活动

在现代社会中,文化消费需求是人们整个生活消费需求中的一个有机组成部分,如上所述,人的需要分为生存需要、享受需要和发展需要三大类别,而文化活动与之密切相关。人类文化发展的历史表明,文化消费需要的水平和满足程度,是与社会的进步、经济的发展密切相连的。因此,在现代经济发展尤其是科学技术水平提高的前提下,面对公众文化需求的多元化,也就使社会能在保证公众基本文化需求的基础上,在相当程度上针对不同群体乃至个人的需要,提供相应的文化消费。

这就是说,在现代社会中,还存在着这样的文化活动,即活动的目的是以满足一定的群体或个人的文化消费需要为主要目标,并主要关注个人的享受需要和发展需要层面的文化需求。由于主要是针对个人文化消费,因而这类文化产品具有较明显的商品性,具有营利性,并形成了相关的文化市场。由于人们的收入水平、文化水平、文化偏好、文化背景,以及年龄、民族等文化消费条件和文化消费能力各不相同,相应的,人们之间的文化消费需求发展的层次与水平、文化消费投资方向与模式也各不相同,从而,不仅形成了文化生产和文化市场的多样性,而且也使这些这类文化事业有较强的自身发展能力。

这类以满足个人文化需求为主要目标的或具有营利性质的文化活动,主要有这样一些基本内容或活动方式:一是新闻、出版和广播电视事业;二是影视音像业;三是演出业;四是娱乐业。这其中要说明的是,新闻、广播电视事业作为现代传媒,虽然相互间有各自不同的服务对象定位,在同一行业中的不同的主体也有自己的服务对象定位,但在相当程度上还是大众传媒,即面向社会公众,以满足社会共同需要为目标,然而,也正由于广泛的社会需求,因而其自身具有较强的发展能力,可以进行企业化经营。

二、文化产品的准公共性

虽然文化按其活动的目的和功能,其产品可以分为公益性文化产品和营利性文化产品,但由于文化活动的特点,使其产品具有公共事业产品的基本特点——准公共性。文化产品的准公共性与教育事业产品的公共性有相似之处,可以分为两个方面:

1. 文化产品具有一定的非排他性和一定的消费竞争性

文化产品的消费大多具有无形性、延伸性、渗透性的特点,在一定范围内,如一个人看电视、听广播、看电影、看演出、看展览,并不影响其他人看电视、听广播、看电影、看演出、看展览,即在一定范围内,一个人消费文化产品时,并不排斥其他人同时消费,文化事业产品具有非排他性。但是,这一非排他性是有限度的。因为,如一定设备下的电视、广播的覆盖面是有限的,超过设备技术限制,电视、广播的传播质量必然下降;如演员的声音和演出的形体可视范围也是有限的、展览的场地的可容纳范围也是有限的,因而当消费者人数增加到一定数量时,必然需要增加演出场数和展出场数(增加成本)。另如报纸杂志、公众文化活动等都存在相似的情况。

文化产品的竞争性,表现为随着消费者的增加,总成本也必然增加,而文化需求的满足是与一定的社会进步相联系的,是以经济的发展为基础的,因而相对于公众不断增长的文化需求,文化产品的供给能力是有限的。这样,在文化产品供给能力有限的情况下,必然产生需求竞争,如优秀或可视性强的演出和影视作品、时尚的娱乐项目等的消费就存在竞争。

这里要指出的是,由于文化产品还具有层次性、多样性的特点,许多消费项目是在满足公众基本文化需求的基础上,针对不同层次和不同样式的文化需求的公众进行生产的,如娱乐业就具有这样的特点,因而这类文化产品具有更强的排他性和更强的竞争性,而且,这种竞争基本上是一种市场竞争。此外,一些具有营利性的文化事业产品的竞争也基本上是市场竞争。正因为如此,现代社会中文化事业较之教育事业总体上具有更强的产业特征,文化产业这一概念得到了广泛的认同,而且还形成了各式各样的文化企业。

2. 文化产品具有外部收益性

在市场经济条件下,文化产品的消费是一种大众的消费,文化产品的生产首先是针对公众的不同层次的需求展开的,文化产品的社会功能也是通过文化消费主体的消费来实现的,即文化产品的外部收益是通过内部收益来发挥的。文化产品的内部收益,表现为公众在消费的文化产品后,精神享受和文化娱乐的需求得到了满足,提高了文化素质,为激发创造性和积极性提供了重要条件,促进了自身的全面发展。

文化产品的外部收益表现为:

(1) 社会的优秀文化遗产将通过文化活动尤其是有引导的文化活动得到继承和发展;同时,文化事业产品的生产和提供的过程也是一个实践过程,正是在这一过程中,符合时代发展的又有自己民族特色的当代文化得以形成。

(2) 与民族的、现代的、大众的、健康的文化的形成和发展相伴随,公众在消费文化产品,满足自己精神文化需求的同时,也陶冶了情操、提高了文化修养,进而构成了一个良好的社会文化氛围。这不仅促进了情商的提高,有助于公众自身创造力和工作积极性的激发,也有助于道德素养的提高,进而有利于社会的安定。

（3）正因为在现代市场经济条件下,文化活动与经济有更紧密的联系,因而是社会经济发展的一个增长点。总之,在现代社会中,作为上层建筑的文化事业对社会经济发展起着十分重要的推动作用,成了社会进步和经济发展中的重要力量,正因为如此,现代社会中一个国家或地区的文化事业的发展水平成了该国社会经济发展水平的重要标志,体现着该国或地区的文明程度。

当然,不同的文化产品由于其活动的直接目标和在社会中的功能是不同的,根据上面对文化事业产品准公共性的分析,依据不同文化产品所具有的不同的外部性,我们可以得出如图 8-3 所示的不同文化事业产品的外部性分布图。

三、政府介入文化产品市场的必要性

现代社会的文化产品较之教育产品等来说,总体上是一种更市场化的产品,然而,由于文化产品属于准公共产品的基本特点,也由于文化属于上层建筑领域,文化产品既是物质产品,也是精神产品,具有商品性、社会性和思想性合一的特点,在社会的发展中具有重要的作用,是全体公民公共利益的体现,因而政府必须介入文化产品市场。这一必要性具体表现在以下方面:

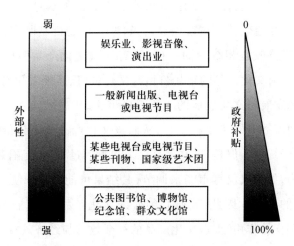

图 8-3　不同文化产品的外部性

（一）文化产品的外部性决定了政府必须介入文化产品市场

第一,文化产品就其基本方面来说,是满足社会全体成员基本的文化需要,是一种共同的文化需要,这一层面的外部性最强,但也正是这一外部收益性的存在,往往使人低估其价

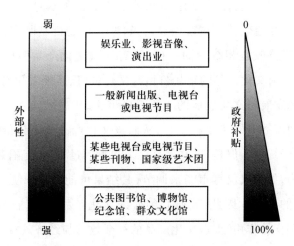

值，不愿投资，也就是说，仅靠市场是无法保证公众基本的文化需求满足的，因而必须由政府介入，通过一定的方式加强社会基础文化设施建设，保证公众基本文化需求的满足。同时，这也是政府代表社会对外部收益支付费用。

第二，现代社会中电视广播、诸多的报纸杂志虽然其自身具有经营能力，但由于其外部性十分突出，政府作为社会其外部收益的第三方，应该代表社会对收益支付必需的费用。此外，如一些代表国家意识形态和主流思想的重要报刊，一些反映国家科学文化事业水平的理论性较强的刊物，具有十分突出的外部收益，且本身不具有经营能力，故应该由政府代表社会对这一收益支付费用。

（二）文化产品的特殊性决定了政府必须介入文化产品市场

第一，文化是一种精神产品，属于上层建筑，文化活动中贯穿着特定的意识形态和思想价值取向。因此，为了巩固自己的统治，现实中的任何一个国家的统治阶级都不会对文化产品的生产和提供放任自流，必须由政府介入文化产品市场，对文化产品的生产进行必要的引导和管理。当然，具有不同的文化传统和社会政治体制的国家对文化管理的方式和程度是不相同的，但进行一定的引导和管理则是同一的。

第二，文化产品具有双重属性和价值，即既有一般商品的属性，又有特殊精神产品的属性，既有经济效益，又有社会效益。在市场经济条件下，市场机制既有促进文化繁荣以及文化产品的社会效益与经济效益相统一的一面，又有导致文化产品两种效益相矛盾的一面。这矛盾的一面主要表现为文化产品的市场价值与文化价值、高雅文化与通俗文化、民族文化与外来文化，以及经济发展与文化发展的矛盾。应该说，从总的发展趋势来看，越是有文化价值的东西，越能得到多数人的接受和赞赏，从而该文化产品的文化价值与市场价值、社会效益与经济效益会趋于统一。但是，这并不是一个自发的过程，而是有赖于社会从各个方面自觉努力的结果，因为，如果仅仅靠市场来调节，其结果可能会导向更关注眼前的经济利益而忽略更有文化价值的产品。因此，政府必须介入文化产品市场，在尊重市场机制的基础上，充分发挥其引导和支撑作用，促进文化产品的社会效益与经济效益的统一。

第三，文化产品作为一种精神产品，不仅在其作为一个民族和国家的灵魂和价值取向方面需要积极的引导和支撑，而且在微观的文化市场领域也需要政府的规范和管理。因为，如果缺乏必要的规范和监督，在利益的驱动下，难免出现违法违规现象，从而影响文化的健康发展，损害一个国家民族的、现代的和大众的文化的形成。就此而论，文化市场的规范和监督是现代社会中保证一个国家文化发展必不可少的条件。

四、现代社会文化管理的基本内涵

从文化产品作为准公共产品,以及其具有商品和特殊的精神产品属性和相互间差别又比较明显的情况出发,现代社会文化管理的基本格局,应是生产主体多元、政府通过文化投入和扶持政策等,分类管理、分级指导,国家保证重点,社会兴办文化事业。具体来说,这一现代社会文化管理应具有以下的基本框架和内涵。

(一)文化产品生产的制度

1. 确立文化发展规划

与教育产品的生产相类似,文化的发展也需要制定相应的发展规划。所谓文化发展规划,就是在一定的时期内文化的发展规模和所应有的水平,包含了文化发展的数量和质量两个方面,这是文化产品生产中首先必须解决的问题。文化发展之所以需要发展规划,其原因主要在于:

(1)文化产品中的基本部分是关系到社会共同需要的公众文化设施,以及公共图书馆、展览馆、博物馆等,这些文化事业产品需要根据整个国家文化发展的总体需要和不同地区的具体情况,合理配置资源,满足公众基本的文化发展需求。

(2)电视、广播等既是当代社会中公众基本文化需求,又有一定的经营能力,这些社会效益和经济效益都极强的文化事业,覆盖面范围广,建设投资大,因而必须有一个合理的布局,既最大限度地使用资源,又充分发挥其作用。

(3)文化产品是一个国家的文明发展水平的重要标志之一,因而国家必须有明确的规划,确立和保证某些反映一个社会文化水平又有自己民族特色的文化产品的生产。

2. 建立合理的文化产品的生产模式

文化产品总体上是准公共产品,因而应该有两种生产方式,即公共生产和非公共生产,尤其是如上所述,不同类别的文化产品在公共产品到私人产品的范围内,其差别是比较大的,因而生产主体的多元性更为必要。在文化领域内,所谓公共生产,是指由政府办文化事业,以公共财政支出作为主要经费来源,如公众的文化活动、国家的电视台、重要的报纸杂志、重点的艺术团体、公共图书馆、纪念馆等。所谓非公共生产即私人生产,是指主要由非公共财政支出来承担经费的文化活动,如娱乐业、音像影视、一些报纸杂志等,在一些国家还有私人开办的电视台,等等。总体上说,现代文化产品的生产,应该是生产主体的多元化,政府、非政府组织和个人共同参与,国家保证基础和重点,社会兴办文化的发展格局。

3. 文化产品生产过程的管理

文化产品是精神产品,其生产是一个涉及意识形态问题和国家或社会文化发展方向的生产过程。如上所述,文化发展过程是一个矛盾过程,是一个需要社会各种力量自觉地促进其发展的过程。因此,为了保证各类文化事业按照人们所认识到的社会发展要求实施生产,也就必须对文化事业产品生产过程进行管理。在现代社会,对文化产品生产过程的管理不是管理主体介入生产过程,而是在尊重文化产品生产如艺术作品创作规律的基础上,一方面对违反国家意识形态的文化产品进行严格处理,另一方面通过政府和非政府组织如行业协会等以一定的方式,如评奖、经济政策上的优惠等,积极鼓励、支持符合公众需要和社会文化发展方向的文化产品,批评和谴责落后的、不健康的东西,引导文化产品的生产。

（二）文化产品的提供制度

对于文化产品,可以根据其公共性的纯度或外部性分布情况,以及其文化产品的特殊性,采取公共提供、混合提供与市场提供相结合、以混合提供为主的公共政策,构建相应的文化产品提供制度。这一制度主要有以下内容:

1. 公共提供

公共提供的文化产品,首先应该是保证公众基本文化需要的公众基础文化设施,如现代社会中的社区基本文化设施,公共图书馆、纪念馆,以及如我国现有的群众文化馆、文化站等。这些文化产品满足的是公众基本的文化需要,其外部收益是最高的,受益面也是最大且相对成本也是最低的。因此,这些文化产品应采用公共生产并以公共提供如以政府补贴为主的公共政策。这一以补贴为主的方针,基本上是一种近于无偿提供的财政政策,即使收费,主要是补贴服务成本。

其次是广播和国家电视台及某些电视节目。在现代社会,广播和电视已成为公众获得基本文化需求的一个重要渠道,其同样具有受益面广、相对成本低的特点,因而应该采取公共提供的方式。必须指出的是,广播由于其经营能力较弱,可以采用公共生产、公共提供的方式,而且这种提供基本上是免费的。但电视的情况则较为复杂。由于电视正日益成为现代社会影响面最大的传媒,因此,从其作为国家意识形态和政策方针的宣传主导媒体来说,现代国家基本上都建立了完全或主要由国家财政负担的国家电视台,和由地方财政负担的属于地方政府管理的地方电视台,并基本上免费向公众提供,即公共生产、公共提供。同时,由于电视有较强的经营能力,随着社会的发展和电视节目的丰富多彩,一些国家则对电视台的某些宣传频道进行财政支撑,基本免费向公众提供。

2. 非公共生产、混合提供

非公共生产、混合提供的文化产品,在现代社会中主要是一些重要的文艺演出产品和报纸杂志,以及一些电视台或电视节目。这其中的文艺演出产品,主要是一个国家中水平最高的、具有重大影响力的艺术团体,如我国的国家级的艺术团体,政府对其进行一定的补贴或税收上的优惠等,将其收费、质量等纳入政府文化管理,既提供了其基本的经费来源,保证了其基本的生存条件,又通过对其价格的一定的控制,促进这些重要的文化产品向社会普及。同样,对具有类似情况的报纸杂志和私人电视台或其中的某些节目,也应采用同样的方式向社会提供。

3. 非公共生产、市场提供

在现代社会中,这类文化产品也占有相当大的比重,主要有娱乐业产品,大多数的演出业产品、音像影视业产品、新闻出版业产品等。在现代社会中尤其是在市场经济条件下,这类文化产品行业主要是针对公众不同的个性化和不同层次的文化需求,其经营能力强,相当程度上就是一种市场商品,其作为公共产品的基本依据,主要是其外部性,但其外部性又是所有文化产品中外部性最小的一类。由于这些文化产品的外部性最小,政府用大量资金去补贴外部性小的事业产品是不合适的,而且,在满足基本文化需求后愿意进行个性化文化消费的人,也是具有相应支付能力的人,应由自己支付文化消费的费用才是合理的。因此,这些文化事业产品合理的提供方式是市场提供。

由于文化产品的特性,这种市场提供的方式通常有两种方式,即收费标准由政府管理部门统一核定,或者完全交由文化产品生产者按市场供求来自行确定。前者实际上是一种计划与市场结合的指导价格,而后者则是完全的市场价格。一般来说,与教育产品的市场提供相类似,在完全由市场决定文化产品收费,并且有足够多的产品可以让公众自由选择的情况下,公众是可以通过收费与所获得的收益即精神享受的对比来确定消费的。就此而论,政府在上述方式引导文化产品生产的价值取向的基础上,"管其价格,不如管其质量"更符合市场竞争原则,也更能促进非公共生产提供更好的文化产品。

（三）文化产品市场管理

在现代社会,文化产品无论是公共生产还是非公共生产,无论是公共提供、混合提供还是市场提供,都存在一个文化消费的需求与供给的问题,即存在文化市场的问题,尤其是,文化产品的不同类别之间,在非排他性和非竞争性上差别比较明显,许多文化产品更接近通常意义上的商品或本身就是为交换而产生的商品,如娱乐业产品、影音产品等。而从另外一方面看,在商品市场中,文化事业产品由于其表现形式和精神产品的属性,因而又是市场中的一类特殊商品。因此,文化产品的市场管理是整个文化管理中一个十分重要的方面。

文化产品市场管理的基本内容包括以下几个方面:

1. 文化市场管理规范

由于文化产品的特殊性,不同的国家由于历史文化传统的不同、社会经济发展水平的不同,以及意识形态和公共管理文化的不同,不同的国家对文化产品管理的具体规范不会完全一致,如对文物,有的国家明确规定不许买卖、而有的国家则可以买卖,但哪些可以进入市场则有完全不同的规定。因此,文化市场管理规范的建立,必须根据具体国家或社会的具体情况,制定相应的法律法规。以法律法规构成文化市场管理的基本规范,依法进行管理。

2. 文化市场经营者的管理

由于文化产品总体来看是一种专业性较强的产品,要求文化产品的经营者必须有相应的资质。而且,对于一些承担文化经营和服务的团体、协会等非政府组织来说,本身就是经营者和管理者一身二任。因此,必须对文化产品的经营者和服务者进行管理,尤其是把握好进入市场的资格审查,相当程度上,这是文化市场得以规范运行的基本条件之一。同时,还要对文化市场经营者的行为进行管理,即监督其是否按照国家的有关法律法规进行经营,对违反者进行查处。另外,在这方面还有一个对文化市场的培育问题,即在相当程度上是对文化市场经营者支持或扶持的问题,如从我国目前的情况来看,从事文化娱乐业者比较多,其他类型的文化市场经营机构发展还较为弱小,还不能满足我国经济发展和广大群众多层次文化消费的需要,这就需要政府积极引导,社会各界大力支持和扶植。

3. 对文化产品本身的管理

文化事业产品既是专业性较强的产品,又是一个内容丰富、类别繁多,相互之间差异较大的由文化产品和文化服务所构成的特殊的商品门类,因而必须针对不同文化产品的特点制定相应的法律法规,进行分类指导、分类管理,将有针对性的管理落实到具体的文化产品和文化服务上。在现代社会中,文化产品管理的重点,一是音像产品管理,二是娱乐业市场管理,三是演出市场管理,四是艺术品管理,五是出版物管理。这一管理不是代替经营者对产品的经营,而是对文化产品能否进入市场进行管理。这一管理一是看是否具有商品资格,二是看其内容是否符合有关规定。

4. 文化产品价格管理

这一管理的主要内容有三个方面:一是对属于公共生产、公共提供的文化产品和服务的收费标准进行检查;二是对实行指导价的文化产品,即非公共生产、市场提供中纳入国家管理价格的文化产品进行管理;三是对一些文化产品实施特殊的税收与价格政策。因为文化产品的特殊性的一个重要表现,就是一些产品的市场价格与其艺术价值会发生背离,有些艺术产品的市场价格甚至不及生产成本,难以为继,但社会又需要这些艺术产品,例如儿童剧的编制和演出就存在这种情况。因此,国家必须运用税收与价格政策,如对某些文化产品实施差别税率甚至免税,对其进行扶持。这一在文化市场上实行的税收与价格政策与生产过程中的相关政策实施不同之处在于,它是在市场交易完成后进行的扶持。

5. 社会捐助资金管理

社会力量对文化事业捐助,以支持文化事业的发展,是现代社会中通行的做法。社会对文化事业的捐助的主要对象,是公众文化事业设施建设,以及非营利的文化事业团体。社会捐助资金的管理,主要是对资金使用是否符合捐助目的的监督管理,是一种外部管理,是依据相关的如非政府组织资金管理的法律法规进行的。如我们在第三章已指出的,目前我国在非政府组织内部管理的法律建设上急需加强。

☑ 本章小结

1. 科技活动主要有基础研究、人文社会科学研究、技术推广和应用技术研究四大类,前三者主要以满足社会共同需要为目标,后者则主要以满足个人和企业需要为目标。前三类科技产品具有突出的非排他性和非竞争性,后者则有一定的非排他性和较强的消费竞争性,而外部收益则是科技产品共同突出特点。政府必须介入科技产品的生产和提供,相应的,科技事业产品有不同的生产和提供方式。科技产品市场管理则是科技管理中的一个重要方面。

2. 教育产品的基本特点是具有较突出的准公共产品的特点,即一定的非排他性和一定的消费竞争性,以及外部收益。政府介入教育产品市场有必要性。义务阶段的教育以公共生产、公共提供的方式较为合理,现阶段高等教育以混合提供或市场提供为宜;成人教育则应以非公共生产、市场提供;民办教育则可市场提供和混合提供。教育市场管理的关键是形成平等的竞争机制,而且是"管其价格,不如管理质量"。

3. 文化产品内容丰富、相互间在准公共性的表现上差别较大,总体上可以分为满足公众基本文化需求,和在此基础上的个人不同层次和不同样式的文化消费两大类。加之文化产品既有商品属性又有精神产品属性,政府必须介入文化产品的生产和提供。文化产品市场管理亦是文化事业管理的一个重要方面。

☑ 概念和术语

基础科学研究　　人文社会科学研究　　应用技术研究　　公益性研究　　技术推广　　科学技

术市场　义务教育　初等教育　中等教育　高等教育　职业教育　民办教育　教育市场
公益性文化活动　营利性文化活动　文化产品市场

✔ **复习思考题**

1. 科技活动主要有哪些？各有什么特点？
2. 科技产品的准公共产品特性是如何表现的？
3. 政府为什么必须介入科技产品的生产和提供？
4. 科技管理的基本内容有哪些？
5. 教育产品的准公共产品特性如何表现？政府为什么需要介入教育产品市场？
6. 教育管理公共政策的基本内容是什么？
7. 文化产品的准公共性是如何表现的？
8. 政府在文化管理中的地位如何？为什么？
9. 文化事务管理的公共政策的基本内容是什么？

✔ **即测即评**

请扫描右侧二维码，进行即测即评。

第九章　公共事业分类管理概述(下)

本章基于公共事业管理的基本内涵和要求,主要从行业政策的制定和执行出发,对卫生事务管理、体育事务管理和城市公用事业管理进行概述。

第一节　卫生事务管理

现代意义上的卫生事务是随着社会经济发展进入一定阶段而产生的,其基本内涵和管理方式也与社会的进步和经济的发展密切相关,它主要是通过对疾病的诊治和预防,通过对公共环境卫生条件的改善,以保证和提高公众基本健康水平。因此,现代卫生事务包括了医疗和卫生两个基本内容,相应地,解决这方面事务的活动又被称为医疗卫生服务。医疗卫生服务是整个公共事业的重要组成部分,它既关系到每个公民的利益,也影响着国家和社会的发展,因而政府必须根据卫生事业产品的基本特点和要求,介入卫生产品市场,以相应的医疗卫生产品的生产和提供政策为依据,构筑起医疗卫生事务管理模式。

一、现代卫生活动的基本内容及类别划分

医疗卫生事务是现代社会的产物,其内容丰富,总体上属于准公共产品,但是,不同的卫生产品之间在公共性上的差异又较为明显。其中有的活动是公益性的,也有的活动具有较强的个体性或市场性。

(一) 现代卫生事务的基本活动内容

现代卫生活动也称医疗卫生事业,基本内容包含医疗和卫生两个基本方面。虽然人类治病求医乃至维护环境的活动有久远的历史,但作为通过对疾病的诊治和预防,通过对公共环境卫生条件的改善,以保证和提高公众基本健康水平的医疗卫生活动,则是伴随着人类进入现代社会而产生的,其活动的内涵和范围又是与社会的进步、经济的发展和科学技术的提

高密切相关的。中外历史发展已表明，实际上在人类活动的漫长的历史时期中，对疾病的诊治基本上是私人行为，更没有自觉系统地预防疾病、维护公共卫生环境，只是随着人类进入了以非生物动力的机器时代后，一方面是人们开始认识到保证公众基本的健康是社会和经济发展的基本条件，也是作为社会人享有的基本权利，提供基本的医疗应该是社会行为，另一方面是生产力的迅猛发展所导致的社会财富的积累，为公众提供基本的医疗保障提供了可能，从而现代的医疗卫生事业开始逐步形成，并随着社会的发展而不断发展。

一般来说，现代卫生事务，通常可分为医疗、卫生、医学研究、突发事故救护等行业。医疗是指医院等单位以治病为主要业务的活动；卫生是指防疫站等机构以防治疫病，包括防治流行病的发生为主要业务的活动；医学研究则是指专门从事医学研究的机构或个人所进行的疾病的病理研究和临床治疗技术研究；突发事故救护是指专门的突发事故救护机构如急救中心，以及承担突发事故救护任务的医疗机构等所进行的紧急救护。

当然，由于医疗卫生活动的内涵和范围是由社会和经济的发展水平决定的，因而不同的国家或社会，由于社会发展程度的差异，以及历史文化传统的不同，其医疗卫生活动的基本内涵和范围也就不会完全相同。例如由于经济发展水平和文化传统，我国的医疗保障制度也有自己的特点。

（二）现代卫生活动的类别划分

现代社会内容丰富的卫生活动，可以根据不同的划分标准进行分类。从公共事业管理的角度看，按照医疗卫生活动的直接目的进行分类，更有实际意义。依此，医疗卫生活动可以分为以下两个类别：

第一，以满足社会共同需要为出发点的卫生活动。现代医疗事务中，卫生活动、医学研究和突发事故救护，其活动的直接目标是保证社会公众的基本健康水平和提高生活环境的卫生状况。这里的公众，不是具体的个人，而是指社会公民的集合体，也就是说，只要是该社会中的公民，每一个人都可以而且应该享受这类卫生服务。例如，医学研究是针对某一类疾病而进行的，只有当这类疾病已不是个案，而是在社会中有代表性并对社会产生影响时，才会成为医学研究的对象，而一旦研究取得成果并进而在临床技术方面有所突破，其受益者便是整个社会。例如，疾病的预防活动，其出发点就是通过对疾病的预防，保证全体社会公众的健康，提高所有社会成员的生存质量水平。

第二，以满足个人及家庭需要为出发点的卫生活动。这一类活动主要是医疗即对疾病的诊治。医疗机构是这一类卫生活动的主要承担者。由于在一定时间和地理范围内，患病及其表现通常是一种发生于特定个体的现象，诊治也就是一种个体行为，因而，医疗也就首先表现为满足个人或家庭的行为。实际上,自古以来,求医看病,寻药问诊,乃至强身健体、延年益寿等就一直是个人的需求和个人行为,尤其是随着社会的进步和公众生活水平的提高,个人医疗的需求越来越个性化。

但必须指出的是,随着经济社会发展和政府财政能力的增强,随着公众对基本医疗需求的普遍化的出现,对每个公民实施一定水平的医疗保障已成为现代社会基本公共服务的主要内容之一。因此,现代社会中一个国家所规定的基本医疗服务,也是一种满足社会公共需要为出发点的医疗服务,具有突出公共性的卫生服务。

二、卫生产品的准公共性

从医疗卫生活动的形式和性质来看,医疗卫生服务最突出的特点就是准公共性。医疗卫生产品的准公共性,主要表现在以下方面:

(一)医疗卫生产品具有较强的外部收益

医疗卫生产品具有内部性,但外部性则更为突出。内部性是指医疗卫生机构的服务,解除了病人的身体疾患、延长了病人的生命,提高了个人的生活质量,同时,也收取了与其成本相适应的费用。外部性是指医疗卫生机构通过对病人的诊治、对疾病的预防、对卫生环境条件的改善等,通过使病人个体免除和避免了病痛、挽救了其生命,使生活环境卫生安全,提高了人们健康知识,从而提高了劳动力素质,有益于社会生产的发展和社会的安定和进步。这是一个社会存在和发展的基本的也是共同的需要,也是维护公共利益的必需。

尤其要注意的是,卫生防疫机构进行的对诸多恶性流行性疾病的大面积的防治,如对小儿麻痹、白喉、肺结核、天花等的防治,虽然花费的成本很小,却可以大大减少人口的死亡率和社会的治疗费用,而且,一些疾病具有传染性,如不及时治疗,不仅会危及被感染者的生命,即产生负的内部效应,而且会传染他人进而造成该病的蔓延,产生可怕的负外部效应。因此,卫生产品具有突出的外部收益。

(二)医疗卫生产品具有一定的非排他性或一定的消费竞争性

就上述的现代医疗卫生活动的基本构成来看,不同行业的卫生产品之间在排他性和竞争性上的表现差异是比较大的。一般来说,突发事故救护基本上是纯公共产品,具有非排他性和非竞争性,卫生防疫和医学研究中的基础医学研究如病理研究等,也基本上是具有非排他性和非竞争性,属于接近纯公共产品的准公共产品。但是,在现代社会中,随着公众卫生消费需求的提高和个性化、层次性的出现,因而在卫生防疫中某些超过社会一般需求的项目是首先满足个人及家庭需要的,因而存在消费竞争性。医学研究中的临床医疗技术研究,一方面是一种应用性研究,另一方面又涉及社会的共同需求,因而具有一定的非排他性,但也有一定的消费竞争性。

医疗产品总体上具有一定的非排他性和一定的消费竞争性。因为,在现代社会中,从社会共同需求出发,公民享有基本的医疗服务,体现为一定的医疗保障制度,因而具有一定的非排他性。但是,由于一定社会中的医疗能力是有限的尤其是高水平的医疗机构是有限的,而且,公众个人的医疗消费需求是多样的和有层次性的,因而医疗产品存在着消费竞争。总体上,医疗事业产品是接近于私人产品的准公共产品。

根据以上分析,可以看出卫生事业产品总体上是准公共产品,我们可以得出卫生事业产品的外部性排列如图 9-1 所示。

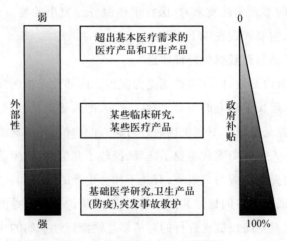

图 9-1 医疗卫生产品的外部性

三、政府介入卫生产品市场的必要性

医疗卫生产品市场是指由供给方(医疗卫生产品的提供者)与需求方(医疗卫生产品的消费者)构成的价格与市场的关系。虽然自现代医疗卫生产生后,一些国家曾出现过将整个卫生事业作为公益事业和福利事业,不承认医疗卫生产品市场的存在或客观上没有医疗卫生产品市场,但如上所述,在现代社会中医疗卫生服务尤其是医疗服务的商品性是比较明显的。实际上,当代世界范围内,医疗卫生服务市场化是一个普遍的趋势,医疗卫生产品市场是客观的需求,也是客观的存在。

医疗卫生产品市场是一个较一般商品市场特殊的市场,政府必须介入,其主要原因在于:

（一）医疗卫生产品的外部性决定了政府必须介入

现代医疗卫生中有些产品是纯公共产品,有的则是准公共产品,而不论哪一类卫生产品都具有突出的外部收益。具有外部收益的产品如果完全按照市场规则来配置资源,必然会出现市场失灵。具有纯公共性的医疗卫生产品不宜采用市场提供方式,而医疗卫生产品的外部收益又决定不能完全依赖市场机制,因而,政府必须对卫生事业产品市场进行必要的干预。

（二）医疗卫生产品信息的不对称性决定了政府必须介入

这里所说的医疗卫生产品信息不对称,主要表现在医疗行业中。具体体现为医生提供医疗服务时,与病人之间的信息不对称。正常情况下,医生在医疗专业知识方面比病人多得多,而且,医生既掌握着病人的病情信息,又负责病人的治疗方案,病人在治疗上相当程度上依赖医生,这就形成了医生与病人之间的信息不对称,或医疗服务供需中的不均衡等。

信息不对称是一种垄断形式,它会导致市场失灵。这种医疗中的市场失灵主要表现为存在医生谋取"垄断利润"的可能,即如果掌握病人信息的医生完全从经济利益出发(在完全的市场经济条件下,在基本的也是正常的社会道德水准下,只存在医生从经济利益考虑问题的可能,不存在医生不从经济利益考虑问题的可能),就会把花钱多、盈利高的医疗方案介绍给患者,而信息的不对称使患者通常从医院的信誉、医生的信誉等出发去选择相应的医院和医生,这就使医生的治疗方案往往得以实行,从而形成垄断利润。因此,为维护医疗市场的公平,保障患者的利益,政府必须介入医疗产品市场。

（三）公众对医疗卫生产品需求的不确定性决定了政府必须介入

在现实生活中,疾病的发生具有不确定性,即人们无法知道自己会不会得病,也无法事先预料自己会得什么病,加之医疗信息的不对称性,人们同样无法知道如果自己得病,应当花多少钱进行治疗。这样,人们对医疗卫生产品的需求与一般商品需求有极大的不同,具有不确定性。特别是,由于人们往往对自己的健康预期是乐观的,因而在个人消费资金的准备中,不仅在卫生方面投入低或不投入,而且医疗消费资金也往往被安排在最后,缺乏用于治疗可能性疾病的费用。

这样,一旦发生疾病,就可能出现支付能力不足。如果没有相应的保障机制,必然导致病情未得到及时控制而恶化甚至危及生命,相伴随的,是一些家庭也会因此陷入"因病致贫"。就此而论,医疗卫生产品是一种优值品,即相对于可能因病而发生的种种不良的或严重的后果,医疗卫生投资的收益是巨大的。但经济学研究表明,在完全依靠市场机制的情况下,优值品通常存在着需求不足。因此,政府必须介入医疗卫生市场进行相应的干预。

四、现代卫生管理的基本内容

根据以上分析,由公共政策构成的现代卫生管理的基本框架,应该具有如下的基本内容。

（一）实施区域卫生规划

区域卫生规划是卫生产品生产首先必须解决的关键问题。所谓区域卫生规划,是指按区域人口卫生服务需求及卫生资源可供量设置医疗卫生机构,以避免盲目发展或发展不足,使卫生资源配置合理。这里的卫生资源,主要是指医疗卫生机构、床位、人员、设备和经费。区域卫生规划以满足区域内全体居民的基本卫生服务需求为目标,是政府对卫生事业进行宏观调控的重要手段。

从诸多国家医疗卫生的发展看,由于社会和经济的发展,以及行政区划的影响,一般卫生事业区域规划的初始阶段大都是按照行政区域来进行的,直接的结果是由于缺乏全行业的统筹,使得大中城市获得比较多的卫生资源甚至供大于求,而广大农村及偏远地区获得的卫生资源则相对不足。因此,随着社会的进步和经济的发展,区域卫生规划应在一定程度上突破行政区划,并注意基层、引向农村及偏远地区的卫生资源配置,予以重点发展。

（二）突发事故救护、基本的卫生产品和医学研究产品的生产与提供

由于突发事故救护属于纯公共产品,因而应该是公共生产、公共提供。相应地,应以公共财政投入为主,建立紧急治疗基金,用于解决那些突发事件中的紧急医疗救护。

基本的卫生产品如疾病预防等,是接近纯公共产品的准公共产品,同时,又是关系到公众基本健康的产品,受益面积大、外部收益高,因而主要应公共生产、公共提供。另外,现代社会中一些超出公众基本卫生产品消费需要的,更为个性化或高层次的预防项目,可以采取公共生产、市场提供的方式。

医学研究中的基础医学研究是纯公共产品,外部性最大,且投入大、风险高,市场不可能承担,应该公共生产、公共提供。而其中的临床技术研究,则可公共生产与非公共生产并举,混合提供和完全市场提供。

（三）医疗产品的生产与提供

由于医疗是接近于私人产品的准公共产品,既有满足公众基本医疗消费的一面,又有满足个性化医疗消费的一面,因而在建立起一定的医疗保障制度的前提下,应该构成医疗服务市场主体的多元化。即在医疗保障制度存在的情况下,医疗产品既可公共生产,也可非公共

生产。而提供方式则基本上以混合提供为主(即医疗保障资金的注入),市场提供为辅。

具体言之,公共生产和混合提供的基本内容是:公共生产的承担者是公立医疗机构,公立医疗机构一般应由公共财政投资建设,医疗设备、设施等建设也由财政政府补贴完成。公立医疗机构实行按成本收费、经常性收支自给的收费政策。这里的经常性收支包括医疗机构的人员工资、房屋和医疗设备的维护与更新在内的全部费用。

非公共生产即由私立医疗机构承担医疗服务。非公共生产、混合提供的基本内容是:一些达到一定规模、具有必须医疗水平的私立医疗机构,可以承担属于基本医疗消费的服务,相应地,其收费标准也就必须与公立医疗机构相类似,政府则予以必要的财政补贴,并进行相应的管理。

此外,在公立医疗机构中,一些超出社会所规定的基本医疗消费的项目,即通常所说的自费项目,以及大多数私立医疗机构所提供的医疗服务,都应该采用市场提供的方式。

总之,医疗产品生产中的多元主体的存在,对向公众提供更好的医疗产品上有重要的促进作用。因为,一方面,私立医疗机构的建立及运行不需要政府投资,而且布点分散,便于公众就医,另一方面,只要规范管理得好,市场条件下的私立医疗机构要存在和发展,也必须靠提供合理的优良的服务,这就与公立医疗机构形成竞争,从而通过这种竞争使病人享受到更好的医疗服务。

(四) 适合国情的医疗保障制度

公众对卫生产品需求的不确定性,决定了政府必须介入医疗产品市场。但是,在化解疾病风险时,不能采用政府无偿提供方式,因为医疗产品是接近于私人产品的准公共产品,完全公共提供则会形成不公(即不就医,则享受不到公费医疗),其结果也必然是公众为了求得平衡,无病者就医、小病者大医,超前消费,严重浪费和滥用医疗资源,公共财政难以承担。但是,也不能完全采用商业保险方式,因为商业保险趋利性会导致保险公司进行"反向选择",即只承担被认定为最不可能生病的人的保险,从而使保险市场失灵。因此,出路只有依靠政府强制方式建立医疗保障制度,使公众真正享受到必需的医疗服务。

建立医疗保障制度的基本目标,是保证公民能得到基本的医疗服务,哪些是基本的医疗消费,采用哪种方式来保证公众的基本医疗消费,是由一个国家或地区的社会经济发展水平所决定的,同时,也与一个社会文化传统密切相关。正是由于社会发展水平和社会文化在养老、医疗问题上的传统,我国现行的医疗保障体系,是家庭、企业与社会负担相结合,即以家庭储蓄为主、个人账户与社会统筹相结合。总之,要保证公民真正享受到基本的医疗服务,关键是要建立一个符合国家或地区社会经济发展水平的、符合自身情况的医疗保障制度。

（五）卫生市场的管理

卫生产品是丰富多样的，其相互间在公共性上的差别也是明显的，其生产方式、提供方式及其组合也是多种多样的。因此，为了保证公众得到良好的卫生产品，管理好卫生产品市场就成为卫生事业管理的重要内容。卫生产品市场发育的不同，决定了对卫生市场管理的内容和管理的方法也不同。

第二节　体育事务管理

体育是当今世界蓬勃发展的行业，既关系到公众的身体健康，也与经济发展密切相连。体育活动的内涵和活动方式是随着现代社会的发展而发展的，虽然不同的体育活动具有满足公共需求与非公共需求的区别，但总体上是具有准公共性的服务。准公共性是现代体育管理模式建构的基本出发点。

一、现代体育的基本内容和分类

现代体育有自己的特定内涵。这一内涵是随着现代社会和经济的发展而产生的，也随着社会和经济的发展而发展，日益丰富多样。这些样态繁多的体育活动，与文化活动有诸多的交融。总体特征上，现代体育活动也呈现出与现代文化活动诸多的相似之处，并可以按其活动的直接目标和功能，大致分为公益性或营利性体育活动两大类别。

（一）现代体育活动的基本内涵及范围

人类通过一定的活动健身强体有久远的历史，早在古希腊就有专门对身体的训练，我国春秋时代的六艺中的"射""御"也包含对身体的锻炼。但是，对人的身体进行有目的的系统锻炼，并纳入学校的教学计划用专门的课程来完成，则是随着工业革命开始后所产生的。也是现代教育的一个重要组成部分，现代体育首先是学校一项有目的的教育活动，其英文为physical education。

但是，随着社会的发展，一方面是工作和生活的快节奏，既需要强健的身体，也需要通过一定的身体活动对身体和精神予以放松，同时，在和平的环境下，公众还需要通过对竞技运动的欣赏（一种特定的参与），来使自己的感性和激情获得释放，来享受一种与艺术表演不同的更为真实的身体艺术活动。另一方面，现代社会的进步和经济的发展，物质的日益丰富和休闲时间的增多，也为公众锻炼身体和参与竞技活动提供了必不可少的条件。因此，体育的含义较之作为学校的一项活动有了极大的扩张,增加了公众强身健体、满足自身娱乐和精神需求的内涵,同时,由于体育设施和体育运动中科技含量的增加,体育活动的水平也成为一个国家或民族科学技术水平和国民体质水平的标志。

目前,我国学术界认为体育这一概念可以分为广义与狭义两种。广义的体育与"体育运动"概念基本相同,主要包括身体教育、竞技运动和身体锻炼三个方面。其中的"身体教育"即狭义的体育概念,即指有目的、有组织、有计划地促进身体全面发展、增强体质、传授锻炼身体知识与技能、培养高尚品质和意志等的教育过程,与德育、智育一起构成整个教育。一般来说,在现代社会中,公众的健身活动较之以往已更有目的性和系统性,但较之学校体育来说,这一活动在目的性和系统性上还是不足的,不能进入教育而属于身体锻炼的范畴。由于学校的体育活动作为教育的一个重要组成部分已纳入现代教育,因此,从整个现代公共服务的分类来看,进入体育范围的,主要是竞技运动和公众的身体锻炼活动。

(二)现代体育的分类

在现代社会,随着社会进步、经济的发展尤其是科学技术的日新月异,公众对体育活动的要求日益提高,体育活动的内容也日益丰富,样式也日趋繁多,其中的诸多活动与经济的联系日益紧密或已成为经济活动的一部分。从体育管理的需要出发,可以结合各种体育活动的目的和功能,将现代体育活动大致分为公益性体育活动和营利性体育活动两大类别。

1. 以满足社会公共需要为主要目标的公益性体育活动

人的需要一般可以分为三大基本类别,即生存需要、享受需要和发展需要,而现代体育活动同样与人的这三个需要都有程度不同的联系,其中就有一类体育活动主要关注一定社会条件下的作为社会人的共同需要,即基本的生存需要。

具体言之,一定社会对公众的体质有特定的要求。这一要求既是作为该社会成员承担社会任务所必须,也是作为该社会成员在社会中个体生存和发展所必须。在现代社会条件下,保证身体达到一定的体质要求除了卫生产品的提供,最重要的就是身体锻炼活动。因此,进行社会所能提供和保证的基本的身体锻炼活动就成为社会的公共需求,也是公民的基本权利和义务。相应地,现代社会中存在这样一类体育活动,即生产和提供体育产品不以营利为目的,而是以满足社会成员的基本的体育活动需要为目标,着眼于提高全体公众的体质和体育知识等,既给公众以一定社会所能提供的最基本体育活动享受,也保证和维持社会生存与发展所必需的公众身体素质条件。

上述的体育活动通常称为大众体育活动或公益性体育活动,其基本内涵是指一个国家或社会中,每一个公民都应该享有,而且能够享有的体育生活,或者说,是以大众为活动主体的,主要以满足社会共同的体育需要为目标的体育活动。现代社会的公益性体育事业活动,主要是通过设立公共体育设施,如公共体育馆及社区的基本体育设施等来进行的。

另外,在现代的体育竞技活动中,由于其活动水平表现着一个国家或地区的社会经济发展水平、科学技术水平,进而也展现着一个国家或地区的地位和尊严,寄托着一定的民族情感和地域归属感,因而当竞技活动在国家间或地区间展开时,如参加奥运会、洲际运动会、单项运动的世界性比赛、全国性运动会及全国性的单项运动比赛等,代表一个国家或地区的运动队的活动,也就成了一种共同需要。

2. 以满足个人需要为主要目标或具有营利性的体育活动

在现代社会中,随着经济的发展,人们对身体的锻炼提出了更个性化的要求,也赋予了更多的含义,因而体育消费已成为现代社会人们整个生活消费的一个有机组成部分。如上所述,体育活动内涵的发展及可能的满足程度,是与社会的进步、经济的发展密切相关的。因此,在现代经济发展尤其是科学技术水平提高的前提下,面对公众体育需求多元化,也就使社会能在保证公众基本文化需求的基础上针对不同群体乃至个人的需要,提供相应的体育消费。

这就是说,在现代社会中,还存在以满足一定的群体或个人的体育消费需要为主要目标,并关注个人的享受需要和发展需要层面的体育需求的体育活动。由于主要是针对个人体育消费,因而这类体育产品具有较明显的商品性和营利性,并形成了相关的体育市场。由于人们的收入水平、文化水平、体育偏好,以及年龄、民族和具体的个人体质状况等体育消费条件和体育消费能力各不相同,相应地,人们之间的体育消费需求发展的层次与水平、体育消费投资方向与模式也各不相同,从而不仅形成了体育生产和体育市场的多样性,而且使这些这类体育活动有较强的自身发展能力。

这类以满足个人体育需求为主要目标的体育活动可分为两类:一是各种面向公众的体育健身俱乐部、运动俱乐部等。这类活动中,公众根据自己的需求有选择地进入俱乐部或参加相应的俱乐部的活动,如健身俱乐部、健美俱乐部(这是与文化活动交融的)、各种球类运动或田径运动俱乐部、游泳俱乐部、登山探险俱乐部等。这些俱乐部往往具有相应的运动场馆等,在这些俱乐部所开展的体育活动中,公众是体育活动的主体。这些俱乐部实际上有两种类型:一类以营利为目的,是体育企业性质,提供的是接近私人产品的体育消费;另一类是相对于职业体育俱乐部而言的业余俱乐部,它以成员按自愿的方式按兴趣结合,实行会员制,其提供的体育消费即为标准的俱乐部产品。此外,还有一些体育企业是以提供活动场馆来进行有偿性的体育服务的。

二是职业体育活动。这类活动的主要承担机构是职业体育俱乐部。就职业体育俱乐部而言,本身就是一个企业,以营利为目标,按照企业要求进行管理和操作,这也是体育产业化主要的表现形式之一。职业体育是针对公众不同层次的需求提供高水平的体育消费,竞技性和以取胜为目标是其活动的核心和灵魂。职业运动员是职业体育活动的承担者,如同演艺活动中的演员,但由于以通过真实、激烈的竞技而获取胜利,职业体育作为一种高水平的技艺表演,较之文化演出更有生活的真实性。因而,不同类别的职业体育活动对公众而言,所提供的是高水平的满足不同的体育消费需求的体育产品,让公众得到高水平的体育活动的享受。

此外,在现代社会,还具有一些半职业性的体育俱乐部。这些俱乐部的资金来源主要是企业(有些就是由企业所设)和社会捐助,主要依托大学、企业等而建立。这些俱乐部有计划地对业余运动员进行训练,以追求成绩为直接目的,以尖子运动员为培养对象。这类体育活动虽有锻炼身体的一面,但更接近职业体育。

二、体育产品的准公共性

体育产品总体上是具有准公共性的产品,其准公共性与教育产品和文化产品的准公共性有相似之处,表现在下述两个方面:

(一)体育产品具有一定的非排他性和一定的消费竞争性

体育产品的消费大多具有无形性、延伸性的特点,在一定范围内,如一个人进行健身活动、跑步、进行球类活动、游泳、观看体育比赛等,并不影响其他人进行健身活动、跑步、进行球类活动、游泳、观看体育比赛等。也就是说,在一定范围内,一个人消费体育产品时,并不排斥其他人同时消费,体育产品具有非排他性。但是,这一非排他性是有限度的。因为,体育活动大多数需要一定的场地和设施,虽然有的活动对场地和设施的要求不高,但毕竟有要求,同时随着社会的进步、体育消费需求个性化的出现和体育需求层次的提高,对活动场地和设施的要求也越来越高,而且,对竞技体育的欣赏来说,更是有场地条件限制的。因此,当消费者人数增加到一定数量时,必然需要增加场地设施即增加成本,或者必须限制参与人数。

相应地,体育产品的竞争性,表现在如上面所说的,随着消费者的增加,总成本也必然增加,而体育需求的满足是与一定的社会进步相联系的,是以经济的发展为基础的,因而相对于公众不断增长的体育需求,体育事业产品的供给能力是有限的。这样,在体育产品供给能力有限的情况下,必然产生需求竞争。这种需求竞争通常产生在普遍受欢迎的高水平竞技体育产品的提供中。

这里要指出的是,体育产品还具有层次性、多样性的特点,许多消费项目是在满足公众基本体育消费需求的基础上,针对不同层次和不同样式的文化需求的公众进行生产的,其中最典型的就是竞技体育项目,以及一些热门的、时尚的、公众可以参与的既是竞技体育项目,也可以成为娱乐项目的台球、保龄球等,因而这类体育产品具有更强的排他性和更强的竞争性,实际上就是一种完全的市场中的供求关系和消费竞争。

（二）体育产品具有外部性

体育活动的主体是人,而且在市场经济条件下,体育产品已成为一种消费,因而不论是针对社会公共需求的还是针对个人不同体育消费需求的体育活动,都具有内部收益,表现为个人体质的提高、体育知识和技能的增强、精神得到享受和放松等,乃至于体育企业通过提供体育产品获得利润等。但是,体育活动由于自身的特点,也具有明显的外部性。这一外部性表现在以下方面:

第一,体育活动尤其是公益性体育活动,在满足全体社会成员的体育消费需要的同时,提高了全社会成员的身体素质与健康水平,从而提供了社会生存发展的必不可少的基本条件之一。正因为如此,一个国家或地区经常参加体育锻炼活动的人数即体育人口,体现着该国家或地区的体育运动普及水平,也体现着该国或地区的公众基本的身体素质与健康水平。

第二,不同层次和满足不同需求的体育活动的开展,也推动了体育产业与体育市场的发展,从而提高国民经济增长的速度和质量。

第三,全面发展不同层次的体育,提高了国家或地区的体育运动水平,一方面,能给予公众高水平的完全不同于文化艺术享受的感性艺术享受,从而陶冶了公众的情操;另一方面,能振奋民族精神、增强国家与民族的凝聚力,塑造良好的国家形象,提高国家声誉,扩大国际影响。当今世界,这种现象比比皆是。

当然,不同的体育产品由于其活动的直接目标和在社会中的功能是不同的,相互之间在非排他性和竞争性,以及外部收益上存在差别。因此,根据上面分析,依据不同体育事业产品所具有的不同的外部性,我们可以得出如图9-2所示的不同体育事业产品的外部性分布。

三、现代体育管理的基本内容

在市场经济条件下,具有公共性和准公共性的产品如果完全靠市场机制来生产和提供,必然是不足的,因而政府必须介入市场。因此,对总体上具有准公共性的体育产品来说,政府必须以其准公共性为依据,选择一定的管理模式,并通过制定体育事业产品的生产与提供的公共政策,形成现代体育管理的基本内容和框架。

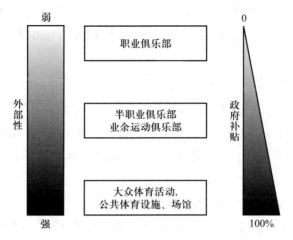

图 9-2　体育事业产品的外部性分布

（一）管理模式选择

在现代体育产生后,世界范围内有三种体育管理模式:一是政府管理型(集中型),即体育产品的生产和提供完全由政府负责,基本上不存在体育产品市场。二是分散型(社会管理型),即主要由社会体育组织进行管理,政府一般不设立专门的体育管理机构,政府对体育事务很少介入和干预,如美国等即采用这种体制。三是综合型,即介于前两者之间的管理模式,它是由政府和社会体育组织共同管理体育,政府设有专门的体育管理机构,或指派几个有关的部门负责管理体育。政府对体育实施宏观管理,即制定方针政策,发挥协调、监督职能。社会体育组织在政府的宏观管理下,负责体育的业务管理,如制定项目发展规划、各种规章制度,组织训练和比赛,开展大众体育活动等。世界上大多数国家采用这种管理机制,如英国、德国、法国、韩国、加拿大等。

各个国家的社会经济发展水平不同,文化传统不同,因而体育管理模式不会也不可能整齐划一。但从绝大多数国家的实践来看,综合型比较普遍也比较有效果(即大众体育和竞技体育都提高,且不需政府完全承担,也不需社会有相当高的富庶程度)。实际上,从现代体育事业产品所具有的准公共性来看,综合型更适合体育事业的基本特点。当然,综合型是一个大体处于中间状态的类型,在政府和社会两者结合管理体育的基础上,可以按照具体情况,或偏重于政府管理,或偏重于社会管理。

（二）大众体育产品的生产与提供

大众体育消费是满足一个社会公众基本的体育需求的消费,是社会的共同需要。作为产品,大众体育具有突出的外部收益,是接近纯公共产品的准公共产品,如果完全交给市场,会出现供给不足。因此,这类体育产品最合理的生产方式是公共生产,而且是公共提供。当然,公共提供可以是完全免费,也可以是收取一定费用作为场馆维护和提供服务的成本补充。

在有效的宏观管理的条件下,某些大众体育产品也可以采取私人生产,如交由一定的社会体育协会或体育俱乐部负责,政府以公共财政对这些协会或俱乐部进行必要的补贴,即采取私人生产、混合提供的方式。采取这种生产和提供方式的,主要是那些原来比较个性化的,而随着社会的进步和经济的发展逐步成为大众消费的体育产品。这种方式的优点是能充分吸引社会资金以投入大众体育活动。

(三) 非共同需要的体育产品的生产与提供

这类体育产品主要是以满足公众个性化的体育消费需求,产品表现形式是更个性化的个人体育消费活动和职业体育活动。承担的机构主要是面向大众提供个性化体育消费的俱乐部、职业俱乐部、半职业俱乐部等。换言之,这类体育产品基本上是现代体育产业的产品,因而,最合理的方式是非公共生产、市场提供,政府只按有关的法律法规对这一体育市场的运行进行外部监督。

由于这类活动中的竞技体育活动在向大众提供高水平的体育享受时,另一个产品是高水平的体育人才养成,而这其中的一些人通常在一定时期内要组成运动队代表国家或地区进行比赛,从而具有了较强的外部收益,因而国家可以根据需要,对一些需要支持的非大众的体育活动给予必要的补贴,同时也进行必要的管理。从而,在一定程度上形成了非公共生产、混合提供的方式。

(四) 对国家运动队或地区运动队体育产品的生产和提供

现代体育竞技活动尤其是国家间和地区间的体育比赛的存在,使得代表国家或地区的运动队的活动即提供的体育产品,成为现代体育事业产品中外部收益比较突出的产品之一。在综合管理模式下,这类体育产品的生产即对运动队的维持,视情况可以采取不同的生产方式。从理论上说,这类外部收益高的产品通常由政府进行干预,进行公共生产,但由于现代职业体育的特殊性,一些体育类别既有较高的外部收益又具有较强的自我经营能力,因此,在这些运动类别的国家运动队层面上,可以采取由相关体育协会投入一定费用或吸纳一定社会资金的方式进行运作,而其他的则应以公共生产为主,以市场投入为辅。这类体育活动产品通常采用市场提供的方式,有时也可以采取混合提供的方式。

第三节　公用事业管理

公用事业是现代社会关系到公众基本生活质量的行业,虽然这类依托于基础设施提供的服务由于其资源和生产提供依赖于物理网络等特性,具有较强的市场性,但总体上,这些类别的产品都涉及公众的基本利益或社会的共同需求,因而必须将其纳入公共事业管理的范畴,根据其产品的特性,通过制定相关的公共政策构成管理的基本框架,既保证其经济效益,更保证其社会效益的发挥。

一、现代公用事业的基本内容

公用事业首先是在城市中产生的,但根本上是社会进步、经济发展和科学昌明的产物,因而,也就随着这些因素的变化,不断地丰富着自己的内涵并向乡村扩张,构成了现代公用事业。

（一）现代公用事业的产生和发展

公用事业通常称为城市公用事业,包括城市公共交通、自来水、燃气等行业,这些行业也是最为基本和传统的城市公用事业行业。在人类历史的发展中,作为一种商业的,或文化的,或政治的中心,或几者兼而有之的城市,实际上早在古代社会就已产生,但称得上公用事业的,最多只能有道路而已,离公共交通的基本内涵之一的公共交通工具尚有相当的距离。因此,公用事业根本上是社会经济发展到一定阶段的产物。

进而言之,公用事业是工业革命后尤其是人类进入现代社会后的产物。一方面,城市的扩大和大机器生产,既需要公众守时,也需要饮水条件改善,即不仅方便而且要比较卫生,以提高公众的身体素质;另一方面,社会的进步、经济的发展,尤其是科学技术的长足的进步,使上述基本社会需要的满足成为可能。因而,这些既是生活于城市中的公民个人生活有所提高的需要,也是满足社会基本需要的低价格的公共交通工具,以及能在一定程度上消除由于不干净水源所带来的疾病隐患的自来水等开始出现,公用事业也随之产生。虽然在这一过程中,无论是交通工具还是自来水,以及后来出现的煤气等,其使用范围都不断扩大,但根本上是由于这些都是社会的基本需要,以及公众对基本生活权利的要求等,因而这一发展变化过程都比较短。就此而论,公用事业从一开始本质上就是现代的,并带有公共性。

正因为公用事业的这一特定的产生原因,因而随着社会的进步和经济的发展,随着世界范围内城市化进程的加快,公用事业无论是其内涵还是外延都在发生变化,比如,公共交通不仅包括以往的公共汽车,在一定程度上扩大到城际交通工具如高铁、飞机等。而且,随着公众私人汽车的增加,公共交通标志等也成为公共交通不可缺少的条件之一。另外,随着高等级公路或高速公路等的修建,使用高速公路等的费用也成为公共交通管理中的一个内容。

（二）现代公用事业的基本内涵

随着社会的进步和经济的发展,现代公用事业的基本内容日益丰富。从产品涉及公众基本生活质量来看,现代公用事业主要包括:① 公共交通,主要有传统的城市和城市间的公路客运,也有一定条件下的铁路客运、航空客运和水路客运。② 城市供水和排水、电力供应、煤气、天然气等。③ 邮政、通信。而且,随着社会经济的发展和科学的进步,以及公众生活水平的普遍提高,移动通信、网络等也正逐步成为大众的基本需要。

二、政府介入现代公用事业产品市场的必要性

公用事业产品是一种十分接近私人产品的准公共产品。这是公用事业产品最为突出的特点。这一特点也决定了政府必须介入现代公用事业产品市场。

（一）现代公用事业产品的特点

现代公用事业产品具有以下特点:

第一,一定社会的公用事业产品从其产品属性来看,具有双重性。即一方面,现代社会尤其是城市所提供的公用事业产品,是在一定社会发展条件下关系到居民日常生活或基本生活质量的产品,反映着社会的共同需要,关系着公共利益的维护和发展,也就是说,具有公共产品的特点;另一方面,现代公用事业产品又是随着社会的进步和经济的发展,公众在保证基本生存条件的基础上,进一步提高基本生活质量的可选择的消费,由于现代社会个人经济水平仍然存在差异,也由于这些产品一定程度上有可替代品,因而,消费还是不消费这些产品,消费多少,具有较大的弹性。而且,在现代社会,由于工商企业大都集中在城市或城市周围,因而它们的消费就是一种企业的生产资源,是企业消费。就此而论,公用事业产品是首先满足个人需要或个性化需要的产品,而且还是与企业营利相关的消费品,因而更接近于私人产品。

第二,公用事业产品是一种垄断性突出的产品。构成其垄断性的原因主要有三:一是相对于不断增长的人口压力来说,生产公用事业产品的资源基本上都具有稀缺性,如用于公共交通修路的土地、水源、一定范围的电信频道,等等,而且,其中许多是具有不可再生的资源,尤其是一个城市周围的水源更是如此。资源的稀缺和为了保护和合理使用资源,往往使获得这一资源的生产者具有唯一性或稀少性,从而产生垄断。

二是随着城市化进程的加快和城市规范的扩大,公用事业产品的生产一般都具有投资大,具有一定规模才能进行生产和供给的特点,因而一般企业和个人无力投资,从而只有通过公共财政投入或极少数有能力的企业能进行这一类产品的生产。生产者的唯一或稀少且具有左右市场的经济实力,容易产生市场垄断。

三是在现实中,公用事业产品大多具有非固体实物性,通常是生产和服务融为一体的,从而使生产和经营具有较强的垄断性。

第三,公用事业产品具有重要的内部收益和具有突出的外部收益,而且,外部收益一般都大于所创造的内部收益。其内部收益表现在,公用事业产品既使社会成员的基本生活有所提高,又满足了个人不同的生活质量需求,同时,也给生产者和提供者带来了直接的经济效益。而其外部收益表现在,保证了社会成员作为特定社会或社区成员的基本生活,随着生活质量的提高,其体力和智力的发展获得了更好的条件,劳动力质量得以提高,从而为社会经济的发展提供了条件,同时,公用事业实际上是城市重要的基础设施部门,是城市赖以生存和发展的物质基础,也是社会扩大再生产必不可少的条件,因而,随着公用事业产品的生产和提供,随着公用事业的发展,整个社会的基础设施获得了改善,与人的生活质量的提高相一致,使整个城市或社会协调发展,产生显著的环境效益。这也就是公用事业的社会效益,它一般大于所创造的直接效益即经济效益。

总之,公用事业具有涉及公众基本生活质量、外部收益突出等特点,同时具有首先满足公众提高基本生活质量的一面,在一定条件下存在可替代性等,具有私人产品的特征,因而总体上看,公用事业产品是一种更接近私人产品的准公共产品。

根据公用事业产品的特点及与现实生活中基本生活的密切程度,可以得出如图 9-3 所示的公用事业产品的外部性分布图。

（二）政府介入公用事业产品市场的必要性

从当代社会各个国家公用事业产品的生产与提供看,政府都在其中扮演着重要的角色,发挥着不可替代的作用。而从理论上看,政府必须介入公用事业产品市场,其依据主要是:

第一,一般来说,任何一个政府要巩固自己的统治,都必须保证社会成员基本的生活质量,尤其是在当代,随着民主化的发展,在社会经济发展的基础上不断提高社会成员的生活质量,也成了政府巩固自己统治的题中应有之义。而相当程度上,公用事业产品是满足社会共同需要的产品,也是保证公众基本生活与经济社会发展同步提高的产品。政府必须关注这类产品,通过一定的手段保证这类产品的生产和供给。

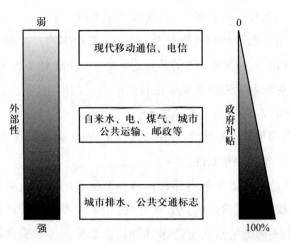

图 9-3　公用事业产品的外部性分布

第二,公用事业产品又是外部收益突出的产品,因此,从国家和社会的发展出发,政府必须保证这类产品的生产和供给。一般情况下,以公共财政进行公用事业产品的生产和提供,或者进行一定的补贴,是当今世界的惯例。实际上,这正是公用事业产品使社会发展获得了收益,政府代表社会支付必要的费用。

第三,公用事业产品首先关系到的是公众的基本生活质量,因而虽然其有突出的外部性,但由于其垄断性的存在,通常会因垄断造成需求不足,从而影响到公众的基本生活,也影响到其外部收益的形成。因此,政府必须介入公用事业产品市场,打破市场垄断,保证公用事业产品的合理的生产和供给。

三、现代公用事业管理的基本内容

根据现代公用事业的准公共性特征,通过公共政策确立的以政府为核心的现代公共事业管理的基本模式,具有如下的基本内容:

（一）公用事业产品的生产和提供制度

1. 公用事业产品生产和提供制度的理论设定

我们知道,准公共产品既可以公共生产,也可以非公共生产,而提供则既可以是公共提供、也可以是市场提供或者混合提供。由于公用事业产品所具有的比较突出的垄断性,完全交由市场将造成产品的需求不足,因而必须由政府介入限制其垄断性。这样,现代社会一般不采用市场提供,其生产和提供的基本组合方式是:

（1）公共生产、公共提供。即完全由政府生产,公共提供(不是免费而是低收费)。

（2）公共生产、混合提供。即完全由公共财政支出承担生产费用，但由于需要考虑收回对公用事业的投入尤其是公用事业的本身的发展，因而采取保本微利的原则制定价格，向公众提供公用事业产品。

（3）非公共生产、混合提供。即由私人投资进行公用事业产品的生产，但政府对这一公用事业产品的生产以公共支出予以必要的补贴，同时，对其产品生产的数量调控，对其产品的价格进行限制，以保证公用事业产品对公众的供给，并破除垄断。这一方式对生产企业来说，实际上是定价时按有关政策规定采取了保本微利原则，同时，以政府的补贴进行利润上的弥补，换言之，这也是我们在第一章中曾分析过的生产准公共产品企业的特定的营利。

2. 当代公用事业产品生产和提供的趋势

在当代社会，公用事业产品的生产与提供方式的组合，最主要的是两种方式，即公共生产、混合提供，非公共生产、混合提供。前者如欧洲的许多国家，以及大多数发展中国家，而且通常将从事这些公用事业产品生产的企业称为公共企业，作为公共部门的一个重要组成部分。在这种混合提供中，由于收费的不同，实际上有的趋向于公共提供，甚至将公用事业视为福利事业或强调其公益性的一面，我国改革开放前的公用事业即如此，而有的则趋向于非公共生产的混合提供。后者比较少，最典型的是美国。美国长期以来都是将公用事业产品交由私营部门生产，政府以公共政策进行管理，并以政府工具即公共支出进行补足。

公共生产的优点是便于对公用事业产品的生产进行规划和管理，但却给公共财政以相当大的压力，同时存在政府所有权问题。而且，由于缺乏必要的服务竞争，因而公用事业产品的质量和服务一直存在问题。因此，自20世纪70年代末开始的政府管理改革以来，以英国的公共企业民营化改革为起点，不少国家都将公用事业产品的公共生产转为非公共生产，在一定程度上提高了产品的质量尤其是服务质量，取得了较好的结果。因此，目前在世界范围内，公用事业公共生产的方式正在减少。当然，各个国家都有自己的社会经济发展的具体条件和需要，因而关键是要从公用事业的基本特点出发，结合自己的国情和公共管理文化传统，探索最适合自己的公用事业产品的生产和提供方式的组合。

（二）公用事业产品市场的价格管理

由于现实中的公用事业产品基本上都是采用混合提供方式，因而，虽然公用事业产品的生产也很重要，但要保证公用事业产品的合理的需求和供给，实际上更重要的是提供方式。混合提供意味着政府对公用事业产品生产和提供的管理，而其中最为关键的就是公用事业产品的价格管理。

政府对公用事业产品价格的管理是价格制定问题,如下两个方面必须注意:

第一,制定公用事业产品价格政策的基本价值取向。从公用事业产品价格的形成来看,由于公用事业在经营上有较强的垄断性,同时其在社会生产和生活中占有重要的地位,具有突出的外部收益,因而其价格形成具有政策约束性。同时,公用事业产品又是接近于私人产品的准公共产品,需求面大,投入高,因而必须考虑其价值问题。所以,在制定公用事业产品价格时,既要考虑价值及供求关系,又必须考虑公众基本需求及社会效益,即国家特定政策的要求。一般来说,合理的价值取向应该是价格既体现了经济效益的要求,也表现了社会效益的规定,如果在特定的情况下两者发生矛盾,由于公用事业产品的外部收益大于内部收益,因而就以社会效益为主。

另外,这里还有一个公用事业产品价格的地方性问题。因为公用事业作为一种与公众基本生活质量密切相关的产品,主要是面向某个地区或城市的产品,由于不同的地区在人口密度、居民结构、购买力、资源分布和气候条件,以及公用事业企业的数量。

第二,制定价格过程中的公众了解和制约。公用事业产品一个涉及公众基本生活质量保证及基本生活质量提高的产品,涉及面广,关系到公众的切身利益。因而在现代民主社会中,对这类产品的价格是如何制定的,是否考虑了公众的基本利益,公众享有知情权,也在一定程度上具有制约作用。当然,公众对公用事业企业生产的产品价格的制约,是要依靠相应的政治制度及具体的政府管理制度来确立的。目前,公众对公用事业产品价格制定中的了解和制约的最基本的也是目前正在逐渐普及的,就是价格听证会制度。

价格听证会制度是针对涉及公众基本生活和利益的产品,在作出价格决定时,就有关价格决定的相关的事实问题和法律问题,听取利益受到影响方的意见的程序性法律制度。一般公用事业价格听证会由政府主管部门、公用事业产品生产企业和相关的消费者代表三方组成,如进行铁路运价的调整而举行价格听证会,参加听证会的就必须有政府相关部门、铁路部门和公众代表。公用事业价格听证会虽然对价格的最终确定没有决定权,但如果作为一种法律规定的专门的公用事业价格制定的管理程序,在民主社会中对价格的最终形成具有相当大的制约作用。

必须引起足够重视的相关问题是,要真正使价格听证会发挥作用而不是走过场,核心是必须进行企业产品成本核算必要内容的公开,因为这是价格进行调整的最主要的决定因素,也是进行价格听证的最重要的事实。一般来说,非公共企业的成本核算是其商业秘密,为了竞争,企业有权保密。但公用事业产品本质上是准公共产品,是涉及公众基本生活和社会公共利益的产品,因而凡是涉足公用事业产品生产的企业,不论是公共的还是非公共的,公开必要的生产耗费,是社会对其的要求,也是它必须承担的义务。唯其如此,才能既保证了企业的经济效益,又保证了公众的基本利益。

✓ 本章小结

1. 现代卫生事务也称医疗卫生事业,一般可分为医疗、卫生、医学研究和突发事故救护,其公共性纯度是不同的,但基本都具有的一定外部性决定了其总体上属于准公共产品。卫生产品、基础医学研究和突发事故救护宜用公共生产、公共提供,而医疗产品则既可公共生产、混合提供,也可非公共生产、混合提供或市场提供。

2. 体育活动可大致分为以直接满足公众基本需要和公众个人需要,基本表现为大众体育设施和大众体育活动,以及营利性的俱乐部和职业体育。前者应以公共生产、公共提供为主,后者则应以非公共生产、市场提供为主。国家运动队带有较强的外部收益,其产品(即其活动的经费)理论上应该公共生产,但现实中可以多样化。

3. 公用事业产品总体上是最接近私人产品的准公共产品,但同时也有突出的外部收益。其关系公众基本生活及质量提高,其外部性尤其是其突出的垄断性,决定了这一类产品不可完全市场提供,但生产却可公共生产和非公共生产。公用事业产品市场管理的核心问题是价格管理。价格听证会是促进价格合理化的重要的形式,但关键是要有生产企业必要的成本公开。

✓ 概念和术语

医疗　卫生　医学研究　突发事故救护　卫生产品的外部性　区域卫生规划　医疗保障制度　卫生产品市场　体育(广义和狭义)　体育事业　职业体育　公用事业　价格听证会制度

✓ 复习思考题

1. 医疗卫生产品的分类和特点是什么?
2. 为什么政府必须介入卫生产品市场?

3. 医疗产品的生产多元化有什么作用？

4. 现代体育的基本内容有哪些？体育产品的准公共性有何表现？

5. 体育产品的生产和提供制度的基本内容是什么？

6. 现代公用事业的基本内涵是什么,其发展趋势是什么？

7. 公用事业产品有什么特点？

8. 公用事业产品市场管理的主要内容是什么？公用事业产品价格听证会有什么作用？发挥这一作用的关键是什么？

 即测即评

请扫描右侧二维码,进行即测即评。

参考文献

[1] 马国贤. 中国公共支出与预算政策. 上海:上海财经大学出版社,2001.

[2] 王寿林. 社会主义国家权力制约论. 大连:东北财经大学出版社,1993.

[3] 周志忍. 当代国外行政改革比较研究. 北京:国家行政学院出版社,1999.

[4] 苏力,等. 规制与发展——第三部门的法律环境. 杭州:浙江人民出版社,1999.

[5] 康晓光. 权力的转移. 杭州:浙江人民出版社,1999.

[6] 张国庆. 现代公共政策导论. 北京:北京大学出版社,1997.

[7] 植草益. 微观规制经济学(中译本). 北京:中国发展出版社. 1992.

[8] 汪玉凯. 公共管理. 北京:中共中央党校出版社,2003.

[9] 张雅林. 公益服务的体制创新——中国事业单位改革研究. 北京:中国社会出版社,2003.

[10] 陈振明. 公共管理学. 2版. 北京:中国人民大学出版社,2017.

[11] 宁骚. 公共政策学. 3版. 北京:高等教育出版社. 2018.

[12] 张成福,党秀云. 公共管理学. 3版. 北京:中国人民大学出版社,2020.

[13] 王俊豪. 政府管制经济学原理. 北京:商务印书馆,2017.

[14] 李水金. 西方公共行政思想史. 北京:中国社会科学出版社,2021.

[15] [美]格罗弗·斯塔林. 公共部门管理8版. 常健,等译. 北京:中国人民大学出版社,2012.

[16] [美]麦克纳博. 公共事业管理——面对21世纪的挑战. 常健,译. 北京:中国人民大学出版社,2010.

[17] [美]W·理查德·斯科特,等. 组织理论:理性、自然与开放系统的视角. 高俊山,译. 北京:中国人民大学出版社,2011.

[18] [美]丹尼斯·C.缪勒. 公共选择理论. 韩旭,杨春学,等译. 中国社会科学出版社,2010.

[19] 陈振明. 什么是政府的社会管理职能. 东南学术,2005(04).

[20] 袁义才. 公共产品的产权经济学分析. 江汉论坛,2003(06).

[21] 崔运武. 当代中国公共管理的模式转换与理论构建. 云南大学学报(社会科学版),2006(02).

[22] 崔运武. 论我国城市公用事业公私合作改革的若干问题. 上海行政学院学报,2016(04).

[23] 崔运武. 论当代公共管理变革与学科专业发展和教材建设. 云南行政学院学报,2016(04).

[24] 林尚立. 公共管理学:定位与使命. 公共管理学报,2006(02).

[25] 李晓惠,齐晓亮. 公共事业管理专业特色建设的思考与实践. 中国高等教育,2019(23).

[26] 孙晓冬. 中国事业单位的改革历程及其逻辑,中国行政管理,2022(04).

[27] 李文钊,董克用. 中国事业单位改革:理念与政策建议. 中国人民大学学报,2010(05).

[28] 陈振明. 公共管理的实践变化与学科转型. 公共管理评论,2019(03).

[29] 娄成武. 新时期中国公共管理学科的特点与发展趋势. 公共管理与政策评论,2021(04).

[30] 薛澜. 中国事业单位改革:高等教育的案例. 中国机构改革与管理,2015(01).

读者意见反馈

为收集读者对教材的意见建议，进一步完善教材编写并做好服务工作，读者可将对本教材的意见建议通过如下渠道反馈至我社。

咨询电话　400-810-0598

反馈邮箱　gjdzfwb@ pub.hep.cn

通信地址　北京市朝阳区惠新东街4号富盛大厦1座

　　　　　高等教育出版社总编辑办公室

邮政编码　100029

防伪查询说明

用户购书后刮开封底防伪涂层，使用手机微信等软件扫描二维码，会跳转至防伪查询网页，获得所购图书详细信息。

防伪客服电话　（010)58582300